PENSÉES

DE

LEIBNÌTZ.

II.

PENSÉES
DE LEIBNITZ,

SUR LA RELIGION ET LA MORALE.

Par M. Emery,

ANCIEN SUPÉRIEUR DE SAINT-SULPICE.

NOUVELLE ÉDITION, CORRIGÉE ET AUGMENTÉE.

TOME SECOND.

Bruxelles,

PUBLIÉ PAR LA SOCIÉTÉ NATIONALE,
POUR LA PROPAGATION DES BONS LIVRES.

1838.

PENSÉES

DE

LEIBNITZ.

[Tome premier, page 507.]

L'empereur Léopold, et quelques princes protestants
d'Allemagne, travaillèrent, sur la fin du dix-septième
siècle, à la réunion des luthériens avec l'Eglise romaine.
L'évêque de Neustadt, prélat habile, fut chargé par l'empereur, de conférer avec les théologiens protestants. Le duc
Jean de Brunswick qui avait déjà renoncé au luthéranisme, et le duc d'Hanovre, créé nouvellement par l'empereur neuvième électeur de l'empire, deux princes qui
prenaient le plus grand intérêt à la réunion, choisirent de
leur côté M. Molanus, abbé de Lokkum, le plus habile
théologien de leur parti, pour conférer avec l'évêque. Le
travail qui fut le résultat des conférences qu'ils tinrent
pendant sept mois, fut communiqué par l'évêque de Neus-

tadt à M. Bossuet qui encouragea beaucoup ce prélat à ne point négliger une si belle occasion de servir l'Eglise.

Il ne pensait point alors qu'il devait bientôt avoir la principale part à la discussion de cette importante affaire ; et voici comment cela arriva.

L'abbaye de Maubuisson avait alors une abbesse qui était née fille de l'électeur palatin, et dont la sœur était duchesse d'Hanovre. Cette pieuse abbesse, instruite du projet de réunion, et qui en avait le succès infiniment à cœur, engagea la cour d'Hanovre à faire demander à M. Bossuet ce qu'il pensait des articles proposés par les ministres luthériens. Cela fut exécuté. Madame l'abbesse avait auprès d'elle une religieuse ursuline, fille de beaucoup d'esprit, et qui jouissait avec raison de toute sa confiance. On convint d'adresser à madame de Brinon (c'est le nom de cette religieuse) tout ce qu'on écrirait de part et d'autre ; c'était déjà par son entremise, que MM. Pelisson et Leibnitz avaient entretenu cette correspondance, qu'on a imprimée du vivant de l'un et de l'autre, et qui a si vivement intéressé les catholiques. M. Leibnitz fut chargé par la cour d'Hanovre, de correspondre avec Maubuissson, pour le compte des théologiens protestants. M. Molanus demeura donc derrière la toile, et on ne le voit plus reparaître. De là, entre M. Leibnitz et M. Bossuet, ce commerce de lettres dont nous allons rendre compte. Le plan proposé par M. Molanus, et combattu par M. Bossuet, était de commencer par rétablir la communion ecclésiastique entre l'Eglise romaine et les Eglises protestantes, et de former ensuite une assemblée de théologiens des deux partis, où l'on travaillerait à se concilier sur les points qui avaient été le sujet de la division ; et ceux sur lesquels on n'aurait pas pu s'accorder, seraient renvoyés au jugement d'un concile qui serait tenu incessamment, et auquel tous promettaient de se soumettre. M. Molanus avait déjà fait l'essai de la conciliation proposée, sur plusieurs points importants de nos controverses, et l'avait fait avec un succès qui mérita les éloges de M. Bossuet. M. Leibnitz n'est point entré avec l'évêque de Meaux, dans la discussion particulière des articles contestés. Il ne s'est attaché qu'à la première partie du plan de M. Molanus ; et pour la rendre plausible, toute choquante qu'elle est au premier coup d'œil, il a prétendu qu'on pouvait suspendre les décisions et les anathèmes du concile de Trente ; et pour donner plus de poids à sa prétention, il a soutenu que ce concile n'était plus reçu en France, même quant à la foi.-

Nous allons donc mettre sous les yeux de nos lecteurs les lettres de Leibnitz et de Bossuet, en les prévenant que dans cette correspondance, nous avons supprimé tout ce qui nous a paru inutile, ou d'un intérêt trop léger pour notre but. Il est difficile de rien mettre sous les yeux du public, qui soit plus capable d'attacher des esprits bien faits et qui cherchent à connaître les grands principes de la religion qu'ils professent.

Pour mettre de l'enchaînement entre les parties, et ne point trop brusquer l'entrée de la controverse, il est nécessaire, avant de produire la première lettre de Leibnitz, de faire précéder une lettre de la duchesse d'Hanovre et une de Bossuet.

Lettre de madame la duchesse d'Hanovre, du 10 septembre 1691, à madame l'abbesse de Maubuisson.

J'ai envoyé la lettre de madame de Brinon à Leibnitz, qui est présentement dans la bibliothèque de Wolfembutel. Je ne sais si elle a lu un livre où il y a le voyage d'un nonce au mont Liban, où il a reçu les Grecs dans l'Église catholique, dont la différence est bien plus grande que la nôtre avec votre Église, et on les a laissés, comme vous verrez dans cette histoire, comme ils étaient, donnant la liberté à leurs prêtres de se marier, et ainsi du reste. C'est pour cela que je ne sais pas la raison pourquoi nous ne serions pas reçus aussi bien qu'eux, la différence étant bien moindre. Mais comme vous dites que chez vous il y en a qui y sont contraires, c'est aussi la même chose parmi nous ; ce qui me fait

appréhender que, quand on voudra s'accorder sur les
points dont notre abbé Molanus de Lokkum est convenu,
avec quelques autres des Églises luthériennes, il y en
aura d'autres qui y seront contraires. Je crois avoir envoyé autrefois à M. l'évêque de Meaux tous les points
dont on est convenu avec M. l'évêque de Neustadt, où
M. Pelisson pourra les avoir, s'ils ne sont pas perdus.

Le fait de la réconciliation des Grecs qui habitent le
mont Liban, opérée par un nonce apostolique, et proposée
pour modèle par madame la duchesse d'Hanovre, n'est
qu'un malentendu, ainsi que M. Bossuet le prouve. Mais ce
malentendu a donné lieu à ce prélat, de faire une exposition
exacte de la discipline des Grecs, dans les points où elle
s'écarte le plus de la nôtre, qui doit être remarquée avec
soin, parce qu'il n'est que trop ordinaire de n'avoir sur
cet objet intéressant, que des idées fausses ou confuses.

*Lettre de M. l'évêque de Meaux à madame de Brinon,
du 29 septembre 1691.*

Je me souviens bien, madame, que madame la duchesse d'Hanovre me fit l'honneur de m'envoyer autrefois les articles qui avaient été arrêtés avec M. l'évêque
de Neustadt; mais comme je ne crus pas que cette affaire dût avoir de la suite, j'avoue que j'ai laissé échapper ces papiers de dessous mes yeux, et que je ne sais
plus où les retrouver; de sorte qu'il faudrait, s'il vous
plaît, supplier très humblement cette princesse de nous
renvoyer ce projet d'accord. Car, encore qu'il ne soit pas
suffisant, c'est quelque chose de fort utile que de faire
les premiers pas de la réunion, en attendant qu'on soit
disposé à faire les autres. Les ouvrages de cette sorte ne
s'achèvent pas tout d'un coup, et l'on ne revient pas aussi
vite de ses préventions qu'on y est entré. Mais pour ne

se pas tromper dans ces projets d'union, il faut être bien averti qu'en se relâchant, selon le temps et l'occasion, sur les articles indifférents et de discipline, l'Église romaine ne se relâchera jamais d'aucun point de la doctrine définie, ni en particulier de celle qui l'a été par le concile de Trente. M. de Leibnitz objecte souvent à M. Pelisson que ce concile n'est pas reçu dans le royaume. Cela est vrai pour quelque partie de la discipline indifférente, parce que c'est une matière où l'Église peut varier. Pour la doctrine révélée de Dieu, et définie comme telle, on ne l'a jamais altérée ; et tout le concile de Trente est reçu unanimement à cet égard, tant en France que partout ailleurs. Aussi ne voyons-nous pas que ni l'empereur, ni le roi de France, qui étaient alors, et qui concouraient au même dessein de la réformation de l'Église, aient jamais demandé qu'on en réformât les dogmes, mais seulement qu'on déterminât ce qu'il y avait à corriger dans la pratique, ou ce qu'on jugeait nécessaire pour rendre la discipline plus parfaite...

Quant au voyage d'un nonce au mont Liban, où madame la duchesse d'Hanovre dit qu'on a reçu les Grecs à notre communion, je ne sais rien de nouveau sur ce sujet-là. Ce qui est vrai, c'est, madame, que le mont Liban est habité par les Maronites, qui sont, il y a longtemps, de notre communion, et conviennent en tout et partout de notre doctrine. Il n'y a pas à s'étonner qu'on les ait reçus dans notre Église, sans changer leurs rits ; et peut-être même qu'on n'a été que trop rigoureux sur cela. Pour les Grecs, on n'a jamais fait de difficulté de laisser l'usage du mariage à leurs prêtres. Pour ce qui est de le contracter depuis leur ordination, ils ne le prétendent pas eux-mêmes. On sait aussi que tous leurs évêques sont obligés au célibat, et que pour cela ils n'en font point qu'ils ne tirent de l'ordre monastique où l'on en fait profession. On ne les trouble pas

non plus sur l'usage du pain de l'Eucharistie, qu'ils font
avec du levain : ils communient sous les deux espèces, et
on leur laisse, sans hésiter, toute leur coutume ancienne. Mais on ne trouvera pas qu'on les ait reçus dans
notre communion, sans en exiger expressément la profession des dogmes qui séparaient les deux Églises, et
qui ont été définis conformément à notre doctrine, dans
les conciles de Lyon et de Florence. Ces dogmes sont la
procession du Saint-Esprit, du Père et du Fils, la prière
pour les morts, la réception dans le ciel, des ames suffisamment purifiées, et la primauté du pape établie en
la personne de saint Pierre. Il est, madame, très constant qu'on n'a jamais reçu les Grecs qu'avec la profession expresse de ces quatre articles qui sont les seuls où
nous différons. Ainsi l'exemple de leur réunion ne peut
rien faire au dessein qu'on a. L'Orient a toujours eu ses
coutumes que l'Occident n'a pas improuvées ; mais
comme l'Église d'Orient n'a jamais souffert qu'on s'é-
loignât en Orient des pratiques qui y étaient unanimement reçues, l'Église d'Occident n'approuve pas que les
nouvelles sectes d'Occident aient renoncé d'elles-mêmes
et de leur propre autorité, aux pratiques que le consentement unanime de l'Occident avait établies. C'est pourquoi nous ne croyons pas que les luthériens ni les calvinistes aient dû changer ces coutumes de l'Occident
tout entier ; et nous croyons au contraire que cela ne se
doit faire que par ordre et avec l'autorité et le consentement du chef de l'Église. Car sans subordination,
l'Église même ne serait rien qu'un assemblage mons-
trueux, où chacun ferait ce qu'il voudrait, et interrom-
prait l'harmonie de tout le corps. J'avoue donc qu'on
pourrait accorder aux luthériens certaines choses qu'ils
semblent désirer beaucoup, comme sont les deux espèces ; et en effet, il est bien constant que les papes, à
qui les pères de Trente avaient renvoyé cette affaire, les

ont accordées, depuis le concile, à quelques pays d'Allemagne, qui les demandaient. C'est sur ce point, et sur les autres de cette nature, que la négociation pourrait tomber. On-pourrait aussi convenir de certaines explications de notre doctrine; et c'est, s'il m'en souvient bien, ce qu'on avait fait utilement en quelques points dans les articles de M. de Neustadt. Mais de croire qu'on fasse jamais aucune capitulation sur le fond des dogmes définis, la constitution de l'Église ne le souffre pas; et il est aisé de voir que d'en agir autrement, c'est renverser les fondements, et mettre toute la religion en dispute. J'espère que M. de Leibnitz demeurera d'accord de cette vérité, s'il prend la peine de lire mon dernier écrit contre le ministre Juricu.

Ce dernier écrit est apparemment un des avertissements de M. Bossuet.

On voit dans la réponse de Leibnitz, tout le plan de Molanus et des théologiens protestants, pour la réunion avec les catholiques, ainsi que les moyens par lesquels ils prétendaient justifier la partie du plan qu'ils prévoyaient bien devoir souffrir, de la part des catholiques, de grandes difficultés.

Lettre de M. de Leibnitz à madame de Brinon.

M. de Meaux dit :

1° Que le projet donné à M. de Neustadt ne lui paraît point encore suffisant;

2° Qu'il ne laisse pas d'être fort utile, puisqu'il faut toujours quelque commencement;

3° Que Rome ne se relâchera jamais d'aucun point de la doctrine définie par l'Église, et qu'on ne pourrait faire aucune capitulation là-dessus;

4° Que la doctrine définie dans le concile de Trente

est reçue en France et ailleurs, par tous les catholiques romains ;

5° Qu'on peut satisfaire aux protestants, à l'égard de certains points de discipline et d'explication, et qu'on l'avait fait utilement en quelques-uns touchés dans le projet de M. de Neustadt.

Voilà les propositions substantielles de la lettre de M. de Meaux, que je tiens toutes très véritables. Il n'y en a qu'une seule encore dans cette même lettre, qu'on peut mettre en question; savoir, si les protestants ont eu droit de changer, de leur autorité, quelques rits reçus dans tout l'Occident. Mais elle n'est pas essentielle au point dont il s'agit, je n'y entre pas.

Quant aux cinq propositions susdites (autant que je comprends l'intention de M. de Neustadt, et de ceux qui ont traité avec lui), ils ne s'y opposent point, et il n'y a rien en cela qui ne soit conforme à leurs sentiments, surtout la troisième qu'on pourrait croire contraire à de tels projets d'accommodement, ne leur pouvait être inconnue, M. de Neustadt, aussi bien que M. Molanus, et une partie des autres qui avaient traité cette affaire, ayant régenté en théologie dans des universités. On peut dire même qu'ils ont bâti là-dessus, parce qu'ils ont voulu voir ce qu'il est possible de faire entre des gens qui croient avoir raison chacun, et qui ne se départent point de leurs principes; et c'est ce qu'il y a de singulier et de considérable dans ce projet.

Ils ne nieront point non plus la première, car ils n'ont regardé leur projet que comme un pourparler, pas un n'ayant charge de son parti de conclure quelque chose. La seconde et la cinquième contiennent une approbation de ce qu'ils ont fait qui ne saurait manquer de leur plaire. Je conviens aussi de la quatrième ; mais elle n'est pas contraire à ce que j'avais avancé. Car quoique le royaume de France suive la doctrine du concile de Trente, ce n'est pas en vertu de la définition de ce concile, et on n'en peut pas inférer que la nation française ait rétracté ses protestations, ou doutes d'autrefois, ni qu'elle ait déclaré que ce concile est véritablement œcuménique.....

M. de Neustadt m'a avoué avoir extrêmement profité de l'exposition de la doctrine catholique de M. Bossuet, qu'il considère comme un des plus excellents moyens de retrancher une bonne partie des controverses.

Mais comme il en reste quelques-unes où il n'y a pas encore eu moyen de contenter les esprits par la seule voie de l'explication, telle qu'est, par exemple, la controverse de la transsubstantiation, la question est : *Si nonobstant des dissensions sur certains points qu'un parti tient pour vrais et définis, et que l'autre ne tient pas pour tels, il serait possible d'admettre ou de rétablir la communion ecclésiastique,* je dis *possible* en soi-même, d'une possibilité de droit, sans examiner ce qui est à espérer dans le temps et dans les circonstances où nous sommes. Ainsi il s'agit d'examiner si le schisme pourrait être levé par les trois moyens suivants, joints ensemble.. Premièrement en accordant aux protestants certains points de discipline, comme seraient les deux espèces, le mariage des gens de l'Église, l'usage de la langue vulgaire, etc.... Et secondement, en leur donnant des expositions sur les points de controverse et de foi, telles que M. de Meaux a publiées, qui font voir, du moins de l'aveu de plusieurs protestants habiles et modérés, que des doctrines prises dans ce sens, quoiqu'elles ne leur paraissent pas encore toutes entièrement véritables, ne leur paraissent pas pourtant damnables non plus : et troisièmement, en remédiant à quelques scandales et abus de pratique, dont ils se peuvent plaindre, et que l'Église même et des gens de piété et de savoir de la communion romaine désapprouvent ; en sorte qu'après

ecla, les uns pourraient communier chez les autres,
suivant les rits de ceux où ils vont, et que la hiérarchie
ecclésiastique serait rétablie ; ce que les différentes opinions sur les articles encore indécis, empêcheraient
aussi peu que les controverses sur la grâce, sur la probabilité morale, sur la nécessité de l'amour de Dieu, et
autres points ; ou que le différend qu'il y a entre Rome
et la France, touchant les quatre articles du clergé de
cette nation, ont pu empêcher l'union ecclésiastique des
disputants ; quoique peut-être quelques-uns de ces points
agités dans l'Église romaine, soient aussi importants pour
le moins que ceux qui demeuraient encore en dispute
entre Rome et Ausbourg, à condition pourtant qu'on se
soumettrait à ce que l'Église pourrait décider quelque
jour dans un concile œcuménique nouveau, autorisé
dans les formes, où les nations protestantes réconciliées
interviendraient par leurs prélats et surintendants généraux reconnus pour évêques, et même confirmés de Sa
Sainteté, aussi bien que les autres nations catholiques...
Voici, à ce que j'ai compris, la raison qui autorise le
parti qu'on propose : *c'est qu'on peut souvent se tromper
même en matière de foi, sans être hérétique ni schisma-
tique, tandis qu'on ne sait pas, et qu'on ignore invinciblement que l'Eglise catholique a défini le contraire,
pourvu qu'on reconnaisse les principes de la catholicité,
qui portent : que l'assistance que Dieu a promise à son
église, ne permettra jamais qu'un concile œcuménique
s'éloigne de la vérité, en ce qui regarde le salut.* Or ceux
qui doutent de l'œcuménicité d'un concile, ne savent
point que l'Église a défini ce qui est défini dans ce concile ; et s'ils ont des raisons d'en douter, fort apparentes
pour eux, qu'ils n'ont pu surmonter, après avoir fait de
bonne foi toutes les diligences et recherches convenables, on peut dire qu'ils ignorent invinciblement que le
concile dont il s'agit est œcuménique ; et pourvu qu'ils

reconnaissent l'autorité de tels conciles en général, ils ne se trompent en cela que dans le fait, et ne sauraient être tenus pour hérétiques.

Et c'est dans cette assiette d'esprit que se trouvent les églises protestantes, qui peuvent prendre part à cette négociation, lesquelles se soumettent à un véritable concile œcuménique futur, à l'exemple de la confession d'Ausbourg même; et ceux qui déclarent de bonne foi, qu'il n'est pas à présent en leur pouvoir de tenir celui de Trente pour tel, font connaître qu'ils sont susceptibles de la communion ecclésiastique avec l'Église romaine, lors même qu'ils ne sont pas en état de recevoir tous les dogmes du concile de Trente....

La lettre précédente ayant été communiquée à M. Bossuet, et ce prélat en ayant reçu directement une autre, où Leibnitz lui annonçait l'envoi d'une partie de l'écrit de M. Molanus, M. Bossuet, dans sa réponse du 10 janvier 1692, déclare qu'il ne peut pas s'expliquer sur cette matière, avant d'avoir vu dans sa totalité le projet de M. Molanus, et il ajoute ensuite ces questions remarquables:

Tout ce que je puis vous dire en attendant, c'est, monsieur, que si vous êtes véritablement d'accord des cinq propositions mentionnées dans votre lettre, vous ne pouvez pas demeurer longtemps dans l'état où vous êtes sur la religion; et je voudrais bien seulement vous supplier de me dire : 1° si vous croyez que l'infaillibilité soit tellement dans le concile œcuménique, qu'elle ne soit pas encore davantage, s'il se peut, dans tout le corps de l'Église, sans qu'elle soit assemblée; 2° si vous croyez qu'on fût en sûreté de conscience après le concile de Nicée et de Chalcédoine, par exemple, en demeurant d'accord que le concile œcuménique est infaillible, et mettant toute la dispute à savoir si ces conciles méri-

taient le titre d'œcuménique ; 3° s'il ne vous paraît pas
que réduire la dispute à cette question , et se croire par
ce moyen en sûreté de conscience , c'est ouvrir manifestement la porte à ceux qui ne voudront pas croire aux
conciles, et leur donner une ouverture à en éluder l'autorité ; 4° Si vous pouvez douter que les décrets du concile de Trente soient autant reçus en France et en Allemagne, parmi les catholiques , qu'en Espagne et en
Italie, en ce qui regarde la foi ; et si vous avez jamais
ouï un seul catholique qui se crût libre à recevoir ou à
ne pas recevoir la foi de ce concile ; 5° Si vous croyez
que dans les points que ce concile a déterminés contre
Luther, Zwingle et Calvin , et contre les confessions
d'Ausbourg, de Strasbourg et de Genève, il ait fait autre
chose que de proposer à croire à tous les fidèles ce qui
était déjà cru et reçu , quand Luther a commencé de se
séparer : par exemple , s'il n'est pas certain qu'au temps
de cette séparation, on croyait déjà la transsubstantiation , le sacrifice de la messe , la nécessité du libre arbitre, l'honneur des saints , des reliques , des images , la
prière et le sacrifice pour les morts ; en un mot , tous les
points pour lesquels Luther et Calvin se sont séparés. Si
vous voulez, monsieur , prendre la peine de répondre à
ces cinq questions, avec votre brièveté , votre netteté et
votre candeur ordinaires , j'espère que vous reconnaîtrez
facilement que quelque disposition qu'on ait pour la paix,
on n'est jamais vraiment pacifique et en état de salut ,
jusqu'à ce qu'on soit actuellement réuni de communion
avec nous.

M. Leibnitz , dans une lettre datée du même mois de janvier 1692, répondit aux cinq questions de M. Bossuet.

Lettres de Leibnitz à M. Bossuet.

Les questions que vous me proposez, monseigneur, me

paraissent un peu difficiles à résoudre, et je souhaiterais plutôt votre instruction là-dessus. La première de ces questions traite du sujet de l'infaillibilité, si elle réside proprement et uniquement dans le concile œcuménique, ou si elle appartient encore au corps de l'Église, c'est-à-dire, comme je l'entends, aux opinions qui y sont reçues le plus généralement? Mais puisque dans l'Église romaine, on n'est pas encore convenu du vrai sujet ou siége radical de l'infaillibilité, les uns le faisant consister dans le pape, les autres dans le concile, quoique sans pape; et que les auteurs qui ont écrit de l'analyse de la foi, sont infiniment différents les uns des autres, je serais bien empêché de dire comment on doit étendre cette infaillibilité encore au delà, à un certain sujet vague, qu'on appelle le corps de l'Église, hors de l'assemblée actuelle; et il me semble que la même difficulté se rencontrerait dans un état populaire, prenant le peuple hors de l'assemblée des états.

Il y entre encore cette question difficile : s'il est dans le pouvoir de l'Église moderne, ou d'un concile, et comment, de définir, comme de foi, ce qui autrefois ne passait pas encore dans l'opinion générale pour un point de foi; et je vous supplie de m'instruire là-dessus. On pourrait dire aussi que Dieu a attaché une grâce ou promesse particulière aux assemblées de l'Église : et comme on distingue entre le pape qui parle à l'ordinaire, et entre le pape qui prononce *ex cathedrâ*, quelques-uns pourraient considérer aussi les conciles comme la voix de l'Église *ex cathedrâ*.

Quant à la seconde question : Si un homme qui après le concile de Nicée ou de Chalcédoine, aurait voulu mettre en doute l'autorité œcuménique de ces conciles, eût été en sûreté de conscience? On pourrait répondre plusieurs choses; mais je vous représenterai seulement ceci, pour recevoir là-dessus des lumières de votre part. Pre-

mièrement, il semble qu'il soit difficile de douter de
l'autorité œcuménique de tels conciles, et je ne vois pas
ce que l'on pourrait dire à l'encontre de raisonnable, ni
comment on trouvera des conciles œcuméniques, si ceux-
ci ne le sont pas. Secondement, posons le cas qu'un
homme de bonne foi y trouve de grandes apparences à
l'encontre, la question sera, si les choses définies par
ces conciles étaient déjà auparavant nécessaires au salut
ou non. Si elles l'étaient, il faut dire que les apparences
contraires à la forme légitime du concile ne sauveront
pas cet homme ; mais si les points définis n'étaient pas
nécessaires avant la définition, je dirais que la conscience
de cet homme est en sûreté.

A la troisième question : Si une telle excuse n'ouvre
point la porte à ceux qui voudront ruiner l'autorité des
conciles ? J'oserais répondre que non ; et je dirais que ce
serait un scandale, plutôt pris que donné. Il s'agit de la
mineure ou du fait particulier d'un certain concile, savoir s'il a toutes les conditions requises à un concile
œcuménique, sans que la majeure de l'autorité des conciles en reçoive de la difficulté. Cela fait seulement voir
que les choses humaines ne sont jamais sans quelque
inconvénient, et que les meilleurs réglements ne sauraient exclure tous les abus *in fraudem legis*. On ne saurait rejeter, en général, l'exception du juge incompétent
ou suspect, bien que les chicaneurs en abusent. Rien
n'est sujet à de plus grands abus, que la torture des
criminels ; cependant on aurait bien de la peine à s'en
passer entièrement. Un homme peut s'inscrire en faux
contre une écriture qui ressemble à la sienne, et demander la comparaison des écritures. Cela donne moyen de
chicaner contre le droit le plus liquide ; mais on ne saurait cependant retrancher ce remède en général. J'avoue
qu'il est dangereux de fournir des prétextes pour douter
des conciles, mais il n'est pas moins dangereux d'auto-

riser des conciles douteux, et d'établir par là un moyen d'opprimer la vérité.

Quant à la quatrième question, si je doute que les décrets du concile de Trente soient aussi bien reçus en France et en Allemagne, qu'en Italie ou en Espagne, je pourrais me rapporter au sentiment de quelques docteurs espagnols ou italiens, qui reprochent aux Français de s'éloigner en certains points de la doctrine de ce concile, par exemple, à l'égard de ce qui est essentiel à la validité du mariage ; ce qui n'est pas seulement de discipline, mais encore de doctrine, puisqu'il s'agit de l'essence d'un sacrement. Mais sans m'arrêter à cela, je répondrai comme j'ai déjà fait : Quand toute la doctrine du concile de Trente serait reçue en France, qu'il ne s'ensuit point qu'on l'ait reçue comme venue du concile œcuménique de Trente ; puisqu'on a si souvent mis en doute cette qualité de ce concile.

La cinquième question est d'une plus grande discussion : Savoir si tout ce qui a été défini à Trente, passait déjà généralement pour catholique et de foi avant cela, lorsque Luther commença d'enseigner sa doctrine. Je crois qu'on trouvera quantité de passages de bons auteurs qui ont écrit avant le concile de Trente, et qui ont révoqué en doute des choses définies dans ce concile : les livres des protestants en sont pleins ; et il est très sûr que depuis, on n'a plus osé parler si librement. C'est pourquoi les livres appelés *indices expurgatorii*, ont trouvé tant de choses à retrancher dans les auteurs antérieurs. Je crois qu'un passage d'un habile homme comme Érasme, mérite autant de réflexions que quantité d'écrivains du bas ordre, qui ne font que se copier les uns les autres. Mais quand on accorderait que toutes ces décisions passaient déjà pour véritables selon la plus commune opinion, il ne s'ensuit point qu'elles passaient toujours pour être de foi ; et il semble que les anathèmes

du concile de Trente ont bien changé l'état des choses.
Enfin, quand ces décisions auraient déjà été enseignées
comme de foi, par la plupart des docteurs, on retombe-
rait dans la première question, pour savoir si ces sortes
d'opinions communes sont infaillibles, et peuvent passer
pour la voix de l'Église.

M. Leibnitz fait dans la même lettre, des observations ju-
dicieuses sur la manière dont les parties doivent conférer
entre elles ; en supposant que les ministres luthériens
avaient adopté cette manière, il semble vouloir avertir
M. Bossuet de ne point s'en écarter lui-même ; mais le prélat n'avait pas besoin de cette leçon.

On a fait ici de très grands pas pour satisfaire à ce
qu'on a jugé dû à la charité et à l'amour de la paix ; on
a quitté exprès toutes ces manières qui sentent la dispute, et tous ces airs de supériorité que chacun a coutume de donner à son parti; *et quidquid ab utrâque parte
dici potest, etsi ab utrâque parte verè dici non possit,* cette
fierté choquante, ces expressions de l'assurance où chacun
est en effet, mais dont il est inutile et même déplaisant
de faire parade auprès de ceux qui n'en ont pas moins de
leur part. Ces façons servent à attirer de l'applaudissement des lecteurs entêtés ; et ce sont ces façons qui gâtent
ordinairement les colloques où la vanité de plaire aux auditeurs, et de paraître vainqueur, l'emporte sur l'amour
de la paix ; mais rien n'est plus éloigné du véritable but
d'une conférence pacifique. Il faut qu'il y ait de la différence entre des avocats qui plaident, et entre des entre-
metteurs qui négocient. Les uns demeurent dans un éloignement affecté et dans des réserves artificieuses ; et les
autres font connaître par toutes leurs démarches, que
leur intention est sincère et portée à faciliter la paix.
Comme vous avez fait louer votre modération, monsei-

gneur, en traitant les controverses publiquement, que
ne doit-on pas attendre de votre candeur, quand il s'a-
git de répondre à celles des personnes qui marquent tant
de bonnes intentions ?

Nous n'avons pas la réplique de M. Bossuet à cette lettre,
qui ne demeura sûrement pas sans réponse ; mais nous
avons une autre lettre de Leibnitz au même, du 8 avril 1692,
qui en suppose une de ce prélat. Leibnitz, dans sa réponse, produit, pour la première fois, un fait de grande
conséquence, et qu'il rappellera souvent, en vue de prouver qu'il était possible de suspendre les décisions et les
anathêmes du concile de Trente.

Lettre de Leibnitz à Bossuet.

Tout ce qui a été fait, et dont il y a des exemples approuvés dans l'Eglise, est possible ; et il semble que le
parti des protestants est si considérable, qu'on doit faire
pour eux tout ce qui se peut. Les calixtins de Bohême
l'étaient bien moins ; ce n'était qu'une partie d'un
royaume. Cependant vous voyez par *la lettre exécutoriale
des députés du concile de Bâle*, que je joins ici, qu'en les
recevant, on a suspendu à leur égard un décret notoire
du concile de Constance ; savoir, celui qui décide que
l'usage des deux espèces n'est pas commandé à tous les
fidèles. Les calixtins ne reconnaissant point l'autorité
du concile de Constance, et n'étant point d'accord avec
ce décret, le pape Eugène et le concile de Bâle passèrent
par-dessus cette considération, et n'exigèrent point d'eux
de s'y soumettre, mais renvoyèrent l'affaire à une nouvelle décision future de l'Église. Ils mirent seulement
cette condition, que les calixtins réunis devaient croire

ce qu'on appelle la concomitance ou la présence de Jésus-Christ tout entier sous chacune des espèces , et admettre par conséquent que la communion sous une espèce est entière et valide (pour parler ainsi), sans être obligé de croire qu'elle est licite. Ces concordats entre les députés du concile et ceux des états calixtins de la Bohême et de la Moravie ont été ratifiés par le concile de Bâle. Le pape Eugène en fit connaître sa joie par une lettre écrite aux Bohémiens ; encore Léon X, longtemps après, déclara qu'il les approuvait, et Ferdinand promit de les maintenir. Cependant ce n'était qu'une poignée de gens ; un seul Zisca les avait rendus considérables, un seul Procope les maintenait par sa valeur; pas un prince ou état souverain, point d'évêques ni d'archevêques n'y prenaient part. Maintenant c'est quasi tout le nord qui s'oppose au sud de l'Europe......... Je vous supplie de bien considérer cet exemple, et de me dire votre sentiment là-dessus. Ne vaudrait-il pas mieux pour Rome, et pour le bien général, de regagner tant de nations, quand on devrait demeurer en différend sur quelques opinions durant quelque temps , puisqu'il est vrai que ces différends seraient encore moins considérables que quelques-uns de ceux qui sont tolérés dans l'Église romaine, tel qu'est , par exemple, le point de la nécessité de l'amour de Dieu, et le point du probabilisme, pour ne rien dire du grand différend entre Rome et la France. Je ne désespère pas cependant. Si l'affaire était traitée comme il le faut, je crois que les protestants pourraient un jour s'expliquer sur les dogmes encore plus favorablement qu'il le semble d'abord , surtout s'ils voyaient des marques d'un véritable zèle pour la réforme effective des abus reconnus, particulièrement en matière de culte. Et en effet, je suis persuadé, en général, qu'il y a plus de difficultés dans les pratiques que dans les doctrines.

Leibnitz avait effectivement fait parvenir en même temps
que sa lettre, la copie d'une sentence des légats du concile
de Bâle, exécutorial d'un compact ou d'une convention
faite avec les Bohémiens. Cette pièce, que ne connaissait
pas encore M. Bossuet, est curieuse; et on y lit ces paroles :
*Illi et illæ qui talem habent usum (scilicet communionis
utriusque speciei), communicabunt sub duplici specie, cum
autoritate Domini nostri Jesu Christi et ecclesiæ veræ
sponsæ ejus, et articulus ille in sacro concilio discutietur
ad plenum quo ad materiam de præcepto, et videbitur quid
circà illum articulum, pro veritate catholicâ sit tenendum et
agendum.*

M. Leibnitz joignit à l'acte dont ce texte est tiré, les observations suivantes :

Cette convention fut approuvée par le concile de Bâle,
et même par le pape Eugène IV.

Il est surtout remarquable que la question touchant le
précepte (savoir, s'il est ordonné à tous les chrétiens de
communier sous les deux espèces), resta indécise dans
l'acte de convention, et fut renvoyée à la définition du
futur concile, quoiqu'on sût fort bien ce que le concile
de Constance avait déjà prononcé ; ce qu'on fit par ména-
gement pour les Bohémiens, qui ne reconnaissaient pas
l'autorité de ce concile.

Or, le souverain pontife a le même droit aujourd'hui,
et peut, par conséquent, réunir les protestants à l'Église
catholique romaine, en mettant à l'écart les décrets de
Trente, et en renvoyant certains points de controverse
au jugement irréfragable du futur concile général, sans
avoir égard aux décisions et anathématismes du concile
de Trente. Ce moyen paraît le seul propre à extirper le
chisme sans violence et sans effusion de sang.

Si le désir de la paix et du salut des ames d'un seul
royaume, ou plutôt d'une partie du royaume, fut autrefois un motif assez puissant pour engager à une telle

condescendance , combien est-il plus juste d'en user aujourd'hui de même avec les protestants qui remplissent
tant de royaumes, et une partie considérable de l'Europe,
qui peuvent opposer presque tout le Nord à la partie plus
méridionale de l'Europe, et la plúpart des nations Ger-
maniques aux peuples Latins? Il n'est, ce semble, ni
juste, ni utile de vouloir décider sans eux, des points
qui intéressent l'Église universelle. Si l'on veut parvenir
à une paix solide, il serait beaucoup plus sage de prendre
pour modèle la conduite d'Eugène IV, dont on vient de
parler. Ce pape, loin de rejeter avec hauteur les Grecs
tant de fois condamnés en Occident, et qui, réduits à
une extrême misère, venaient alors en qualité de sup-
pliants, chercher auprès de lui quelque ressource, n'exi-
gea pas même qu'ils se soumissent aux décrets des conciles , auxquels il n'avaient point eu de part, mais les
admit en qualité de juges dans le concile de Florence.

M. Bossuet ne répondit pas d'abord directement à M. Leibnitz : il écrivit à M. Pelisson, le 7 mai 1692.

J'ai vu la pièce que vous envoie M. Leibnitz sur les calixtins. Il n'y paraît autre chose qu'une sainte économie
du concile et de ses légats, pour les attirer à cette sainte
assemblée. La discussion qu'on leur offre dans le concile
de Bâle , n'est pas une discussion entre les juges, comme
si la chose était encore en suspens après le jugement de
Constance, mais une discussion amiable entre les contredisants, pour les instruire. Cela n'est rien moins qu'une
suspension du concile de Constance. Les calixtins, cependant, s'obligeaient à consulter le concile; ils y venaient pour y être enseignés: on espérait qu'en y com-
paraissant, la majesté, la charité, l'autorité du concile
qu'ils reconnaissaient, achèveraient leur conversion......
Il faut aussi observer que les calixtins ne demandaient

pas de prendre séance dans le concile, mais qu'eux et leurs prêtres reconnaissaient celui de Bâle, qui n'était composé que de catholiques. Voilà, monsieur, la substance de ma réponse, que je vous enverrai enrichie de vos avis, si vous en avez quelques-uns à me donner. Si vous croyez même qu'il presse de faire quelque réponse, vous pouvez faire passer cette lettre à M. Leibnitz. Il verra du moins qu'on fait attention à ses remarques.

Celle qu'il fait sur le concile de Florence, où les Grecs sont admis à décider la question avec les Latins dans la session publique, serait quelque chose, si ce n'était qu'avant de les y admettre, on était convenu de tout avec eux, dans les disputes et congrégations tenues entre les prêtres. Tout cela est expliqué dans mes réflexions sur l'écrit de M. Molanus.

On peut voir ces réflexions dans le premier tome des œuvres posthumes de M. Bossuet.

On voit par les lettres de M. Leibnitz à M. Pelisson et à madame de Brinon, qu'il mettait une grande confiance dans l'exemple qu'il avait cité du concile de Bâle, et qu'il avait fort à cœur de savoir promptement ce que répondrait M. Bossuet à cette autorité. Cependant il écrivit le 13 juillet 1692 à M. Bossuet, dont il avait reçu une lettre que nous ne retrouvons pas; ce prélat le remerciait de lui avoir fait connaître l'ouvrage d'un capucin, intitulé *Via pacis.* Voici la lettre de Leibnitz.

Je suis bien aise que le livre du R. P. Denis, gardien des capucins de Hildesheim, ne vous ait point déplu. Ce père est de mes amis, et il était autrefois à Hanovre, dans l'hospice que les capucins avaient ici, du temps de feu monseigneur le duc Jean-Frédéric. Il se contente de faire voir que les bons sentiments ont été en vogue depuis longtemps dans son parti, sans en tirer aucune fâcheuse conséquence contre la réforme, comme il semble que vous faites, monseigneur, dans la lettre que vous me faites l'honneur de m'écrire. Les protestants raisonnables, bien loin de se fâcher d'un tel ouvrage, en sont réjouis, et rien ne saurait être plus agréable que de voir que les sentiments qu'ils jugent les meilleurs, soient approuvés jusque dans l'Eglise romaine. Ils ont déjà rempli des volumes de ce qu'ils appellent catalogues des témoins de la vérité, et ils n'appréhendent point qu'on en infère l'inutilité de la réforme. Au contraire, rien ne sert davantage à leur justification que les suffrages de tant de bons auteurs, qui ont approuvé les sentiments qu'ils ont travaillé à faire revivre, lorsqu'ils étaient comme étouffés dans les épines d'une infinité de bagatelles, qui détournaient l'esprit des fidèles de la solide vertu et de la véritable théologie. Erasme et tant d'autres excellents hommes, qui n'aimaient point Luther, ont reconnu la nécessité qu'il y avait de ramener les gens à la doctrine de saint Paul; et ce n'était pas la matière, mais la forme qui leur déplaisait dans Luther. Aujourd'hui que la bonne doctrine sur la justification est rétablie dans l'Église romaine, le malheur a voulu que d'autres abus se sont agrandis, et que par les confraternités et semblables pratiques, qui ne sont pas trop approuvées, à Rome même, mais qui n'ont que trop de cours dans l'usage public, le peuple fût détourné de cette adoration en esprit et en vérité, qui fait l'essence de la religion. Plût à Dieu que tous les diocèses ressemblassent à ce que j'entends dire du vôtre, et de quelques autres gouvernés par de grands et saints évêques. Mais les protestants seraient fort mal avisés, s'ils se laissaient donner le change là-dessus. C'est cela même qui les doit encourager à presser davantage la continuation de ces fruits des travaux communs des personnes bien intentionnées; et vous, monseigneur, avec vos semblables (dont il serait à souhaiter qu'il y en eût beaucoup à présent, et qu'il y eût toujours sûreté d'en trouver toujours beaucoup dans le temps à venir), vous vous devez joindre avec eux en cela, sans entrer dans la dispute sur la pointille, savoir, à qui on en est redevable, si les protestants y ont contribué, ou si on savait déjà ces choses avant eux. Ces questions sont bonnes pour ceux qui cherchent plutôt leur honneur que celui de Dieu, et qui font entrer partout l'esprit de secte, ou, ce qui est la même chose, de l'autorité et gloire humaine.

Je suis ravi d'apprendre que vos réflexions sur l'écrit de M. l'abbé de Lokkum sont achevées. Nous vous supplions d'y joindre votre sentiment sur l'exemple du pape Eugène et du concile de Bâle, qui jugèrent que les décrets du concile de Constance ne les devaient point empêcher de recevoir à la communion de l'Église les calixtins de Bohême, qui ne pouvaient pas acquiescer à ces décrets sur la question du précepte des deux espèces.

M. Bossuet répondit le 27 juillet :

.... J'examinerai en particulier ce que vous avez proposé des conciles de Constance et de Bâle, avec toute l'attention que vous souhaitez, sans me fonder sur aucune autre chose que sur les actes. On achève de décrire mes réflexions. Si vous prenez la peine de considérer tout ce qui a retardé cet ouvrage, j'espère que vous me pardonnerez le délai.

Ce que j'ai remarqué, monsieur, sur l'écrit du père Denis, est bien éloigné de la pointille de savoir à qui est dû l'honneur des éclaircissements qu'on a apportés à la matière de justification ; mais voici uniquement où cela va : Si la doctrine qui a donné le sujet, premièrement aux reproches, et ensuite à la rupture de Luther, a toujours été enseignée d'une manière orthodoxe dans l'Église romaine ; et si l'on ne peut montrer qu'elle y ait dérogé

par aucun acte, donc tout ce qu'on a dit et fait pour la
rendre odieuse au peuple, venait d'une mauvaise volonté,
et tendait au schisme. Les confréries que vous alléguez
premièrement, n'ont rien qui soit contraire à la véritable
doctrine de la justification ; et d'ailleurs, il est inutile
de les alléguer comme une matière de rupture, puisqu'a-
près tout, personne n'est obligé d'en être. Au reste, avec
le principe que vous posez, que dans les siècles passés on
a fait beaucoup de décisions inutiles, on irait loin ; et
vous voyez qu'en venant à la question : Quand est-ce
qu'on a commencé à faire de ces décisions, il n'y a rien
qu'on ne fasse repasser par l'étamine ; de sorte qu'avec
cette ouverture, on ne trouvera point de décision dont on
ne puisse ébranler l'autorité, et qu'il ne restera plus de
l'infaillibilité de l'Église, que le nom. Ainsi ceux qui,
comme vous, monsieur, font profession de la croire, et
de se soumettre à ses conciles, doivent croire très certainement que le même esprit qui l'empêche de diminuer
la foi, l'empêche aussi d'y rien ajouter ; ce qui fait qu'il
n'y a non plus de décisions inutiles que de fausses. Je ne
réponds rien sur ce que vous voulez bien penser de mon
diocèse. C'est autre chose de corriger les abus, autant
qu'on le peut, autre chose d'apporter du changement à
la doctrine constamment et unanimement reçue. Les
gens de bien qui aiment la paix, auraient pu se joindre à
vos réformateurs, s'ils s'en étaient tenus au premier ;
mais le second était trop incompatible avec la foi des
promesses faites à l'Église ; et s'y joindre, c'était rendre
tout indécis, comme l'expérience ne l'a que trop fait
connaître. Il faut donc chercher une réunion qui laisse
en son entier ce grand principe de l'infaillibilité de l'É-
glise, dont vous convenez, et l'écrit de M. l'abbé Molanus
donne un grand jour à ce dessein. Vous y contribuez beaucoup par vos lumières, et j'espère que dans la suite, vous
ferez encore plus.

Le 28 août, M. Bossuet écrit à M. Leibnitz, en lui envoyant en même temps ses réflexions sur l'écrit de M. Molanus. On trouve dans ces réflexions, ouvrage infiniment précieux, et presque aussi important que l'exposition de la doctrine chrétienne; on y trouve dis-je, une réponse très forte et très étendue à l'exemple du concile de Bâle et au prétendu principe de pacification, si souvent allégué par Leibnitz. Nous ne pourrons pas nous dispenser de l'insérer dans notre analyse.

M. Bossuet, dans cette lettre du 28 août, dit à Leibnitz :

Je ne puis vous dissimuler qu'un des plus grands obstacles que je vois à l'union, est dans l'idée qui paraît dans plusieurs protestants, sous le beau prétexte de la simplicité de la doctrine chrétienne, d'en vouloir retrancher tous les mystères qu'ils nomment subtils, abstraits et métaphysiques, et de réduire la religion à des vérités populaires. Vous voyez où nous mènent ces idées; et j'ai deux choses à y opposer du côté du fond : la première, que l'Évangile est visiblement rempli de ces hauteurs, et que la simplicité de la doctrine chrétienne ne consiste pas à les rejeter ou les affaiblir, mais seulement à se renfermer précisément dans ce qui en est révélé, sans vouloir aller plus avant, et aussi sans demeurer en arrière : la seconde, que la véritable simplicité de la doctrine chrétienne consiste principalement et essentiellement à toujours se déterminer en ce qui regarde la foi, par ce fait certain : Hier on croyait ainsi; donc encore aujourd'hui il faut croire de même.

Si l'on parcourt toutes les questions qui se sont élevées dans l'Église, on verra qu'on les y a toujours décidées par cet endroit-là; non qu'on ne soit quelquefois entré dans la discussion pour une plus pleine déclaration de la vérité, et une plus entière conviction de l'erreur; mais, enfin, on trouvera toujours que la raison essentielle de la décision a été : On croyait ainsi quand vous êtes venus,

3

donc à présent vous croirez de même, ou vous demeurerez séparés de la tige de la société chrétienne. C'est ce qui réduit les décisions à la chose du monde la plus simple, c'est-à-dire au fait constant et notoire de l'innovation, par rapport à l'état où l'on avait trouvé les choses en innovant.

C'est ce qui fait que l'Église n'a jamais été embarrassée à résoudre les plus hautes questions ; par exemple, celles de la Trinité, de la Grâce, et ainsi du reste ; parce que, lorsqu'on a commencé à les émouvoir, elle en trouvait la décision déjà constante dans la foi, dans les prières, dans le culte, dans la pratique unanime de toute l'Église. Cette méthode subsiste encore dans l'Église catholique ; c'est donc elle qui est demeurée en possession de la véritable simplicité chrétienne. Ceux qui n'y peuvent entrer, sont bien loin du royaume de Dieu, et doivent craindre d'en venir enfin à la fausse simplicité, qui voudrait qu'on laissât la foi des hauts mystères à la liberté d'un chacun.

Au reste, les luthériens, quoiqu'ils se vantent d'avoir ramené les dogmes des chrétiens à la simplicité primitive de l'Église, s'en sont visiblement éloignés ; et c'est de là que sont venus leurs raffinements sur l'ubiquité, sur la nécessité des bonnes œuvres, sur la distinction de la justification d'avec la sanctification, et sur les autres articles où nous avons vu que tout consiste en pointille, et qu'ils en sont revenus à nos expressions et à nos sentiments, lorsqu'ils ont voulu parler naturellement.

Je prends la liberté, monsieur, de vous dire ces choses, en général, comme à un homme que son bon esprit fera aisément entrer dans le détail nécessaire ; et je finirai cette lettre, en vous avançant deux faits constants : le premier, qu'on ne trouvera dans l'Église catholique aucun exemple où une décision ait été faite autrement qu'en maintenant le dogme déjà établi ; le second, qu'on n'en trouvera non plus aucun où une décision déjà faite ait jamais été affaiblie par la postérité.

M. Leibnitz répondit le 4 octobre 1692, et voici ce que nous remarquons dans sa réponse.....

Il est quelques points de mes lettres où je ne me suis pas assez expliqué. Quand j'y parlais des décisions superflues, je n'entendais pas celles de l'Église et des conciles œcuméniques, mais bien celles de quelques conciles particuliers, ou des papes, ou des docteurs. Je n'avais allégué les confréries, entre autres choses, que parce qu'il semble que des abus s'y pratiquent publiquement, à quoi il est bon de remédier pour montrer qu'on a des intentions sincères.

Quant à l'obstacle que vous craignez, monseigneur, de la part de plusieurs protestants, dont vous croyez que le penchant va à réduire la foi aux notions populaires, et à retrancher les mystères, je vous dirai que nous ne remarquons pas ce penchant dans nos professeurs *. Ils en sont bien éloignés, et ils donnent plutôt dans l'excès contraire des subtilités, aussi bien que vos scolastiques.

Il y a bien à dire à ceci : *hier on croyait à ceci, donc aujourd'hui il en faut croire de même.* Car que dirons-nous, s'il se trouve qu'on en croyait autrement avant-hier ? Faut-il toujours canoniser les opinions qui se trouvent les dernières ? Notre Seigneur réfuta bien celle des Pharisiens : *olim non erat sic.* Un tel axiome sert à autoriser les abus dominants. En effet, cette raison est provisionnelle, mais elle n'est point décisive. Il ne faut

---

* L'état actuel des universités protestantes en Allemagne, montre que M. Bossuet a été plus clairvoyant sur ce point que M. Leibnitz.

pas avoir égard seulement à nos temps et à notre pays, mais à toute l'Église, et surtout à l'antiquité ecclésiastique. J'avoue, cependant, que ceux qui ne sont pas en état d'approfondir les choses, font bien de suivre ce qu'ils trouvent.

Je ne sais s'il n'y a pas des instances contraires à cette thèse, qui suppose qu'on a toujours maintenu ce qu'on trouvait déjà établi ; car ce qu'on a décidé contre les monothélites paraissait auparavant fort douteux.....

Que dirons-nous du second concile de Nicée, que vos messieurs veulent faire passer pour œcuménique ? A-t-il trouvé le culte des images établi ? Il s'en faut beaucoup.

M. Leibnitz entre dans quelques détails sur les monothélites et les iconoclastes. Nous voyons par une autre lettre, où il continue ce point de controverse, que M. Bossuet lui avait répondu ; mais cette réponse étant perdue, nous ne citerons rien de la dernière lettre de Leibnitz, elle ajoute peu à ce qui avait été dit dans la précédente. Nous observerons seulement qu'on peut voir une réponse sommaire à tout ce qu'avance Leibnitz sur les monothélites et les iconoclastes, dans l'avant-propos de son Mémoire sur la réception du concile de Trente.

M. Leibnitz écrivit une autre lettre à M. Bossuet, le 15 juin 1693, pour lui annoncer l'envoi d'une réponse à la dissertation de M. l'abbé Pirot, touchant l'autorité du concile de Trente. Leibnitz, qui proposait de suspendre les anathêmes et les décisions du concile de Trente, et qui faisait dépendre de ce point la réunion des protestants, avait donc le plus grand intérêt à montrer, s'il était possible, que ce concile n'était pas reçu en France, ni dans les points de discipline (ce que tout le monde accordait), ni dans les matières de foi. Nous avons déjà fait imprimer la dissertation de Leibnitz dans la première édition de notre ouvrage. Elle renferme tout ce qu'on pouvait recueillir et dire de plus spécieux contre la réception du concile en France. On y voit une connaissance de faits appartenants

à notre histoire particulière, très étonnante dans un étran-
ger ; et Leibnitz, par la subtilité des raisonnements qu'il
emploie, et l'étendue des recherches qu'il développe, s'y
montre véritablement fort au-dessus du père le Courroyer,
et de tous les autres théologiens ou jurisconsultes français
qui ont voulu soutenir la même thèse. Nous ne pûmes point
insérer cette pièce dans notre collection, sans y joindre la
réponse de M. Bossuet. Cette réponse est vraiment du plus
haut intérêt ; nous osons dire qu'il n'est rien qui lui soit
supérieur, soit pour la force du raisonnement, soit pour la
vigueur du style, dans toutes les œuvres théologiques de
l'évêque de Meaux : on la trouvera à la suite du mémoire
de Leibnitz.

RÉPONSE DE M. LEIBNITZ A LA DISSERTATION DE M. PIROT TOU-
CHANT L'AUTORITÉ DU CONCILE DE TRENTE.

[*Tome 1, page 552.*]

Le concile de Trente a eu deux buts : l'un de décider
ou de déclarer ce qui est de foi et de droit divin ; l'autre,
de faire des réglements ou lois positives ecclésiastiques.
On demeure d'accord de part et d'autre, que les lois
positives tridentines ne sont pas reçues en France sur
l'autorité du concile, mais par des constitutions particulières ou réglements du royamme ; et sur ce que le
concile de Trente décide comme de foi ou de droit divin,
M. l'abbé Pirot m'assure qu'il n'y a point de catholique
romain en France qui ne l'approuve, et je veux le croire.

3.

On demandera donc en quoi je ne suis pas tout-à-fait convaincu ; le voici. C'est premièrement qu'on peut tenir une opinion pour véritable, sans être assuré qu'elle est de foi. C'est ainsi que le clergé de France tient les quatre propositions, sans accuser d'hérésie les docteurs italiens ou espagnols, qui sont d'un autre sentiment : secondement, qu'on peut approuver comme de foi tout ce que le concile a défini comme tel, non pas en vertu de la décision de ce concile, ou comme si on le reconnaissait pour œcuménique, mais parce qu'on est persuadé d'ailleurs : troisièmement, quand il n'y aurait point de particulier en France qui osât dire qu'il doute de l'œcuménicité du concile de Trente, cela ne prouve point encore que la nation l'a reçu pour œcuménique. Les lois doivent être faites dans les formes dues. Ces mêmes personnes, qui, maintenant qu'elles sont dispersées, paraissent être dans quelque opinion, pourraient se tourner tout autrement dans l'assemblée. On en a des exemples dans les élections et dans les jugements rendus par quelques tribunaux ou parlements, dont les membres sont entrés dans le conseil avec des sentiments bien différents de ceux que certains incidents ont fait naître dans la délibération même. C'est aussi en cela que le Saint-Esprit a privilégié particulièrement les assemblées tenues en son nom, et que la direction divine se fait connaître. Et cette considération a même quelque lieu dans les affaires humaines ; par exemple, quand un roi de la Grande-Bretagne voulut amasser les voix des provinces, pour trouver là-dedans un préjugé à l'égard du parlement ; cette manière de savoir la volonté de la nation ne fut point approuvée, d'autant que plusieurs n'osent point se déclarer quand on les interroge ainsi, et que les cabales ont trop beau jeu ; outre que les lumières s'entre-communiquent dans les délibérations communes.

Pour éclaircir davantage ces trois doutes, qui me pa-

raissent être raisonnables, je commencerai par le dernier; savoir, par le défaut d'une déclaration solennelle
de la nation. M. l'abbé Pirot donne assez à connaître
qu'il a du penchant à ne pas croire qu'il y ait jamais eu
un édit de Henri III, touchant la réception du concile de
Trente en ce qui est de foi. Un acte public de cette force
ne serait pas demeuré dans le silence; les registres et les
auteurs en parleraient : cependant il n'y a que M. de
Marca seul qui dise l'avoir vu, à qui la mémoire peut
avoir rendu ici un mauvais office. Mais quand il y aurait
eu une telle déclaration du roi, il la faudrait voir pour
juger si elle ordonne proprement de tenir le concile de
Trente pour œcuménique ; car autre chose est recevoir la
foi du concile, et recevoir l'autorité du concile.

Quant à la profession de foi de Henri IV, je parlerai
ci-dessous de celle qu'il fit à Saint-Denis ; et cependant
j'accorde que la seconde, que MM. du Perron et d'Ossat
firent en son nom à Rome, a été conforme incontestablement au formulaire de Pie IV. Je ne veux pas aussi
avoir recours à la chicane, comme si le roi eût révoqué
ou modifié par quelque acte inconnu, ou réservation ca-
chée, ce qui avait été fait par lesdits du Perron et d'Ossat;
bien qu'il y ait eu bien des choses dans cette absolution
de Rome, qui sont de dure digestion ; et particulièrement
cette prétendue nullité de l'absolution de l'archevêque de
Bourges, dont je ne sais si l'Église de France demeurera
jamais d'accord; comme si les papes étaient juges et seuls
juges des rois, et d'une manière toute particulière à l'é-
gard de leur orthodoxie. Dirons-nous que par cette ratification, Henri IV a soumis les rois de France à ce joug?
Je crois que non, et je m'imagine qu'on aura recours ici
à la distinction entre ce qu'un roi fait pour sa personne,
et entre ce qu'il fait pour sa couronne: entre ce qu'il fait
dans son cabinet, et entre ce qu'il fait *ex. trono ;* pour
avoir un terme qui réponde ici à ce que le pape fait *ex*

cathedrâ. Un pape pourra faire une profession de sa foi,
sans qu'il déclare, *ex cathedrâ,* la volonté qu'il a de la
proposer aux autres. Nous avons assez le sentiment du
pape Clément VIII sur la matière *de auxiliis* : il s'est assez déclaré contre Molina ; mais les Jésuites qui tiennent
le pape infaillible, lorsqu'il prononce *ex cathedrâ,* ne
jugent pas que celui-ci ait rien prononcé contre eux, et
on en deméure d'accord. Ainsi la profession de Henri IV
ne saurait avoir la force d'une déclaration du royaume
de France à l'égard de l'œcuménicité du concile de Trente;
elle prouve seulement que Henri IV, en son particulier,
ou plutôt ses procureurs, ont déclaré tenir le concile de
Trente pour œcuménique , et ce n'est qu'un aveu de son
opinion là-dessus. Ainsi je n'ai pas besoin d'appuyer ici
sur la clause qui le dispense de l'obligation de porter ses
sujets à la même foi, sachant bien que ce ne fut qu'à
l'occasion des religionnaires que le pape l'en dispensa ,
bien qu'en effet la dispense soit générale , et qu'il ne
faille pas juger des actes solennels par leur occasion,
mais par leur teneur précise, sur tout *in iis quœ sunt
stricti juris nec amplianda nec restringenda ,* tel qu'est
ce qui emporte l'introduction d'une nouvelle décision
dans l'Eglise, à l'égard des articles de foi. Mais encore,
quand le roi se serait obligé de porter ses sujets à la re-
cognition de l'autorité œcuménique du concile de Trente,
sans en excepter d'autres que les religionnaires, ce ne
serait pas une déclaration du royaume, mais une obligation dans le roi , de faire ce qu'il pourrait raisonnablement pour y porter son peuple; ce qui n'excluerait
nullement une assemblée des états, ou au moins des
notables des trois états *.

* C'est une opinion bien étonnante et bien étrange dans
Leibnitz, qu'en France on ne puisse pas recevoir les décisions d'un concile sur la doctrine, sans l'*assemblée des états,*

Quand il n'y aurait point eu autrefois de déclaration solennelle de la France contre le concile de Trente; il semble néanmoins qu'il faudrait toujours une déclaration solennelle pour ce concile, afin que son autorité y soit établie, à cause des doutes où le monde a toujours été là-dessus. Ainsi quand j'ai dit que la déclaration solennelle doit être levée par une autre déclaration solennelle, c'est seulement pour aggraver cette nécessité. Et quand ces déclarations solennelles contraires auraient quelque défaut de formalité, cela ne nuirait pas à mon raisonnement. Car il ne s'agit pas ici de l'établissement de quelque droit ou qualité de droit, mais seulement de ce qui fait paraître la volonté des hommes, à peu près comme un testament défectueux ne laisse pas de marquer la volonté du testateur. Ainsi l'esprit de la nation, ou de ceux qui la représentent, paraissant avoir été contraire au concile de Trente, on a d'autant plus besoin d'une déclaration bien expresse pour marquer le retour et la repentance de la même nation.

Mais considérons un peu les actes publics faits de la part de la France contre ce concile, tirés des Mémoires que MM. du Puy ont publiés. Le premier acte est la protestation du roi Henri II, lue dans le concile même, par M. Amiot. Le roi y déclare tenir cette assemblée sous Jules III, pour une convention particulière, et nullement pour un concile général. M. Amiot avait une lettre de créance du roi pour être ouï dans le concile; et cela autorise sa protestation, bien que ladite lettre ne parlât point de la protestation; ce qu'on fit exprès sans doute pour empêcher les pères de rejeter d'abord la lettre, et de renvoyer le porteur sans l'entendre; et apparemment il

ou du moins des notables des trois états. Cette assemblée même n'aurait pas été nécessaire s'il s'était agi de recevoir les décrets de ce concile sur la discipline.

ne voulut point attendre la réponse du concile, parce qu'il ne s'attendait à rien de bon. Aussi n'avait-il rien proposé qui demandât une réponse. Ensuite de cette protestation, les Français ne se trouvèrent point à cette convocation, et ne reconnurent pas les six séances tenues sous Jules III, tout comme les Allemands ne reconnurent point ce qui s'était fait auparavant sous Paul III, après la translation du concile, faite malgré l'empereur. Nous verrons après si cette protestation a été levée ensuite. Or, dans les séances contestées par les Français, on avait entrepris de régler des points fort importants, comme sont l'Eucharistie et la Pénitence; et M. l'abbé Pirot le reconnaît lui-même.

La seconde protestation des Français fut faite dans la troisième convocation, sous Pie IV, à cause de la partialité que le pape et le concile témoignaient pour l'Espagne, à l'égard du rang; et les ambassadeurs de France se retirèrent à Venise, tant à cause de cela, que parce qu'on n'avait pas assez d'égard à Trente à l'autorité du roi, aux libertés de l'église gallicane, et à l'opposition que les Français faisaient à la prétendue continuation du concile, soutenant toujours que ce qui avait été fait sous Jules III, ne devait pas être reconnu, et que la convocation sous Pie IV était une nouvelle indiction. Il est vrai que les prélats français restèrent au concile, et donnèrent leur consentement à ce qui y fut arrêté, et même à ce qui avait été arrêté dans les convocations précédentes, sans excepter ce qui s'était fait sous Jules III. Mais on voit cependant que les ambassadeurs du roi n'approuvaient, ni ce que faisait le concile, ni la qualité qu'il prenait; et bien que la harangue sanglante que M. du Ferrier, un des ambassadeurs, avait préparée, n'ait pas été prononcée, elle ne laissa pas de témoigner les sentiments de l'ambassade, et l'état véritable des choses que les hommes ne découvrent souvent que dans la chaleur des contestations. Elle dit : *Cùm tamen nihil à vobis,*

*sed omnia magis Romœ quàm Tridenti agantur, et hœc
quœ publicantur magis* Pii IV, *placita, quàm concilii
Tridentini decreta jure existimentur, denuntiamus ac
testamur, quœcumque in hoc concilio, hoc est* Pii IV
*motu decreta sunt et publicata, decernentur et publica-
buntur, ea neque regem christianissimum probaturum,
neque ecclesiam gallicanam pro decretis œcumenicœ synodi
habituram.* Il est vrai que la même harangue devait déclarer le rappel des prélats français, qui ne fut point
exécuté; mais quoiqu'on en soit venu à des tempéraments,
pour ne pas rompre la convocation, la vérité du fait demeure toujours, que la France ne croyait pas cette convocation assez libre pour avoir la qualité de concile œcuménique. La protestation que messieurs Pibrac et du
Ferrier, ambassadeurs de France ont faite ensuite, avant
que de se retirer, déclare formellement qu'ils *s'opposent
aux décrets du concile.* Il est vrai qu'ils allèguent pour
raison le peu d'égard qu'on a pour la France et pour les
rois en général; mais quoique la raison soit particulière,
l'opposition ne laisse pas d'être générale. De dire que cet
acte n'ait pas été fait au nom du roi, c'est à quoi on ne
voit point d'apparence : car les ambassadeurs n'agissent
pas en leurs noms dans ces rencontres, ils n'ont pas besoin d'un nouveau pouvoir ou aveu pour tous les actes
particuliers. Le roi leur ordonnant de demeurer à Venise,
a approuvé publiquement leur conduite ; et les sollicita-
tions du cardinal de Lorraine, pour les faire retourner au
concile, furent sans effet ; outre qu'on reconnaît qu'ils
avaient ordre du roi de protester et de se retirer. On a
laissé aussi les prélats français pour éviter le blâme, et
pour donner moyen au pape et au concile de corriger les
choses insensiblement et sans éclat, en rétablissant dans
le concile la liberté des suffrages, et tout ce qui était
convenable pour lui donner une véritable autorité. Le
défaut d'enregistrement de la protestation faite par M. du

Ferrier, et le refus qu'il fit d'en donner copie, ne rend
pas la protestation nulle ; et on ne peut pas même dire
qu'un tel acte demeure comme en suspens, jusqu'à ce
qu'on trouve bon de l'enregistrer et d'en communiquer
des copies, puisqu'il porte lui-même avec soi toutes les
solennités nécessaires pour subsister. Le refus des copies
vint apparemment de ce qu'on voulait adoucir les choses,
et dorer la pilule, et encore pour ne pas donner sujet à
des contestations nouvelles. C'est ainsi que les ambassadeurs de Bavière et de Venise, ayant protesté dans le
même concile l'un contre l'autre, à cause du rang contesté entre eux, refusèrent d'en donner copie, comme le
cardinal Palavicin le rapporte ; mais quand la protestation serait nulle, à cause des défauts de formalité, j'ai
déjà dit que le sentiment des ambassadeurs et de la cour
ne laisse pas de marquer la vérité des choses ; et les lettres que les ambassadeurs écrivirent de Venise au roi,
font connaître qu'ils ne trouvaient pas à propos de retourner à Trente, et d'assister à la conclusion du concile,
pour ne pas paraître l'approuver, et pour ne pas donner
la main à la prétendue continuation, ni aller contre la
protestation de Henri II, outre les autres raisons qu'ils
allèguent dans leur lettre au roi Charles IX.

La ratification du concile entier et de toutes ses séances,
depuis le commencement jusqu'au dernier acte, faite en
présence des prélats français, et de leur consentement,
sans excepter même les sessions tenues sous Jules III,
sans les Français, contre la protestation de Henri II, ne
suffit pas, à mon avis, pour lever l'opposition de la nation française. Ces prélats n'étaient point autorisés à
venir à l'encontre de la déclaration de la nation, faite
par le roi. Leur silence et même leur consentement peut
témoigner leur opinion, mais non pas l'approbation de
l'église et nation gallicane. La conduite du cardinal de
Lorraine n'a pas été approuvée, et les autres furent en-

traînés par son autorité ; outre que ces sortes de ratifi-
cations *in sacco*, en général et sans discussion, ou pour
parler avec nos anciens jurisconsultes, *per aversionem*,
sont sujettes à des surprises et à des subreptions. Il fallait reprendre toutes les matières qui avaient été traitées
en l'absence de la nation française, aussi bien que les
matières traitées en l'absence de la nation allemande ;
et après une délibération préalable, faire des conclusions
convenables, pour suppléer au défaut de l'absence de ces
deux grandes nations.

Tout ce que je viens de dire depuis le troisième paragraphe, tend à justifier ce que j'ai dit de la déclaration
solennelle de la nation, qui, bien loin de se trouver pour
l'autorité du concile, se trouve plutôt contraire à son
autorité. Quand même j'accorderais que les particuliers
ont été et sont persuadés que ce concile est véritablement
œcuménique, (cependant je ne vois rien encore qui m'o-
blige d'accorder cela), assurément ce n'était pas le sentiment de MM. Pibrac et du Ferrier. Il semble qu'on reconnaît aussi que ce n'était pas celui du feu président
de Thou, ni des MM. du Puy. J'ai vu des objections d'un
auteur catholique romain contre la réception du concile
de Trente, faites pendant la séance des états, l'an 1615,
avec des réponses assez emportées, le tout inséré dans
un volume manuscrit, sur l'assemblée du clergé, de
l'an 1614 et 1615.

Ces objections marquent assez que l'auteur ne tient
pas ce concile pour œcuménique ; à quoi l'auteur des réponses n'oppose que des pétitions de principes. J'ai lu
ce que les députés du tiers état ont opiné entre eux sur
l'article du concile. Quelques-uns demeurent en termes
généraux, refusant d'entrer en matière, soit parce qu'on
était sur le point de finir leurs cahiers qu'ils devaient
présenter au roi, soit, disent-ils, parce que les Français
ne sont pas à présent plus sages qu'ils l'étaient il y a

soixante ans; et que leurs prédécesseurs apparemment avaient eu de bonnes raisons de ne pas consentir à la réception du concile, qu'on n'avait pas maintenant le loisir d'examiner. Quelques-uns disent qu'on reçoit la foi du concile de Trente, mais non pas la discipline. J'ai remarqué qu'il y en a eu un, et il me semble que c'est Miron lui-même, président de l'assemblée, qui dit en opinant, que le concile est œcuménique, mais que nonobstant cela, il n'est pas à propos de parler de sa réception. Cependant je ne vois pas que d'autres en aient dit autant. Charles du Moulin, auteur catholique romain et fameux jurisconsulte, a écrit positivement, si je ne me trompe *, contre l'autorité du concile de Trente, ce qui a fait que les Italiens l'ont pris pour un protestant, et que ses livres sont tellement *inter prohibitos primæ classis*, que j'ai vu que lorsqu'on donne licence à Rome de lire des livres défendus, Machiavel et du Moulin sont ordinairement exceptés. L'on en trouvera sans doute bien d'autres déclarés contre le concile. M. Vigor en paraît être; et peut-être M. de Launoi lui-même, à considérer son livre, *de protestate regis circa validitatem matrimonii;* et les modernes qui se rapportent aux raisons et considérations de leurs ancêtres, témoignent assez de laisser au moins ce point en suspens. La faiblesse du gouvernement, sous Catherine de Médicis et ses enfants, a fait que le clergé, de son autorité privée, a introduit en France la profession de foi de Pie IV, et obligé tous les bénéficiers et ceux qui ont droit d'enseigner, de faire cette profession par une entreprise semblable à celle qui

---

* Du Moulin est mort catholique; mais il a vécu protestant, ou très suspect du protestantisme. On ne peut donc non plus se prévaloir de son témoignage contre les catholiques, que de celui de Frapaolo, qui, comme on l'a dit, n'était qu'un protestant habillé en moine:

porta messieurs du clergé dans leur assemblée de 1615,
à déclarer , quant à eux , le concile de Trente pour reçu.
Je crois que messieurs des conseils et parlements , et les
gens du roi dans les corps de justice , n'approuvent guère
ni l'un ni l'autre [*].

[*] *Messieurs des conseils et parlements et les gens du
roi,* ne doivent point être supposés avoir eu d'autres sentiments que ceux de leurs prédécesseurs sur l'autorité du concile. Or M. le président Henault nous apprend que, *sitôt
que le cardinal de Lorraine fut de retour du concile, on
envoya quérir les présidents de la cour et les gens du roi,
pour voir les décrets du concile ; ce qu'il firent : et la
matière mise en délibération, le procureur général proposa au conseil, que quant à la doctrine, ils n'y voulaient toucher , et tenaient toutes choses , quant à ce
point, pour saines et bonnes , puisqu'elles étaient déter-
minées en* CONCILE GÉNÉRAL ET LÉGITIME. *Quant aux décrets de la police et réformation, ils y avaient trouvé
plusieurs choses dérogeantes aux droits et prérogatives
du roi, et priviléges de l'Église gallicane , qui empêchaient
qu'elles ne fussent reçues ni exécutées.* (Abrégé Chronolo-
gique : Evénements remarquables sous Charles IX.)

Nous pourrions rassembler ici cent témoignages de la
même force. *C'est un fait constant,* dit M. Bossuet , *et qu'on
peut prouver par une infinité d'actes publics, que toutes
les protestations que la France a faites contre le concile, et
durant sa célébration et depuis, ne regardent que les pré-
séances, prérogatives, libertés et coutumes du royaume, sans
toucher en aucune sorte aux décisions de la foi, auxquelles
les évêques de France ont souscrit sans difficulté dans le
concile.... Il n'en est pas de la foi comme des mœurs. Il peut
y avoir des lois qu'il soit impossible d'ajuster avec les mœurs
et les usages de quelques nations. Mais pour la foi, comme
elle est de tous les âges , elle est aussi de tous les lieux* (OEuvres posthumes, tome 1, page 236).

Mais pour prouver que la réception du concile de Trente,
quant à la foi, était indépendante de toute publication so-

Or, pour revenir enfin à ma première distinction, ces catholiques romains, qui doutent de l'autorité du concile de Trente, peuvent pourtant demeurer d'accord de tout ce qu'il a défini comme de foi : ils peuvent approuver la foi du concile de Trente, sans recevoir le concile de Trente pour règle de foi ; et ils peuvent même approuver les décrets du concile, sans approuver qu'on y ait attaché les anathêmes, ni même qu'on exige des autres l'approbation des mêmes décrets, sous peine d'hérésie *.

leunelle par la voie des cours séculières, et n'exigeait comme nécessaire aucun concours de leur part, nous pouvons produire un témoignage d'une grande force, et qui paraît avoir été ignoré par ceux qui ont traité cette matière. Ce témoignage est celui de Jérôme Bignon, le plus sage et le plus savant magistrat du parlement de Paris. Dans la cause de l'évêque d'Angers et de son chapitre, au sujet de la résidence en 1654, il porta la parole, et son plaidoyer a été imprimé à la suite du recueil des statuts synodaux d'Henri Arnaud, évêque d'Angers. Après avoir observé que le concile de Trente a déclaré que la non résidence était un péché, il ajoute : « Si nous pensons que les articles de la réforma-» tion en ce concile, obligent moins que ses décrets de doc-, » trine, au moins faut-il avouer que ce concile, déclarant » péché cette détention de bénéfice sans résider, c'est un » point de foi qu'il décide ; et en quoi partant, il ne peut y » avoir réserve ni exception quelconque, non plus que de » prétexte, sous ombre du défaut de publication solen-» nelle, ou de vérification *non nécessaire en ces ma-» tières.* »

* Leibnitz avait proposé à M. Bossuet cette question. *Si ceux qui sont prêts à se soumettre à la décision de l'Église, mais qui ont des raisons de ne pas reconnaître un certain concile* (LE CONCILE DE TRENTE) *pour légitime, sont véritablement hérétiques ; et si une telle question n'étant que de fait, les choses ne sont pas à leur égard devant Dieu, ou comme parlent les canonistes,* in foro poli, *et lorsqu'il s'agit de la*

Car on n'est pas hérétique quand on se trompe sur un point de fait, tel qu'est l'autorité d'un certain concile prétendu œcuménique. C'est ainsi que les ultramontains et citramontains ont été et sont en dispute touchant le concile de Constance et de Bâle, ou au moins touchant leurs parties, et touchant celui de Pise et le dernier de Latran ; et apparemment la reine Catherine de Médicis, avec son conseil, était dans le sentiment que je viens de dire sur le concile de Trente, lorsque pour donner raison du refus qu'elle fit de la réception de ce concile, elle allégua qu'elle empêcherait la réunion des protestants, comme M. l'abbé Pirot l'avoue, et reconnaît que le prétexte était beau ; ce qui marque qu'elle désirait un concile plus libre, plus autorisé et plus capable de donner satisfaction aux protestants, et qu'alors la difficulté n'était pas seulement sur la discipline.... *.

Quelqu'un dira qu'on n'a pas besoin du consentement des nations, que les seuls prélats ou évêques convoqués par le pape, sont de l'essence du concile œcuménique, et que ce qu'ils décident doit être reçu, sous peine de damnation éternelle, comme la voix du Saint-Esprit, sans s'arrêter aux intérêts des couronnes ou nations. Il semble que c'était le sentiment de l'évêque de Beauvais, dans la harangue qu'il fit aux députés du tiers-état, l'an 1615.

---

doctrine de l'Église et du salut, comme si la décision n'avait pas été faite, puisqu'ils ne sont pas opiniâtres.

M. Bossuet lui répond : *Puisqu'il faut trancher le mot, et qu'on le demande, je réponds qu'oui.* Et il ajoute une démonstration ; nous l'insérerons dans le cours de l'analyse. (Œuvres posthumes, tome 1, page 239).

* Nous avons supprimé quelques parties de la dissertation, qui n'étaient dirigées que contre le concile en général ; et ne regardaient pas sa réception en France.

4.

C'est aussi l'opinion de l'auteur des réponses pour la réception du concile, contre les objections dont j'ai parlé
ci-dessus ; et même les ambassadeurs de France, retirés
à Venise, écrivirent au roi leur maître, que les ambassadeurs n'assistaient pas aux anciens conciles ; et quelques
députés du tiers état disent en opinant, que les conciles
n'ont pas besoin de réception, et s'étonnent qu'on la
demande ; mais c'est pour éviter la réception qu'ils le-
disent.

Je réponds qu'il semble en effet que les seuls évêques
ou pasteurs des peuples doivent avoir voix délibérative
et décisive dans les conciles ; mais cela ne se doit point
prendre avec cette précision métaphysique, que les affaires humaines n'admettent point. Il faut des préparatifs avant que de venir à ces délibérations décisives ; et
les puissances séculières, en personne ou par leurs ambassadeurs, y doivent avoir une certaine concurrence à
l'égard de la direction. Il est convenable que les prélats
soient autorisés des nations, et même que les prélats se
partagent et délibèrent par nation, afin que chaque nation, faisant convenir ceux de son corps, et communi-
quant avec les autres, on prépare le chemin à l'accord
général de toute l'assemblée. C'est ainsi qu'on en usa à
Constance, et je me suis étonné plusieurs fois de ce que
l'empereur et la France ne tâchèrent pas d'obliger le
pape à suivre cet exemple à Trente. Les choses auraient
tourné tout autrement, et peut-être les nations allemande et anglaise, avec le reste du Nord, ne seraient
pas venues à cette séparation entière qu'on ne saurait
assez déplorer, et de laquelle la cour de Rome ne se sou-
ciait plus guère, aimant mieux les perdre et garder un
plus grand pouvoir sur ceux qu'elle retenait, que de les
retenir toutes aux dépens de son autorité. Mais je crois
qu'en effet, les papes craignant déjà assez la tenue d'un
concile général, n'y seraient venus qu'à l'extrémité, si

on les avait obligés à cette forme ; et leur bonheur fut le
malheur commun, en ce que les deux puissances principales de la chrétienté étaient toujours brouillées ensemble.

Quant à l'assistance de la puissance séculière, on ne
saurait disconvenir, à l'égard des anciens conciles, que
l'indiction dépendait de l'empereur, et que les empereurs
ou leurs légats avaient proprement la direction du concile pour y maintenir l'ordre. Presque toute l'Église
était comprise dans l'empire Romain ; les Perses étaient
encore idolâtres ; les rois des Goths et des Vandales
étaient ariens, les Axumites ou Abyssins, et quelques
autres peuples semblables, convertis depuis peu par des
évêques de l'empire romain, n'y faisaient pas grande
figure, et venaient plutôt pour apprendre que pour enseigner. Enfin les légats des empereurs avaient encore
grande influence sur la conclusion finale du concile,
qu'ils pouvaient avancer ou suspendre. Le pape s'est attribué une partie de ce pouvoir depuis la décadence de
l'empire romain : le reste doit être partagé entre les
puissances souveraines ou grands états qui composent
l'Église chrétienne ; en sorte néanmoins que l'empereur
y ait quelque préciput, comme premier chef séculier de
l'Église ; et les ambassadeurs qui représentent leurs maîtres dans les conciles, forment un corps ensemble, dans
lequel se trouve le droit des anciens empereurs romains
ou de leurs légats ; et le moyen le plus commode de
maintenir le droit de leur influence, est celui des nations, puisque chaque nation et couronne a un rapport
particulier à ses souverains et à ceux qui les représentent. Cela n'est pas assujettir l'Église universelle aux
souverains, mais trouver un juste tempérament entre
les puissances ecclésiastique et séculière, et employer
toutes les voies de la prudence pour disposer les choses
à une bonne fin.

On me dira peut-être que tout ceci est fort bon, mais nullement nécessaire. Je ne veux point disputer présentement, quoiqu'il y ait peut-être quelque chose à dire à l'égard de l'indiction d'un concile, où le concours des souverains pourrait paraître essentiel ; mais je dirai seulement, à l'égard du concile de Trente, qu'afin qu'un concile soit œcuménique, il ne faut pas qu'une nation ou deux y dominent ; il faut que le nombre des prélats des autres nations y soit assez considérable pour s'entrebalancer, afin qu'on puisse reconnaître la voix de toute l'Église, à laquelle Dieu a promis particulièrement son assistance ; outre que dans les conciles il s'agit souvent de la tradition, de laquelle une ou deux nations ne sauraient rendre un bon témoignage....

Toutes ces choses étant bien considérées, et surtout l'obstacle que le concile de Trente apporte à la réunion étant mûrement pesé, on jugera peut-être que c'est par la direction secrète de la Providence, que l'autorité du concile de Trente n'est pas encore assez reconnue en France, afin que la nation française qui a tenu le milieu entre les protestants et les romanistes outrés, soit plus en état de travailler un jour à la délivrance de l'Église, aussi bien qu'à la réintégration de l'unité. Aux états de l'an 1614 et 1615, le clergé avait manqué, en ce qu'il avait différé de parler de ce point de la réception du concile jusqu'à la fin des états ; autrement, autant que je puis juger par ce qui se passa dans le tiers état, on serait entré en matière, et je crois que le clergé, qui avait déjà gagné la noblesse, l'aurait emporté. Mais j'ai déjà dit, et je dis encore, qu'il semble que Dieu ne l'a point voulu, afin que le royaume de France conservât la liberté, et demeurât en état de mieux contribuer un jour au rétablissement de l'unité ecclésiastique, par un concile plus convenable et plus autorisé. Aussi, mettant à part la force des armes, il n'est pas vraisemblable que,

sans un concile nouveau, la réconciliation se fasse, ni
que tant de grandes nations qui remplissent quasi tout
le Nord, sans parler des Orientaux, se soumettent jamais
aveuglément au bon plaisir de quelques Italiens, uniques
auteurs du concile de Trente. Je ne le dis par aucune
haine contre les Italiens. J'y ai des amis, et je sais par
expérience qu'ils sont mieux réglés aujourd'hui, et plus
modérés qu'ils ne paraissaient être autrefois ; et même
j'estime leur habileté à se mettre en état de gouverner
les autres par adresse, au défaut de la force des anciens
Romains. Mais enfin il est permis à ceux du Nord d'être
sur leurs gardes, pour ne pas être la dupe des nations,
que leur climat rend plus spirituelles. Pour assurer la
liberté publique de l'Église dans un concile nouveau, le
plus sûr sera de retourner à la forme du concile de Constance, en procédant par nations; et d'accorder aux protestants ce qu'on accordait aux Grecs dans le concile de
Florence....

Avant que de conclure, je satisferai, comme hors
d'œuvre, à la promesse que j'ai faite ci-dessus, de dire
ce que j'ai appris de la profession de foi que Henri IV
avait faite à Saint-Denis, quand l'archevêque de Bourges
l'eut réconcilié avec l'Église. J'ai lu un volume manuscrit, contenant tout ce qui concerne l'absolution de
Henri IV, tant à Saint-Denis qu'à Rome. Les six premières pièces du volume appartiennent à l'absolution de
Saint-Denis. Il y a : 1° la promesse du roi a son avéne-
ment à la couronne, de maintenir la religion catholique
romaine, 4 d'août 1589 ; 2° acte par lequel quelques
princes, ducs et autres seigneurs français le reconnaissent pour roi, conformément à l'acte précédent, de la
même date; 3° le procès-verbal de ce qui se passa à
Saint-Denis, à l'instruction et absolution du roi, du 22
au 25 juillet 1593 ; 4° promesse que le roi donna par
écrit, signée de sa main, et contre-signée du sieur Ruzé,

son secrétaire d'état, après avoir fait l'abjuration et reçu l'absolution comme dessus, du 25 juillet 1593; 5° profession de foi faite et présentée par le roi, lors de son absolution; 6° discours de M. du Mans pour l'absolution du roi.

Le procès-verbal susdit marque que les prélats délibérèrent si on ne renverrait pas l'affaire à Rome; mais enfin ils conclurent, à cause de la nécessité du temps, du péril ordinaire de mort, auquel le roi était exposé par la guerre, et de la difficulté d'aller ou d'envoyer à Rome, mais surtout pour ne pas perdre la belle occasion de la réunion d'un si grand prince, que l'absolution lui serait donnée, à la charge que le roi enverrait envers le pape; et ces raisons sont étendues plus amplement dans le discours de M. du Mans. Il y est aussi marqué que les prélats assemblés pour l'instruction et réconciliation du roi, firent dresser la profession de foi à la demande réitérée du roi, qui fut lue et approuvée de toute l'assemblée, comme conforme à celle du concile. Cependant il est très remarquable que cette profession, toute conforme qu'elle est en tout autre point avec celle de Pie IV, en est notablement différente dans les seuls endroits dont il s'agit, savoir, en ce qu'elle ne fait pas la moindre mention du concile de Trente. Car les articles en question de ladite profession de Pie IV, disent : *omnia et singula quæ de peccato originali et justificatione in sacro-sanctâ Tridentinâ synodo definita et declarata fuerunt, amplector et recipio;* et plus bas : *cætera item omnia à sacris canonibus, et œcumenicis conciliis ac præcipué à sacro-sanctâ Tridentinâ synodo tradita, definita et declarata indubitanter profiteor, simulque contraria omnia, atque hæreses quascumque ab ecclesiâ damnatas et rejectas et anathematizatas ego pariter damno, rejicio et anathematizo;* au lieu que la profession de Henri IV, omettant exprès le concile de Trente dans tous ces deux endroits, dit ainsi : *Je crois aussi et embrasse tout ce qui a été défini et déclaré par les saints conciles, touchant le péché originel et la justification; et plus bas : j'approuve sans aucun doute, et fais profession de tout ce qui a été décidé et déterminé par les saints canons et conciles généraux, et rejette, réprouve et anathématise tout ce qui est contraire à iceux, et toutes hérésies condamnées, rejetées et anathématisées par l'Eglise.* On ne saurait concevoir ici de faute de copiste, puisqu'elle serait la même en deux endroits. Je ne crois pas aussi qu'il y ait de la falsification ; car l'exemplaire vient de bon lieu. Ainsi je suis porté à croire que ces prélats mêmes, qui eurent soin de cette instruction et abjuration du roi, trouvèrent bon de faire abstraction du concile de Trente, dont l'autorité était contestée en France ; et cela fait assez connaître que le doute où l'on était là-dessus ne regardait pas seulement les réglements sur la discipline, mais qu'il s'étendait aussi à son autorité en ce qui regardait la foi.

J'ajouterai encore cette réflexion : que si le concile de Trente avait été reçu pour œcuménique par la nation française, on n'aurait pas eu besoin d'en solliciter la réception avec tant d'empressement. Car, quant aux lois positives ou de discipline que ce concile a faites, elles étaient presque toutes reçues ou recevables en vertu des ordonnances, excepté ce qui paraissait éloigné des libertés gallicanes, que le clergé même ne prétendait pas faire recevoir. Il paraît donc qu'on a eu en vue de faire recevoir le concile pour œcuménique et règle de foi : que c'est ainsi que la reine Catherine de Médicis l'a entendu, en alléguant pour raison de son refus l'éloignement de la réconciliation des protestants que cela causerait ; et que les prélats français assemblés à Saint-Denis l'ont pris de même, et ont cru une telle réception encore douteuse, lorsqu'ils ont omis tout exprès la mention du

concile dans la profession de foi qu'ils demandèrent à
Henri IV.

——•◦◦•——

MÉMOIRE DE M. BOSSUET, EN RÉPONSE AU MÉMOIRE PRÉCÉDENT,
SUR LA RÉCEPTION DU CONCILE DE TRENTE EN FRANCE.

[Tome 1, page 570.]

Pour donner une claire et dernière résolution des doutes que l'on propose sur le concile de Trente, il faut pré-
supposer quelques principes.

Premièrement, que l'infaillibilité que Jésus-Christ a
promise à son Église, réside primitivement dans tout le
corps ; puisque c'est là cette Église qui est bâtie sur la
pierre, à laquelle le fils de Dieu a promis que les portes
d'enfer ne prévaudraient point contre elle.

Secondement, que cette infaillibilité, en tant qu'elle
consiste, non à recevoir, mais à enseigner la vérité, réside dans l'ordre des pasteurs, qui doivent successive-
ment, de main en main, succéder aux apôtres ; puisque
c'est à cet ordre que Jésus-Christ a promis qu'il serait
toujours avec lui : Allez, enseignez, baptisez, je suis
toujours avec vous ; c'est-à-dire, sans difficulté, avec
vous qui enseignez et qui baptisez, et avec vos successeurs, que je considère en vous, comme étant la source
de leur vocation et de leur ordination, sous l'autorité et
au nom de Jésus-Christ.

Troisièmement, que les évêques ou pasteurs princi-

paux, qui n'ont pas été ordonnés par et dans cette succession, n'ont point de part à la promesse ; parce qu'ils
ne sont pas contenus dans la source de l'ordination
apostolique, qui doit être perpétuelle et continuelle,
c'est-à-dire, sans interruption. Autrement cette parole :
Je suis avec vous jusqu'à la consommation des siècles,
serait inutile.

Quatrièmement, que les évêques ou pasteurs principaux, qui auraient été ordonnés dans cette succession,
s'ils renonçaient à la foi de leurs consécrateurs, c'est-
à-dire, à celle qui est en vigueur dans tout le corps de
l'épiscopat et de l'Église, renonceraient en même temps
à la promesse, parce qu'ils renonceraient à la succession,
à la continuité, à la perpétuité de la doctrine ; de sorte
qu'il ne faudrait plus les réputer pour légitimes pasteurs,
ni avoir aucun égard à leur sentiment ; parce qu'encore
qu'ils conservassent la vérité de leur caractère ; que leur
infidélité ne peut pas anéantir, ils n'en peuvent conserver l'autorité, qui consiste dans la succession, dans la
continuité, dans la perpétuité qu'on vient d'établir.

Cinquièmement, que les évêques ou les pasteurs principaux établis en vertu de la promesse, et demeurant
dans la foi et dans la communion du corps où ils ont été
consacrés, peuvent témoigner leur foi, ou par leur pré-
dication unanime dans la dispersion de l'Église catholique, ou par un jugement exprès dans une assemblée
légitime. Dans l'une et l'autre considération, leur autorité est également infaillible, leur doctrine également
certaine : dans la première, parce que c'est à ce corps,
ainsi dispersé à l'extérieur, mais uni par le Saint-Esprit,
que l'infaillibilité de l'Église est attachée : dans la seconde, parce que ce corps étant infaillible, l'assemblée
qui le représente véritablement, c'est-à-dire le concile,
jouit du même privilége, et peut dire, à l'exemple des
apôtres : *Il a semblé bon au Saint-Esprit et à nous.*

Sixièmement, la dernière marque que l'on peut avoir
que ce concile ou cette assemblée représente véritablement l'Église catholique, c'est lorsque tout le corps de
l'épiscopat et toute la société qui fait profession d'en recevoir les instructions, l'approuve et le reçoit ; c'est là,
dis-je, le dernier sceau de l'autorité de ce concile et de
l'infaillibilité de ses décrets ; parce qu'autrement, si
l'on supposait qu'il se pût faire qu'un concile ainsi
reçu errât dans la foi, il s'en suivrait que le corps de l'é-
piscopat, et par conséquent l'Église ou la société qui
fait profession de recevoir les enseignements de ce
corps, se pourrait tromper ; ce qui est directement opposé aux cinq articles précédents, et notamment au cinquième.

Ceux qui ne voudront pas convenir de ces principes,
ne doivent jamais espérer aucune union avec nous ; parce
qu'ils ne conviendront jamais qu'en paroles, de l'infaillibilité de l'Église, qui est le seul principe solide de la
réunion des chrétiens.

Ces six articles suivent si clairement et si nécessairement l'un de l'autre, dans l'ordre avec lequel ils ont été
proposés, qu'ils ne font qu'un même corps de doctrine,
et sont en effet renfermés dans l'article du symbole : *Je
crois l'Eglise catholique ;* ce qui veut dire non seulement,
je crois qu'elle est ; mais encore, je crois ce qu'elle croit ;
autrement, c'est ne la pas croire elle-même : c'est ne
pas croire qu'elle est ; puisque le fond, et pour ainsi
dire, la substance de son être, c'est la foi qu'elle déclare
à tout l'univers ; de sorte que si la foi que l'Église prêche
est vraie, elle constitue une vraie église ; et si elle est
fausse, elle en constitue une fausse. On peut donc tenir
pour certain, qu'il n'y aura jamais d'accord véritable
que dans la confession de ces six principes, desquels
nous ne pouvons non plus nous départir que de l'Évangile ; puisqu'ils en contiennent la solide et inébranlable

promesse, d'où dépendent toutes les autres, et toutes les parties de la profession chrétienne.

Cela posé, il est aisé de résoudre tous les doutes qu'on peut avoir sur le concile de Trente, en ce qui regarde la foi, étant constant qu'il est tellement reçu et approuvé, à cet égard, dans tout le corps des Églises qui sont unies de communion à celle de Rome, et que nous tenons les seules catholiques, qu'on n'en rejette non plus l'autorité que celle du concile de Nicée. Et la preuve de cette acceptation est dans tous les livres des docteurs catholiques, parmi lesquels il ne s'en trouvera jamais un seul, où lorsqu'on objecte une décision du concile de Trente en matière de foi, quelqu'un ait répondu qu'il n'est pas reçu; ce qu'on ne fait nulle difficulté de dire de certains articles de discipline, qui ne sont pas reçus partout. Et la raison de cette différence est, qu'il n'est pas essentiel à l'Église que la discipline y soit uniforme non plus qu'immuable; mais qu'au contraire la foi catholique est toujours la même.

Qu'ainsi ne soit, je demande qu'on me montre un seul auteur catholique, un seul évêque, un seul prêtre, un seul homme, quel qu'il soit, qui croie pouvoir dire dans l'Église catholique : je ne reçois pas la foi du concile de Trente : cela ne se trouvera jamais. On est donc d'accord sur ce point, autant en Allemagne et en France, qu'en Italie et à Rome même, et partout ailleurs ; ce qui enferme la réception incontestable de ce concile en ce qui regarde la foi.

Toute autre réception qu'on pourrait demander n'est pas nécessaire. Car s'il fallait une assemblée pour accepter le concile, il n'y a pas moins de raison de n'en demander pas encore une autre pour accepter celle-là. Ainsi de formalité en formalité, et d'acceptation en acceptation, on irait jusqu'à l'infini ; et le terme où il faut s'arrêter, est de tenir pour infaillible ce que l'Église, qui est infaillible, reçoit unanimement, sans qu'il y ait sur cela aucune contestation dans tout le corps.

Par là on voit qu'il importe peu qu'on ait protesté contre le concile une fois, deux fois, tant de fois que l'on voudra. Car outre que ces protestations n'ont jamais regardé la foi, il suffit qu'elles demeurent sans effet par le consentement subséquent; ce qui ne dépend d'aucune formalité, mais de la seule promesse de Jésus-Christ et de la seule notoriété du consentement universel.

On dit que tel pourra convenir de la doctrine du concile, qui ne conviendra pas de ses anathèmes; mais c'est là une illusion. Car c'est une partie de la doctrine de décider si elle est digne ou non digne d'anathème.

Ainsi, dès que l'on convient de la doctrine d'un concile, ses anathèmes, très constamment, passent avec elle en décisions.

On trouve de l'inconvénient à faire passer et recevoir tout d'un coup tant d'anathèmes. On n'y en trouverait point si l'on songeait que ces anathèmes, que l'on a prononcés à Trente en si grand nombre, dépendent après tout de cinq ou six points, d'où les autres sont si clairement et si naturellement dérivés, qu'on voit bien qu'ils ne peuvent être révoqués en doute, sans y révoquer aussi le principe d'où ils sont tirés. Ainsi pour affermir la foi de ces principes, il n'a pas été moins nécessaire d'affermir celle des conséquences, et d'en faciliter la croyance par des décisions expresses et particulières.

Et pour s'arrêter à un des exemples que l'auteur de la réponse à M. Pirot semble trouver l'un des plus forts, il juge que la distinction du baptême de Jésus-Christ d'avec celui de Saint Jean-Baptiste, n'est pas un article d'une importance à être établi sous peine d'anathème. Mais si l'on rejetait cet anathème, on rejetterait en même temps celui qui regarde l'institution divine et efficace des sacrements; outre que la distinction de ces

deux baptêmes est formelle dans les paroles de Jésus-
Christ et des apôtres.

J'allègue cela pour exemple ; mais il serait aisé de
faire voir que tous les anathêmes du concile dépendent
de cinq ou six articles principaux ; et c'est à l'Eglise à
juger de la liaison de ces anathématismes particuliers
avec les principes généraux ; puisque cela fait une partie
de la doctrine, et qu'avec la même autorité que l'Église
emploie à juger de ces articles principaux, elle juge
aussi de tous ceux qui sont nécessaires pour servir de
rempart, et qui doivent faire corps avec eux, autrement
il n'y aurait point d'infaillibilité. Exemple : par la même
autorité avec laquelle l'Église a jugé que Jésus-Christ
est Dieu et homme, elle a jugé qu'il avait une ame humaine aussi bien qu'un corps ; et par la même autorité
avec laquelle elle a jugé qu'il avait une ame humaine, elle
a jugé qu'il avait dans cette ame un entendement et une
volonté humaine, tout cela étant renfermé dans cette
décision : *Dieu s'est fait homme.* Il en est de même de
tous les articles décidés ; et s'il y en a eu un plus grand
nombre décidés à Trente, c'est que ceux qu'il y a fallu
condamner avaient remué plus de matières, et que pour
ne donner pas lieu à renouveler les hérésies, il a fallu
éteindre jusqu'à la moindre étincelle. Et sans entrer dans
tout cela, il est clair que si la moindre parcelle des décisions de l'Église est affaiblie, la promesse est démen-
tie, et avec elle tout le corps de la révélation.

Il ne sert de rien de dire que les protestants, un si
grand corps, n'ont point consenti au concile de Trente ;
au contraire qu'ils le rejettent, et que leurs pasteurs
n'y ont point été reçus, pas même ceux qui avaient été
ordonnés dans l'Église catholique, comme ceux de Suède
et d'Angleterre. Car, par l'article quatrième, les évêques,
quoique légitimement ordonnés, s'ils renoncent à la foi
de leurs consécrateurs et du corps de l'épiscopat, au-

quel ils avaient été agrégés, comme ont fait très constamment les Anglais, les Danois et les Suédois, dès
lors ils ne sont plus comptés comme étant du corps, et
l'on n'a aucun égard à leurs sentiments. A plus forte
raison n'en aura-t-on point à ceux des pasteurs qui ont
été ordonnés dans le cas de l'article troisième, et hors
de la succession.

Ainsi l'on n'a pas besoin d'entrer dans la discussion
de tous les faits, très curieusement et très doctement,
mais très inutilement recherchés dans la réponse à
M. Pirot. Tout cela est bon pour l'histoire particulière
de ce qui pourrait regarder le concile de Trente ; mais
tout cela ne fait rien à l'essentiel de son autorité, et
tout dépend de savoir s'il est effectivement reçu ou non,
c'est-à-dire s'il est écrit dans le cœur de tous les catholiques, et dans la croyance publique de toute l'Église ;
que l'on ne peut, ni l'on ne doit s'opposer à ses décisions, ni les révoquer en doute : or cela est très constant,
puisque tout le monde l'avoue, et que personne ne réclame. Il est donc incontestable que le concile de Trente
a reçu ce dernier sceau, qui est expliqué dans l'article
sixième, qui renferme en soi la vertu, et qui est le clair
résultat des cinq autres, comme les cinq autres s'entre-
suivent mutuellement les uns des autres, ainsi qu'il a
été dit.

Et si l'on dit que les décisions de ce concile sont reçues, non pas en vertu du concile même, mais à cause
qu'on croyait auparavant les points de doctrine qu'elles
établissent ; tant pis pour celui qui rejetterait ces points
de doctrine, puisqu'il avouerait que c'était donc la foi
ancienne, que le concile l'a trouvée déjà établie, et n'a
fait que la déclarer plus expressément contre ceux qui
la rejetaient ; ce qui en effet est très véritable, non
seulement de ce concile, mais encore de tous les autres.

Enfin, il ne s'agit plus de délibérer si l'on recevra ce

concile ou non. Il est constant qu'il est reçu en ce qui regarde la foi. Une confession de foi a été extraite des paroles de ce concile : le pape l'a proposée ; tous les évêques l'ont souscrite et la souscrivent journellement : ils la font souscrire à tout l'ordre sacerdotal : il n'y a là ni surprise, ni violence ; tout le monde tient à gloire de souscrire ; dans cette souscription, est comprise celle du concile de Trente. Le concile de Trente est donc souscrit de tout le corps de l'épiscopat et de toute l'Église catholique. Nous faire délibérer après cela si nous recevrons le concile, c'est nous faire délibérer si nous croirons l'Église infaillible, si nous serons catholiques, si nous serons chrétiens.

Non seulement le concile de Trente, mais toute acte qui serait souscrit de cette sorte par toute l'Eglise, serait également ferme et certain. Lorsque les Pélagiens furent condamnés par le pape Saint Zozime, et que tous les évêques du monde eurent souscrit à son décret, les hérétiques se plaignirent qu'on avait extorqué une souscription des évêques particuliers : *De singularibus episcopis subscriptio extorta est.* On ne les écouta pas. Saint Augustin leur soutint qu'ils étaient légitimement et irrémédiablement condamnés. Si les actes qui les condamnaient furent ensuite approuvés par le concile œcuménique d'Éphèse, ce fut par occasion, ce concile étant assemblé pour une autre chose. Le concile d'Orange, dont il est fait mention dans la réponse, n'était rien moins qu'universel. Il contenait des chapitres que le pape avait envoyés : à peine y avait-il douze ou treize évêques dans ce concile ; mais parce qu'il est reçu sans contestation, on n'en rejette non plus les décisions que celles du concile de Nicée, parce que tout dépend du consentement. L'auteur même de la réponse reconnaît cette vérité : que tout dépend de la certitude du consentement. *Le nombre ne fait rien,* dit-il, *quand le consen-*

tement est notoire. Il n'y avait que peu d'évêques d'Occident dans le concile de Nicée ; il n'y en avait aucun dans le concile de Constantinople ; il n'y avait dans celui d'Ephèse, et dans celui de Calcédoine, que les seuls légats du pape, et ainsi des autres ; mais parce que tout le monde consentait, ou a consenti depuis, ces décrets sont les décrets de tout l'univers. Si l'on veut remonter plus haut, Paul de Samosate n'est condamné que par un concile particulier tenu à Antioche ; mais parce que le décret en est adressé à tous les évêques du monde, et qu'il en a été reçu, (car c'est là qu'est toute la force, et sans cela l'adresse ne servirait de rien), ce décret est inébranlable. Quelle assemblée a-t-on faite pour le recevoir ? Nulle assemblée ; le consentement universel est notoire. Alexandre d'Alexandrie dit avec l'applaudissement de toute l'Église, que Paul de Samosate était condamné par tous les évêques du monde, quoiqu'il n'y en eût aucun acte ; et une telle condamnation est sans appel et sans retour.

Je ne dis pas qu'on ne puisse, et qu'on ne doive quelquefois s'assembler en corps, ou pour former des décisions, ou pour accepter celles qui auront déjà été formées. On le peut, dis-je, et on le doit faire quelquefois, ou pour faciliter la réception des articles résolus, ou pour mieux fermer la bouche aux contredisants ; mais cela n'est point nécessaire quand la réception est constante d'ailleurs, comme l'est celle du concile de Trente ; quand ce ne serait que par la souscription qu'on en fait journellement, et sans aucune contestation.

Qu'importe après cela d'examiner si dans la profession de foi qu'on fit souscrire à Henri le Grand à Saint-Denis, on y avait exprimé le concile de Trente, ou si, par condescendance, et pour empêcher de nouvelles noises et de nouvelles chicanes, on avait trouvé à propos d'en taire le nom ? En vérité je n'en sais rien, et je ne

sais aucun moyen de m'en assurer, puisque les historiens n'en disent mot, et que les actes originaux ne se
trouvent plus ; mais aussi tout cela est inutile, et quelque forme que ce grand roi eût souscrite, il demeurait
pour constant qu'il avait souscrit à la foi qu'on avait à
Rome, autant qu'à celle qu'on avait en France, puisque
personne ne doutait que ce ne fût la même en tout point.
La foi ne dépend point de ces minuties. Ou l'Église consent, ou elle ne consent pas, c'est ce qu'on ne peut
ignorer ; c'est d'où tout dépend.

On parle de Bâle et de Constance, où l'on opina par
nations : Une seule nation ne dominait pas ; l'une con-
trebalançait l'autre. Tout cela est bon ; mais cette forme
n'est pas nécessaire. Il y avait à Ephèse deux cents
évêques d'Orient, contre deux ou trois d'Occident ; et à
Calcédoine, six cents encore contre deux ou trois. Disait-on que les Grecs dominassent? Ainsi, que les Italiens aient été à Trente en plus grand nombre, ils ne nous
dominaient pas pour cela. Nous avions tous la même
foi. Les Italiens ne disaient pas une autre messe que
nous : ils n'avaient point un autre culte, ni d'autres sacrements, ni d'autres rituels, ni des temples ou des
autels destinés à un autre sacrifice : les auteurs qui, de
siècle en siècle, avaient soutenu contre tous les novateurs
les sentiments dans lesquels on se maintenait, n'étaient
pas plus Italiens que Français ou Allemands : une partie des articles résolus à Trente, et la partie la plus essentielle, avait déjà été déterminée à Constance, où l'on
avoue que les nations étaient également fortes. Quant
aux points qui restent encore contestés, il est bien aisé
de les connaître. Ce qui est reçu unanimement a le vrai
caractère de la foi. Car si la promesse est véritable, ce qui
est reçu aujourd'hui l'était hier, et ce qui l'était hier l'a
toujours été.

Le concile de Trente, dit l'auteur de la réponse, est

devenu, par la multiplicité de ses décisions, un obstacle invincible à la réunion. Au contraire, la révocation ou la suspension de ce concile ferait seul cet obstacle. Qu'on me trouve un moyen de faire un acte ferme, si le concile de Trente, reçu et souscrit de toute l'Église catholique, est mis en doute. Mais vous supposez, direz-vous, que vous êtes seuls l'Église catholique. Il est vrai, nous le supposons : nous l'avons prouvé ailleurs ; mais il suffit ici de le supposer, parce que nous avons affaire à des personnes qui en veulent venir avec nous à une réunion, sans nous obliger à nous départir de nos principes.

Mais, dira-t-on, à la fin, avec ce principe, il n'y aura donc jamais de réunion. C'est en quoi est l'absurdité, qu'on pense pouvoir établir une réunion solide, sans établir un principe qui ne le soit pas. Or le seul principe solide, c'est que l'Église ne peut errer ; par conséquent, qu'elle n'errait pas quand on a voulu la réformer dans la foi ; autrement ce n'eût pas été la réformer, mais la redresser de nouveau ; de sorte qu'il y avait une manifeste contradiction dans les propres termes de cette réformation, puisqu'il fallait supposer que l'Église était et qu'elle n'était pas. Elle était, puisqu'on ne voulait pas dire qu'elle fût éteinte, et qu'on ne le pouvait dire sans anéantir la promesse : elle n'était pas, puisqu'elle était remplie d'erreurs. La contradiction est beaucoup plus grande à présent que l'on convient de l'infaillibilité de l'Église, puisqu'il faut dire en même temps qu'elle est infaillible et qu'elle se trompe, et unir l'infaillibilité avec l'erreur.

Il est vrai qu'on répond qu'en convenant de l'infaillibilité de l'Église, on dispute seulement d'un fait, qui est de savoir si un tel concile est œcuménique ; mais ce fait entraîne une erreur de toute l'Église, si toute l'Église reçoit comme décision d'un concile œcuménique ce qui est si faux ou si douteux, qu'il en faut encore délibérer dans un nouveau concile.

Pour nous recueillir, il n'y a rien à espérer pour la réunion, quand on voudra supposer que les décisions de foi du concile de Trente peuvent demeurer en suspens. Il faut donc ou se réduire à des déclarations qu'on pourra donner sur les doutes des protestants, conformément aux décrets de ce concile et des autres conciles généraux, ou attendre un autre temps et d'autres dispositions de la part des protestants.

Et de la part des catholiques, nous avons proposé deux moyens pour établir la réception du concile de Trente dans les matières de foi : le premier, que tous les catholiques en conviennent comme d'une règle. Dans toute contestation, si un catholique oppose une décision de Trente, l'autre catholique ne répond jamais qu'elle n'est pas reçue : par exemple, dans la dispute de Jansénius, on lui objecte que le concile de Trente, *sess.* vi, *chap.* xi et *canon.* xviii, est contraire à sa doctrine : il avoue l'autorité et convient de la règle. Voilà le premier moyen. Le second : il y a une réception et souscription expresse du concile. Tous les évêques et tous ceux qui sont constitués en dignité, reçoivent et souscrivent la confession de foi dressée par Pie IV. Confession qui est un extrait des décisions du concile, et dans laquelle la foi du concile est souscrite expressément en deux endroits : nul ne réclame : tout le monde signe : donc le concile est reçu unanimement en matière de foi ; et l'on ne peut le tenir en suspens, quoiqu'il n'y ait point, peut-être en France ou ailleurs, d'acte exprès pour le recevoir, parce que la manière dont constamment il est reçu est plus forte que tout acte exprès.

On en revient souvent, ce me semble, et plus souvent même qu'il ne conviendrait à des gens d'esprit, à certaines dévotions populaires qui semblent tenir de la

superstition. Cela ne fait rien à la réunion, puisque tout
le monde demeure d'accord qu'elle ne peut être empêchée
que par des choses auxquelles on soit obligé dans une
communion. Mais en tout cas, pour étouffer tous ces
cultes ou ambigus ou superstitieux, loin qu'il faille tenir
en suspens le concile de Trente, il n'y a qu'à l'exécuter,
puisque premièrement il a donné des principes pour
établir le vrai culte sans aucun mélange de superstition,
et que secondement il a donné aux évêques toute l'autorité nécessaire pour y pourvoir.

Et quant à la réformation de la discipline, il n'y aurait, pour la rendre parfaite, qu'à bâtir sur les fondements du concile de Trente, et ajouter sur ces fondements ce que la conjoncture des temps n'a peut-être pas
permis à cette sainte assemblée *.

M. Leibnitz répliqua à M. Bossuet : nous ne jugeons pas
à propos de reproduire cette réplique ; où on ne trouve
rien de plus que ce que renfermait le mémoire auquel a répondu M. Bossuet.

A la suite de cette réplique, on lit dans la collection des
pièces, une lettre de Leibnitz à madame de Brinon, du
23 octobre 1693, et une de la même date, à M. Bossuet.
Nous ne voyons rien de bien remarquable dans ces deux
lettres. Il en est une troisième, du 2 juillet, à madame la
duchesse de Brunswick, où Leibnitz revient encore sur la
réception du concile de Trente. Il insiste toujours, et principalement sur ce qu'il n'existe aucune déclaration du roi
ou de la nation, par laquelle il ait été reçu ; comme si,
quand il s'agit de la foi, une semblable déclaration était nécessaire ; comme si, pendant les trois premiers siècles de
l'Eglise, il n'était pas intervenu plusieurs décisions sur la
foi, pour la canonicité et l'exécution desquelles, sans

* M. Leibnitz a fait une réplique au Mémoire de M. Bossuet ; mais elle n'est évidemment qu'une répétition sommaire de ce qu'il avait avancé dans sa dissertation.

doute, on ne prétendra pas que le consentement des empereurs romains ait été requis ou jugé nécessaire ; comme si M. Bossuet, indépendamment de toute déclaration, n'avait pas démontré que cette réception était constante.

M. Leibnitz termine cependant toutes ses objections par confesser qu'il ne dit point tout cela par mépris pour le concile, dont il confesse que les décisions, pour la plupart, ont été faites avec beaucoup de sagesse.

Une lettre du même Leibnitz à M. Bossuet, du 12 juillet 1694, ne contient rien qui doive nous arrêter. Il paraît que pendant 5 ou 6 ans, la négociation fut interrompue, ou du moins il n'en reste aucun vestige. Le premier acte, ayant trait à cette négociation, qui reparaisse, est une lettre de Leibnitz à M. Bossuet, en date du 11 décembre 1699. Voici cette lettre :

Lettre de Leibnitz à M. Bossuet.

Lorsque j'arrivai ici, il y a quelques jours, monseigneur le duc Antoine Ulric me demanda de vos nouvelles ; et quand je répondis que je n'avais point eu l'honneur d'en recevoir depuis longtemps, il me dit qu'il voulait me fournir de la matière, pour vous faire souvenir de nous. C'est qu'un abbé de votre religion, qui est de considération et de mérite, lui avait envoyé le livre que voici*, qu'il avait donné au public sur ce qui est de foi, que son altesse sérénissime m'ordonna de vous communiquer pour le soumettre à votre jugement, et pour tâcher d'apprendre, monseigneur, selon votre commodité, s'il a votre approbation, de laquelle ce prince ferait presque autant de cas que si elle venait de Rome même, m'ayant

---

* Titre du livre : Secretio eorum quæ de fide catholicâ, ab iis quæ non sunt de fide, in controversiis plerisque hoc sæculo motis, juxtà regulam fidei, ab exc. D. Franc. Veronio, antehac compilatam, etc., anno 1690.

ordonné de vous faire ses compliments, et de vous marquer combien il honore votre mérite éminent.

Le dessein de distinguer ce qui est de foi de ce qui ne
l'est point, paraît assez conforme à vos vues, et à ce que
vous appelez la méthode de l'exposition ; et il n'y a rien
de si utile pour nous décharger d'une bonne partie des
controverses, que de faire connaître que ce qu'on dit de
part et d'autre n'est point de foi. Cependant son altesse
sérénissime ayant jeté les yeux sur ce livre, y a trouvé
bien des difficultés. Car, premièrement, il lui semble
qu'on n'a pas assez marqué les conditions de ce qui est
de foi, ni les principes par lesquels on le peut connaître.
De plus, il semble, en second lieu, qu'il y a des degrés
entre les articles de foi, les uns étant plus importants
que les autres.

Si j'ose expliquer plus amplement ce que son altesse
sérénissime m'avait marqué en peu de mots, je dirai que
pour ce qui est des conditions et des principes, tout
article de foi doit être, sans doute, une vérité que Dieu
a révélée ; mais la question est, si Dieu en a seulement
révélé autrefois, ou s'il en révèle encore, et si les révélations d'autrefois sont toutes dans l'Écriture sainte, ou
sont venues du moins d'une tradition apostolique ; ce
que ne nient point plusieurs des plus accommodants
entre les protestants.

Mais comme bien des choses passent aujourd'hui pour
être de foi, qui ne sont point assez révélées par l'Écriture,
et où la tradition apostolique ne paraît pas non plus,
comme par exemple, la canonicité des livres que les
protestants tiennent pour apocryphes, laquelle passe
aujourd'hui pour être de foi dans votre communion,
contre ce qui était cru par des personnes d'autorité dans
l'ancienne Église ; comment le peut-on savoir ? Si l'on
admet des révélations nouvelles, en disant que Dieu assiste tellement son Église, qu'elle choisit toujours le bon

parti, soit par une réception tacite ou droit non écrit, soit par une définition ou loi expresse d'un concile œcuménique, où il est encore question de bien déterminer les conditions d'un tel concile, et s'il est nécessaire que le pape prenne part aux décisions, pour ne rien dire du pape, à part, ni encore de quelque particulier qui pourrait vérifier ses révélations par des miracles. Mais si l'on accorde à l'Église ce droit d'établir de nouveaux articles de foi, on abandonnera la perpétuité, qui avait passé pour la marque de la foi apostolique. J'avais remarqué autrefois que vos propres auteurs ne s'y accordent point, et n'ont point les mêmes fondements sur l'analyse de la foi, et que le P. Grégoire de Valentia, Jésuite, dans un livre fait là-dessus, l'a réduit aux décisions du pape, avec ou sans concile ; au lieu qu'un docteur de Sorbonne, nommé Holden, voulait aussi, dans un livre exprès, que tout devait avoir déjà été révélé aux apôtres, et puis proposé jusqu'à nous par l'entremise de l'Église, ce qui paraîtra le meilleur aux protestants. Mais alors il sera difficile de justifier l'antiquité de bien des sentiments, qu'on veut faire passer pour être de foi dans l'Église romaine d'aujourd'hui.

Et quant aux degrés de ce qui est de foi, on disputa dans le colloque de Ratisbonne, de ce siècle, entre Hunnius, protestant, et le père Tanner, jésuite, si les vérités de peu d'importance, qui sont dans l'Écriture sainte, comme par exemple celle du chien de Tobie, suivant votre canon, sont des articles de foi, comme le père Tanner l'assura. Ce qui étant posé, il faut reconnaître qu'il y a une infinité d'articles de foi qu'on peut, non seulement ignorer, mais même nier impunément, pourvu qu'on croie qu'ils n'ont point été révélés ; comme si quelqu'un croyait que ce passage, *tres sunt qui testimonium perhibent*, etc., n'est point authentique, puisqu'il manque dans les anciens exemplaires grecs. Mais il sera

question maintenant de savoir s'il n'y a pas des articles
tellement fondamentaux, qu'ils soient nécessaires, *necessitate medii*; en sorte qu'on ne les saurait ignorer ou
nier sans exposer son salut, et comment on les peut discerner des autres.

La connaissance de ces choses paraît si nécessaire,
monseigneur, pour entendre ce que c'est que d'être de
foi, que monseigneur le duc a cru qu'il fallait avoir recours à vous pour les bien connaître, ne sachant personne aujourd'hui dans votre Église, qu'on puisse consulter plus sûrement, et se flattant, sur les expressions
obligeantes de votre lettre précédente, que vous auriez
bien la bonté de lui donner des éclaircissements. Je ne
suis maintenant que son interprète, et je ne suis pas
moins avec respect, monseigneur, votre, etc.

Voici la réponse de M. de Meaux aux questions proposées
par Leibnitz : elle est intéressante.

Rien ne me pouvait arriver de plus agréable que
d'avoir à satisfaire, selon mon pouvoir, aux demandes
d'un aussi grand prince que monseigneur le duc Antoine
Ulric, et encore m'étant proposées par un homme aussi
habile, et que j'estime autant que vous. Elles se rapportent à ces deux points : le premier consiste à juger d'un
livret intitulé *Secretio*, etc., ce qui demande du temps,
non pour le volume, mais pour la qualité des matières
sur lesquelles il faut parler sûrement et juste. Je supplie
donc son altesse de me permettre un court délai, parce
que n'ayant reçu ce livre que depuis deux jours, à peine
ai-je eu le loisir de le considérer.

La seconde demande a deux parties, dont la première
regarde les conditions et les principes par lesquels on
peut reconnaître ce qui est de foi, en le distinguant de
ce qui n'en est pas ; et la seconde observe qu'il y a des

degrés entre les articles de foi, les uns étant plus importants que les autres.

Quant au premier point, vous supposez avant toutes
choses, comme indubitable, que tout article de foi doit
être une vérité révélée de Dieu, de quoi je conviens sans
difficulté : mais vous venez à deux questions, dont l'une
est : *Si Dieu en a seulement révéle autrefois, ou s'il en
révéle encore ;* et la seconde : *si les révélations d'autrefois
sont toutes dans l'Ecriture sainte, ou sont venues du
moins d'une tradition apostolique, ce que ne nient point
des plus accommodants entre les prótestants.*

Je réponds sans hésiter, monsieur, que Dieu ne revèle
point de nouvelles vérités qui appartiennent à la foi
catholique, et qu'il faut suivre la règle de la perpétuité,
qui avait, comme vous dites très bien, passé pour la
règle de la catholicité, de laquelle aussi l'Église ne s'est
jamais départie.

Il ne s'agit pas ici de disputer des traditions apostoliques, puisque vous dites vous-même, monsieur, *que les
plus accommodants,* c'est-à-dire, comme je l'entends,
non seulement les plus doctes, mais encore les plus
sages des protestants, ne les nient pas, comme je crois
en effet l'avoir remarqué dans votre savant Calixte et
dans ses disciples. Mais je dois vous faire observer que
le concile de Trente reconnaît la règle de la perpétuité,
lorsqu'il déclare qu'il n'en a point d'autre que *ce qui est
contenu dans l'Ecriture ou dans les traditions non écrites,
qui, reçues par les apôtres, de la bouche de Jésus-Christ,
ou dictées aux mêmes apôtres, par le Saint-Esprit, sont
venues à nous comme de main en main.*

Il faut donc, monsieur, tenir pour certain que nous
n'admettons aucune nouvelle révélation, et que c'est la
foi expresse du concile de Trente, que toute vérité révélée de Dieu, est venue de main en main jusqu'à nous, ce
qui aussi a donné lieu à cette expression qui règne dans

6.

tout ce concile ; que le dogme qu'il établit a toujours été entendu comme il l'expose : *sicut ecclesia catholica semper intellexit.* Selon cette règle, on doit tenir pour assuré que les conciles œcuméniques , lorsqu'ils décident quelque vérité, ne proposent point de nouveaux dogmes, mais ne font que déclarer ceux qui ont toujours été crus, et les expliquer seulement en termes plus clairs et plus précis.

Quant à la demande que vous me faites : *s'il faut, avec Grégoire de Valence, réduire la certitude de la décision à ce que prononce le pape, ou avec ou sans le concile,* elle me paraît assez inutile. On sait ce qu'a écrit sur ce sujet le cardinal du Perron, dont l'autorité est de beaucoup supérieure à celle de ce célèbre jésuite ; et pour ne point rapporter des autorités particulières, on voit en cette matière ce qu'enseigne et ce que pratique, même de nos jours et encore tout récemment, l'Église de France.

Nous donnerons donc pour règle infaillible, et certainement reconnue par les catholiques, des vérités de foi, le consentement unanime et perpétuel de toute l'Église, soit assemblée en concile, soit dispersée par toute la terre, et toujours enseignée par le même Saint-Esprit. Si c'est là, pour me servir de vos expressions, *ce qui est le plus agréable aux protestants,* bien loin de les détourner de cette doctrine, nous ne craignons point de la garantir, comme incontestablement sainte et orthodoxe.

Mais alors, continuez-vous, *il sera difficile de justifier l'antiquité de bien des sentiments qu'on veut faire passer pour être de foi dans l'Église romaine d'aujourd'hui.*

Non, monsieur, j'ose vous répondre avec confiance que cela n'est pas si difficile que vous pensez, pourvu qu'on éloigne de cet examen l'esprit de contention, en se réduisant aux faits certains.

Vous en pouvez faire l'essai dans l'exemple que vous alléguez, et qui est aussi le plus fort qu'on puisse alléguer, *de la canonicité des livres que les protestants tiennent pour apocryphes, laquelle passe aujourd'hui pour être de foi dans notre communion, contre ce qui était cru par des personnes d'autorité dans l'ancienne Eglise.* Mais, monsieur, vous allez voir clairement, si je ne me trompe, cette question résolue par des faits entièrement incontestables.

M. Bossuet expose les faits qu'il vient d'annoncer, et c'est le commencement d'une discussion entre le prélat et Leibnitz, où l'un et l'autre montrent une vaste érudition ; mais discussion qui consiste presque toute en citations, et qui d'ailleurs est trop longue pour que nous puissions en charger notre ouvrage.

M. Bossuet, dans la lettre suivante, en date du 30 janvier 1700, répond à la seconde question proposée par Leibnitz.

Des deux difficultés que vous m'avez proposées dans votre lettre du 11 décembre 1699, de la part de votre grand et habile prince, la seconde regardait *les degrés entre les articles de foi, les uns étant plus importants que les autres,* et c'est celle-là sur laquelle il faut tâcher aujourd'hui de le satisfaire.

Vous l'expliquez en ces termes : *Quant au degré de ce qui est de foi, on disputa dans le colloque de Ratisbonne, de ce siècle, entre Hunnius, protestant, et le père Tanner, jésuite, si les vérités de peu d'importance, qui sont dans l'Ecriture sainte, comme par exemple, celle du chien de Tobie, sont des articles de foi, comme le père Tanner, l'assura, ce qui étant posé, il faut reconnaitre qu'il y a une infinité d'articles de foi, qu'on peut non seulement ignorer, mais même nier impunément, pourvu qu'on croie qu'ils n'ont point été révélés, comme si quelqu'un croyait que ce passage : tres sunt qui testimonium perhibent, etc., n'est point authentique; puisqu'il manque dans les anciens exemplaires grecs. Il sera question maintenant de savoir s'il y a des articles tellement fondamentaux, qu'ils soient nécessaires, nécessitate medii; en sorte qu'on ne les saurait ignorer ou nier, sans exposer son salut, et comment on les peut discerner d'avec les autres.*

Il me semble premièrement, monsieur, que si j'avais assisté à quelque colloque semblable à celui de Ratisbonne, et qu'il m'eût fallu répondre à la question du chien de Tobie, sans savoir alors ce que dit le père Tanner, j'aurais cru devoir user de distinction. En prenant le terme d'article de foi, selon la signification moins propre et plus étendue, j'aurais dit que toutes les choses révélées de Dieu, dans des écritures canoniques, importantes ou non-importantes, sont, en ce sens, articles de foi; mais qu'en prenant ce terme d'article de foi dans la signification étroite et propre, pour des dogmes théologiques immédiatement révélés de Dieu, tous ces faits particuliers ne méritent pas ce titre.

Je n'ai pas besoin de vous dire, que je compte ici parmi les dogmes révélés de Dieu, certaines choses de fait sur lesquelles roule la religion, comme la nativité, la mort et la résurrection de Notre-Seigneur. Les faits dont nous parlons ici, sont, comme je viens de le marquer, les faits particuliers. Il y en a deux sortes : les uns servent à établir les dogmes, par des exemples plus ou moins illustres, comme l'histoire d'Esther et les combats de David : les autres, pour ainsi parler, ne font que peindre et décrire une action, comme serait par exemple, la couleur des pavillons qui étaient tendus dans le festin d'Assuérus, et les autres menues circonstances de cette fête royale; et de ce genre serait aussi le chien de Tobie, aussi bien que le bâton de David, et si l'on veut la cou-

leur de ses cheveux. Tout cela, de soi, est tellement in-
différent à la religion, qu'on peut ou le savoir ou l'ignorer, sans qu'elle en souffre pour peu que ce soit. Les
autres faits qui sont proposés pour appuyer les dogmes
divins, comme sont la justice, la miséricorde et la providence divine, quoique bien plus importants, ne sont
pas absolument nécessaires, parce qu'on peut savoir
d'ailleurs ce qu'ils nous apprennent de Dieu et de la religion.

Pour ce qui est de nier ces faits, la question se réduit
à celle de la canonicité des livres dont ils sont tirés. Par
exemple, si l'on niait le bâton de David ou la couleur de
ses cheveux, et les autres choses de cette sorte, la déné-
gation pourrait en devenir très importante, parce qu'elle
entraînerait celle du livre des Rois, où ces circonstances
sont racontées.

Tout cela n'a point de difficulté, et je ne les rapporte
que pour toucher tous les points de votre lettre; mais
pour les vrais articles de foi, qui regardent les dogmes
théologiques, immédiatement révélés de Dieu, encore
que leur discussion demande plus d'étendue, il est aisé
d'en sortir.

Je rappelle tout à trois propositions; la première,
qu'il y a des articles fondamentaux et des articles non
fondamentaux; c'est-à-dire des articles dont la connaissance et la foi expresse n'est pas nécessaire au salut.

La seconde, qu'il y a des règles pour les discerner les
uns des autres.

La troisième, que les articles révélés de Dieu, quoique
non fondamentaux, ne laissent pas d'être importants, et
de donner matière de schisme, surtout après que l'Église
les a définis.

La première proposition, qu'il y a des articles fondamentaux, c'est-à-dire, dont la connaissance et la foi
expresse est nécessaire au salut, n'est pas disputée entre

nous. Nous convenons tous du symbole attribué à saint Athanase, qui est l'un des trois reconnus dans la confession d'Ausbourg, comme parmi nous, et on y lit à la tête ces paroles : *Quicumque vult salvus, etc.*, et au milieu, *qui vult ergo salvus esse, etc.*, et à la fin, *hæc est fides catholica, quam nisi quisque, etc., absque dubio in æternum peribit.*

Savoir maintenant, si les articles contenus dans ce symbole y sont reconnus nécessaires, *necessitate medii,* ou *necessitate præcepti;* c'est à mon avis, en ce lieu, une question assez inutile, et il suffira peut-être d'en dire un mot à la fin.

La seconde proposition, qu'il y a des règles pour discerner ces articles, n'est pas difficile entre nous ; puisque nous supposons tous, qu'il y a des premiers principes de la religion chrétienne qu'il n'est permis à personne d'ignorer ; tels que sont, pour descendre dans un plus grand détail, le symbole des apôtres, l'oraison dominicale, et le décalogue avec son abrégé nécessaire dans les deux préceptes de la charité, dans lesquels consiste, selon l'Évangile, toute la loi et les prophètes.

C'est de quoi nous convenons tous catholiques et protestants également, et nous convenons encore que le symbole des apôtres doit être entendu comme il a été exposé dans le symbole de Nicée, et dans celui qu'on attribue à saint Athanase.

On peut se réduire à un principe plus simple, en disant, que ce dont la connaissance ou la foi expresse est nécessaire au salut, est cela même sans quoi l'on ne peut avoir aucune véritable idée du salut qui nous est donnée en Jésus-Christ, Dieu voulant nous y amener par la connaissance, et non par un instinct aveugle, comme on ferait des bêtes brutes.

Dans ce principe si clair et si simple, tout le monde voit d'abord qu'il faut connaître la personne du Sauveur qui est Jésus-Christ, fils de Dieu : qu'il faut aussi connaître son père qui l'a envoyé, avec le Saint-Esprit de qui il a été conçu et par lequel il nous sanctifie : quel est le salut qu'il nous propose, ce qu'il a fait pour nous l'acquérir, et ce qu'il veut que nous fassions pour lui plaire ; ce qui ramène naturellement l'un après l'autre les symboles dont nous avons parlé, l'oraison dominicale et le décalogue ; et tout cela réduit en peu de paroles, est ce que nous avons nommé les premiers principes de la religion chrétienne.

La troisième proposition a deux parties : la première, que ces articles non fondamentaux, encore que la connaissance et la foi expresse n'en soit pas absolument nécessaire à tout le monde, ne laissent pas d'être importants. C'est ce qu'on ne peut nier, puisqu'on suppose ces articles révélés de Dieu, qui ne révèle rien que d'important à la piété, et dont aussi il est écrit. *Je suis le seigneur ton Dieu, qui t'enseigne des choses utiles.* (Is. XLVIII. 17.)

Ce fondement supposé, il y a raison et nécessité de noter ceux qui s'opposent à ces dogmes, et qui manquent de docilité à les recevoir, quand l'Église les leur propose. La pratique universelle de l'ancienne Église confirme cette seconde partie de la proposition. Elle a mis au rang des hérétiques, non seulement les ariens, les sabelliens, les paulianistes, les Macédoniens, les nestoriens, les eutychiens, et ceux en un mot qui rejetaient la trinité et les autres dogmes également fondamentaux ; mais encore les novatiens ou cathares, qui ôtaient aux ministres de l'Église le pouvoir de remettre les péchés, les montanistes ou cataphrygiens qui improuvaient les secondes noces ; les aeviens qui niaient l'utilité des oblations pour les morts, avec la distinction de l'épiscopat et de la prêtrise ; Jovinien et ses sectateurs, qui, à l'injure du fils de Dieu, niaient la virginité perpétuelle de sa sainte

mère, et jusqu'aux quartodécinants, qui, aimant mieux
célébrer la Pâque avec les juifs qu'avec les chrétiens, tâ-
chaient de rétablir le judaïsme et ses observances, contre
l'ordonnance des apôtres. Les auteurs opiniâtres de ces
dogmes pervers ont été frappés d'anathème par les pères,
par les conciles, quelques-uns même par le grand concile
de Nicée, le premier et le plus véritable des œcuméniques; parce qu'encore que les articles qu'ils combat-
taient ne fussent pas de ce premier rang qu'on appelle
fondamentaux, l'Église ne devait pas souffrir qu'on mé-
prisât aucune partie de la doctrine céleste que Jésus-
Christ et les apôtres avaient enseignée.

Si messieurs de la confession d'Ausbourg ne convenaient de ce principe, ils n'auraient pas mis au nombre
des hérétiques, sous le nom de sacramentaires, Bérenger
et ses sectateurs, puisque la présence réelle qui fait leur
erreur n'est pas comptée parmi les articles fondamentaux.

L'Église fait néanmoins une grande différence entre
ceux qui ont combattu ces dogmes utiles et nécessaires à
leur manière, quoique d'une nécessité inférieure et seconde, avant ou depuis ses définitions. Avant qu'elle eût
déclaré la vérité et l'antiquité, ou plutôt la perpétuité de
ces dogmes, par un jugement authentique, elle tolérait
les errants, et ne craignait point d'en mettre même quelques-uns au rang de ses saints; mais depuis sa décision,
elle ne les a plus soufferts; et sans hésiter, elle les a
rangés au nombre des hérétiques. C'est, monsieur,
comme vous savez, ce qui est arrivé à saint Cyprien et
aux donatistes. Ceux-ci convenaient avec ce saint martyr, dans le dogme pervers qui rejetait le baptême administré par les hérétiques; mais leur état a été bien différent; puisque saint Cyprien est demeuré parmi les
saints, et les autres sont rangés parmi les hérétiques, ce
qui fait dire au docte Vincent de Lerins, dans ce livre

tout d'or, qu'il a intitulé *Commonitorium*, ou Mémoire sur l'antiquité de la foi : *O changement étonnant ! Les auteurs d'une opinion sont catholiques, les sectateurs sont condamnés comme hérétiques : les maîtres sont absous, les disciples sont réprouvés ; ceux qui ont écrit les livres erronés sont les enfants du royaume, pendant que leurs défenseurs sont précipités dans l'enfer.*

Voilà des paroles bien terribles pour la damnation de ceux qui avaient opiniâtrement soutenu les dogmes que les saints avaient proposés de bonne foi, dont on voit bien que la différence consiste précisément à avoir erré avant que l'Église se fût expliquée, ce qui se pouvait innocemment, et avoir erré contre ses décrets solennels, ce qui ne peut plus être imputé qu'à orgueil et irrévérence.

C'est aussi ce que saint Augustin ne nous laisse point ignorer, lorsque comparant saint Cyprien avec les donatistes, *nous-mêmes*, dit-il, *nous n'oserions pas enseigner une telle chose*, contre un aussi grand docteur que saint Cyprien, (Aug. L. ii. de Bapt. C. iv.), c'est-à-dire la sainteté et la validité du baptême administré par les hérétiques, *si nous n'étions appuyés sur l'autorité de l'Eglise universelle, à laquelle il aurait très certainement cédé lui-même, si la vérité éclaircie avait été confirmée dès lors par un concile universel.* Cui et ille procul dubio cederet, si quæstionis hujus veritas eliquata et declarata, per plenarium concilium solidaretur. (Liv. ii. de Bapt. C. iv).

Telle est donc la différence qu'on a toujours mise entre les dogmes non encore autorisés par le jugement de l'Église, et ceux qu'elle a déclarés authentiquement véritables; et cela est fondé sur ce que la soumission à l'Église étant la dernière épreuve où Jésus-Christ a voulu mettre la docilité de la foi, on n'a plus, quand on méprise cette autorité, qu'à attendre cette sentence : *S'il n'écoute pas*

l'Eglise, qu'il vous soit commé un païen et un publicain.
(Math. xviii. 17.)

Il ne s'agit pas ici dè prouver cette doctrine, mais seulement d'exposer à votre grand prince la méthode de l'Église catholique, pour distinguer parmi les articles non fondamentaux, les erreurs où l'on peut tomber innocemment d'avec les autres. La racine et l'effet de la distinction se tirent principalement de la décision de l'Église. Nous n'avançons rien de nouveau en cet endroit, non plus que dans toutes les autres parties de notre doctrine. Les plus célèbres docteurs du quatrième siècle, parlaient et pensaient comme nous. Il n'est pas permis de mépriser des autorités si révérées dans tous les siècles suivants ; et d'ailleurs, quand saint Augustin assure que saint Cyprien aurait cédé à l'autorité de l'Église universelle, si la foi s'était déclarée de son temps par un concile de toute la terre, il n'a parlé de cette sorte que sur les paroles expresses de ce saint martyr, qui, interrogé par Antonien, son collègue dans l'épiscopat, quelles étaient les erreurs de Novatien : *Sachez, premièrement, lui disait-il, que nous ne devons pas mêmè être curieux de ce qu'il enseigne, puisqu'il est hors de l'Eglise : quel qu'il soit, et quelque autorité qu'il s'attribue, il n'est pas chrétien, puisqu'il n'est pas dans l'Eglise de Jésus-Christ :* Christianus non est qui in Christi ecclesia non est. (Cypr. Epist. lii. Edit. Rigalt.) Saint Augustin n'a pas tort de dire qu'un homme qui ne souffre pas qu'on juge digne d'examen une doctrine qu'on enseigne hors de l'Église, mais qui veut qu'on la rejette à ce seul titre, n'aurait eu garde de se soustraire lui-même à une autorité si inviolable.

Il n'est pas même toujours nécessaire, pour mériter d'être condamné, d'avoir contre soi une expresse décision de l'Église, pourvu d'ailleurs que sa doctrine soit bien connue et constante. C'est aussi par cette même raison, que le même saint Augustin, en parlant du baptême des petits enfants , a prononcé ces paroles : *Il faut,* dit-il , *souffrir les contredisants dans les questions qui ne sont pas encore bien examinées, ni pleinement décidées par l'autorité de l'Eglise :* in quæstionibus nondum plena ecclesiæ auctoritate firmatis ; *c'est là,* continue ce père, *que l'erreur se peut tolérer ; mais elle ne doit pas entreprendre d'ébranler le fondement de l'Eglise :* ibi ferendus est error , non usque adeo progredi debet , ut fundamentum ipsum ecclesiæ quatere moliatur. (S. Aug. Serm. xiv. de Verb. Apost.)

On n'avait encore tenu aucun concile pour y traiter expressément la question du baptême des petits enfants ; mais parce que la pratique en était constante et universelle , en sorte qu'il n'y avait aucun moyen de la contester , loin de permettre de la révoquer en doute , saint Augustin la prêche hautement comme une vérité toujours établie, et dit que le doute seul emporte le renversement du fondement de l'Église.

C'est à cause de cela que ceux qui nient cette autorité, sont proprement *ces esprits contentieux* que l'apôtre ne souffre pas dans les Églises. (I. Cor. xi. 16). Ce sont ces frères *qui marchent désordonnément ,* et non pas selon la règle qu'il leur a donnée, dont le même apôtre veut *qu'on se retire.* (II. Thess. iii. 6). On ne se doit retirer d'eux, qu'à cause qu'ils se retirent les premiers de l'autorité de l'Église et de ses décrets, et se rangent au nombre de ceux *qui se séparent eux-mêmes ;* (Jud. 19); d'où l'on doit conclure qu'encore que la matière de leur dispute ne soit pas fondamentale, et du rang de celle dont la connaissance est absolument nécessaire à chaque particulier, ils ne laissent pas, par un autre endroit , d'ébranler le fondement de la foi, en se soulevant contre l'Église, et en attaquant directement un article du symbole aussi important que celui-ci : *Je crois l'Eglise catholique.*

S'il faut maintenant venir à la connaissance nécessaire, *necessitate medii*, la principale de ce genre est celle de Jésus-Christ, puisqu'il est établi de Dieu comme l'unique moyen du salut, sans la foi duquel *on est déjà jugé, et la colère de Dieu demeure sur nous.* (Jean, III. 18. 38.) Il n'est pas dit qu'elle y tombe, *mais qu'elle y demeure,* parce qu'étant, comme nous le sommes, dans une juste damnation par notre naissance, Dieu ne fait point d'injustice à ceux qu'il y laisse ; c'est peut-être à cet égard qu'il est écrit : *Qui ignore sera ignoré,* (I. Cor. XIV. 38.); et quoi qu'il en soit, qui ne connaît pas Jésus-Christ, n'en est pas connu ; et il est de ceux à qui il sera dit au jour du jugement : *je ne vous connais pas.*

On pourrait considérer ici cette parole de notre Seigneur : *La vie éternelle est de vous connaître, vous qui êtes le seul vrai Dieu, et Jésus-Christ que vous avez envoyé.* (Joan. XVII. 3.) Cependant, à parler correctement, il semble qu'on ne doit pas dire que la connaissance de Dieu soit nécessaire, *necessitate medii,* mais plutôt d'une nécessité d'un plus haut rang, *necessitate finis ;* parce que Dieu est la fin unique de la vie humaine, le terme de notre amour, et l'objet où consiste le salut ; mais ce serait inutilement que nous nous étendrions ici sur cette expression, puisqu'elle ne fait aucune sorte de controverse parmi nous.

Pour le livre intitulé *Secretio, etc.,* il est très bon dans le fond. On en pourrait retrancher encore quelques articles ; il y en aurait quelques autres à éclaircir davantage. Pour entrer dans un plus grand détail, il faudrait traiter tous les articles de controverse. Ce que je pense avoir assez fait, et avec toutes les marques d'approbation de l'Église, dans mon livre de l'Exposition.

Je me suis aussi expliqué sur cette matière, dans ma réponse latine à M. l'abbé de Lokkum. Si néanmoins votre sage et habile prince souhaite que je m'explique plus précisément , j'embrasserai avec joie toutes les occasions d'obéir à son altesse sérénissime.

Rien n'est plus digne de lui que de guérir la plaie qu'à faite au christianisme le schisme du dernier siècle. Il trouvera en vous un digne instrument de ses intentions; et ce que nous avons tous à faire dans ce beau travail, est, en fermant cette plaie, de ne donner pas occasion au temps à venir d'en rouvrir une plus grande....

M. Leibnitz ne laissa pas ces deux lettres sans réponse; il répliqua par deux lettres, l'une du 14 et l'autre du 24 mai 1700 ; elles sont très longues , et roulent principalement sur la canonicité des livres saints, article particulier de controverse, dont nous avons déjà prévenu que nous ne donnerions point d'analyse , parce qu'il en est très peu susceptible. Voici seulement ce que nous croyons devoir extraire de la première lettre , et qui présente quelques difficultés spécieuses.

Lettre de Leibnitz, du 14 mai 1700.

Pour venir au détail de vos lettres , dont la première donne les principes qui peuvent servir à distinguer ce qui est de foi de ce qui ne l'est pas , et dont la seconde explique les degrés de ce qui est de foi, je m'arrêterai principalement à la première, où vous accordez, monseigneur, que _Dieu ne révèle point de nouvelles vérités qui appartiennent à la foi catholique ; que la règle de la perpétuité est aussi celle de la catholicité ; que les conciles œcuméniques ne proposent point de nouveaux dogmes ; enfin que la règle infaillible des vérités de la foi est le consentement unanime et perpétuel de toute l'Église._ J'avais dit que les protestants ne reconnaissent pour un article de la foi chrétienne, que ce que Dieu a révélé d'abord par Jésus-Christ et ses apôtres ; et je suis bien

aise d'apprendre par votre déclaration, que ce sentiment
est encore ou doit être celui de votre communion.

J'avoue cependant que l'opinion contraire, ce semble,
d'une infinité de vos docteurs, me fait de la peine; car
on voit que, selon eux, l'analyse de la foi revient à l'assistance du Saint-Esprit, qui autorise les décisions de
l'Église universelle; ce qui étant posé, l'ancienneté n'est
point nécessaire, et encore moins la perpétuité.

Le concile de Trente ne dit pas aussi qu'elles sont nécessaires, quoiqu'il dise sur quelques dogmes particuliers
que l'Église l'a toujours entendu ainsi; car cela ne tire point
point à conséquence pour tous les autres dogmes.

Encore depuis peu, Georges Bullus, savant prêtre de
l'Église anglicane, ayant accusé le père Pétau d'avoir attribué aux pères de la primitive Église, des erreurs sur la
Trinité, pour autoriser davantage les conciles à pouvoir
établir et manifester, *constituere et patefacere*, des nouveaux dogmes, le curateur de la dernière édition des dogmes
théologiques de ce père, qui est apparemment de la même
société, répond dans la préface : *est quidem hoc dogma*
catholicœ rationis, ab ecclesiá constitui fidei capita; sed
propterea minimè sequitur Petavium malis artibus, ad id
confirmandum usum.

Ainsi le père Grégoire de Valentia a bien des approbateurs de son analyse de la foi; et je ne sais si le sentiment du cardinal du Perron, que vous lui opposez, pré-
vaudra à celui de tant d'autres docteurs. Le cardinal,
d'ailleurs, n'est pas toujours bien sûr; et je doute que
l'Église de France d'aujourd'hui approuve la harangue
qu'il prononça dans l'assemblée des états, un peu après
la mort de Henri IV, et qu'il n'aurait osé prononcer dans
un autre temps que celui d'une minorité, car il passe
pour un peu politique en matière de foi.

De plus, suivant votre maxime, il ne serait pas dans
le pouvoir du pape ni de toute l'Église, de décider la

question de la conception immaculée de la Sainte-Vierge. Cependant le concile de Bâle entreprit de le faire ; et il n'y a pas longtemps qu'un roi d'Espagne envoya exprès au pape, pour le solliciter à donner une décision là-dessus ; ce qu'on entendait sans doute sous anathême. On croyait donc, en Espagne, que cela n'excède point le pouvoir de l'Église. Le refus aussi, ou le délai du pape, n'était pas fondé sur son impuissance d'établir de nouveaux articles de foi.

J'en dirai autant de la question *de auxiliis gratiœ,* qu'on dit que le pape Clément VIII avait dessein de décider pour les thomistes contre les molinistes ; mais la mort l'en ayant empêché, ses successeurs trouvèrent plus à propos de laisser la chose en suspens.

Il semble que vous-même, monseigneur, laissez quelque porte de derrière ouverte, en disant que les conciles œcuméniques, lorsqu'ils décident quelque vérité, ne proposent point de nouveaux dogmes, mais ne font que déclarer ceux qui ont toujours été crus, et les expliquer seulement en termes plus clairs et plus précis. Car si la déclaration contient quelque proposition qui ne peut pas être tirée par une conséquence légitime et certaine de ce qui était déjà reçu auparavant, et par conséquent n'y est point comprise virtuellement, il faudra avouer que la décision nouvelle établit en effet un article nouveau, quoiqu'on veuille couvrir la chose sous le nom de déclaration.

C'est ainsi que la décision contre les monothélites établissait en effet un article nouveau, comme je crois l'avoir marqué autrefois, et c'est ainsi que la transsubstantiation a été décidée bien tard dans l'Église d'Occident, quoique cette manière de la présence réelle et du changement ne fût pas une conséquence nécessaire de ce que l'Église avait toujours cru auparavant.

Il y a encore une autre difficulté *sur ce que c'est que*

d'avoir été cru auparavant. Car voulez-vous, monseigneur qu'il suffise que le dogme que l'Église déclare être véritable et de foi, ait été cru en un temps par quelques-uns, quels qu'ils puissent être, c'est-à-dire, par un petit nombre de personnes, et par des gens peu considérés ; ou bien faut-il qu'il ait toujours été cru par le plus grand nombre, ou par les plus accrédités ? Si vous voulez le premier, il n'y aura guère d'opinion qui n'ait toujours eu quelques sectateurs, et qui ne puisse ainsi s'attribuer une manière d'ancienneté et de perpétuité ; et par conséquent cette marque de la vérité qu'on fait tant valoir chez vous, sera fort affaiblie.

Mais si vous voulez que l'Église ne manque jamais de prononcer pour l'opinion qui a toujours été la plus commune, ou la plus accréditée, vous aurez de la peine à justifier ce sentiment par les exemples. Car, outre qu'il y a *opiniones communes contra communes,* et que souvent le plus grand nombre, et les personnes les plus accréditées ne s'accordent pas, le mal est que des opinions qui étaient communes et accréditées, cessent de l'être avec le temps, et celles qui ne l'étaient pas, le deviennent. Ainsi, quoiqu'il arrive naturellement qu'on prononce pour l'opinion qui est la plus en vogue, lorsqu'on prononce, néanmoins il arrive ordinairement que ce qui est *endoxe* dans un temps, était *paradoxe* auparavant, et *vice versâ.*

Comme par exemple le règne de mille ans était en vogue dans la primitive Église, et maintenant il est rebuté. On croit maintenant que les anges sont sans corps, au lieu que les anciens pères leur donnaient des corps animés, mais plus parfaits que les nôtres. On ne croyait pas que les ames qui doivent être sauvées, parviennent sitôt à la parfaite béatitude ; sans parler de quantité d'autres exemples.

D'où il s'ensuit que l'Église ne saurait prononcer en

faveur de l'incorporalité des anges ou de quelque autre opinion semblable, ou que si elle le faisait, cela ne s'accorderait pas avec la règle de la perpétuité, ni avec celle de Vincent de Lérins, du *semper et ubique,* ni aveo votre règle des vérités de foi, que vous dites être le consentement *unanime et perpétuel* de toute l'Église soit assemblée en concile, soit dispersée par toute la terre. En effet, cela est beau et magnifique à dire, tant qu'on demeure en termes généraux, mais quand on vient au fait, on se trouve loin de son compte, comme il paraîtra dans l'exemple de la controverse des livres canoniques.

Enfin on peut demander si pour décider qu'une doctrine est de foi, il suffit de dire qu'elle a été simplement crue ou reçue auparavant, et s'il ne faut pas aussi qu'elle ait été reçue comme de foi? Car à moins qu'on ne veuille se fonder sur de nouvelles révélations, il semble que pour faire qu'une doctrine soit un article de foi, il faut que Dieu l'ait révélée comme telle, et que l'Église dépositaire de ses révélations, l'ait toujours reçue comme étant partie de la foi, puisqu'on ne saurait savoir que par révélation si une doctrine est de foi ou non.

Ainsi il ne semble pas qu'une opinion qui a passé pour philosophique auparavant, quelque reçue qu'elle ait été, puisse être proposée légitimement sous anathême ; comme par exemple, si quelque concile s'avisait de prononcer pour le repos de la terre contre Copernic, il semble qu'on aurait droit de ne lui point obéir.

Et il paraît encore moins qu'une opinion qui a passé longtemps pour problématique, puisse enfin devenir un article de foi, par la seule autorité de l'Église, à moins qu'on ne lui attribue une nouvelle révélation, en vertu de l'assistance infaillible du Saint-Esprit : autrement, l'Église aurait d'elle-même un pouvoir sur ce qui est de droit divin.

Mais si nous refusons à l'Église la faculté de changer

en article de foi, ce qui passait pour philosophique
ou problématique auparavant, plusieurs décisions de
Trente doivent tomber, quand même on accorderait que
ce concile est tel qu'il faut ; ce qui va paraître particulièrement, à mon avis, à l'égard des livres que ce concile
a déclarés canoniques contre le sentiment de l'ancienne
Église.

M. Bossuet n'avait pas encore reçu les deux lettres du
14 et du 24 mai, lorsque M. Leibnitz lui en écrivit une autre
assez courte, où nous ne croyons devoir remarquer que ce
qui suit.

Mais, auparavant, nous observons que M. Bossuet,
qui a répondu dans la suite à ces deux lettres, (et nous
donnerons sa réponse), n'a touché que très légèrement
aux difficultés précédentes, persuadé apparemment que
tout ce qu'il avait dit jusqu'alors en fournissait une solution suffisante. Effectivement, pour les faire évanouir, il
suffit d'observer qu'il est des points sur lesquels l'Eglise ne
prononcera jamais, parce qu'ils ne sont point suffisamment
établis dans la tradition ; 2° que les points qu'a décidés
l'Eglise étaient généralement crus avant sa décision,
comme faisant partie de la révélation, sans être crus,
cependant, comme appartenants à la foi catholique ; et que
les doutes qu'avait eu sur ces points, avant la décision, un
certain nombre de personnes, ne forment point une preuve
du contraire.

Lettre de Leibnitz, du 30 avril 1700.

Il faudra recourir à la voix de l'exemple que je vous ai
allégué autrefois, auquel vous n'avez jamais satisfait, et
où vous n'avez voulu venir qu'après avoir épuisé les autres moyens, j'entends ceux de douceur. Car quant aux
voies de fait et guerres, je suppose que, suivant le véritable esprit du christianisme, vous ne les conseilleriez pas ;

et quelque espérance qu'on pût avoir dans votre parti, de réussir un jour par ces voies, lesquelles, quelque spécieuses qu'elles soient, peuvent tromper, ce ne sera pas ce qui vous empêchera de donner les mains à tout ce qui paraîtra le plus propre à refermer la plaie de l'Église.

Monseigneur le duc a pris garde à un endroit de votre lettre, où vous dites que cela ne se doit point faire d'une manière où il y ait danger que cette plaie se pourrait rouvrir davantage, et devenir pire, mais il n'a point compris en quoi consiste ce danger, et il a souhaité de le pouvoir comprendre; car non plus que vous, nous ne voulons pas des cures palliatives, qui fassent empirer le mal.

Voici la réponse de M. Bossuet à ces articles :

Je ne puis tarder à vous expliquer l'endroit de ma lettre sur lequel monseigneur veut être éclairci. J'ai donc dit que l'on tenterait vainement des pacifications sur les controverses, en présupposant qu'il fallût changer quelque chose dans aucun des jugements portés par l'Église. Car comme nos successeurs croiraient avoir le même droit de changer ce que nous ferions, que nous en aurions eu de changer ce que nos ancêtres auraient fait, il arriverait nécessairement, qu'en pensant fermer une plaie, nous en rouvririons une plus grande. Ainsi la religion n'aurait rien de ferme; et tous ceux qui en aiment la stabilité doivent poser avec nous pour fondement, que les décisions de l'Église une fois données, sont infaillibles et inaltérables. Voilà, monsieur, ce que j'ai dit et ce qui est très véritable. Au reste, à Dieu ne plaise que je sois capable de compter la guerre parmi les moyens de finir le schisme : à Dieu ne plaise encore un coup, qu'une telle pensée ait pu m'entrer dans l'esprit, et je ne sais à quel propos vous m'en parlez.

Quant à l'endroit où vous dites que je n'ai pas répondu, ou que j'ai différé de répondre, j'avoue que je ne l'entends pas. Je soupçonne seulement que vous voulez parler d'un acte du concile de Bâle, que vous m'avez autrefois envoyé. Mais assurément j'y ai répondu si démonstrativement dans mon écrit à M. l'abbé de Lôkkum, que je n'ai rien à y ajouter. Je vous supplie donc, monsieur, encore un coup, comme je crois l'avoir déjà fait, de repasser sur cette réponse, si vous l'avez, et de marquer les endroits où vous croyez que je n'ai point répondu, afin que je tâche de vous satisfaire, ne désirant rien tant au monde que de contenter ceux qui cherchent le royaume de Dieu. Permettez-moi encore une fois, de vous prier, en finissant cette lettre, d'examiner sérieusement devant Dieu, si vous avez quelque bon moyen d'empêcher l'état de l'Église de devenir éternellement variable, en présupposant qu'elle peut errer et changer ses décrets.

Trouvez bon que je vous envoie une instruction pastorale que je viens de publier sur ce sujet-là, et si vous la jugez digne d'être présentée à votre grand et habile prince, je me donnerai l'honneur de lui en faire le présent dans les formes, avec tout le respect qui lui est dû. J'espère que la lecture ne lui en sera pas désagréable ni à vous aussi, puisque cet écrit comprend la plus pure tradition du christianisme sur les promesses de l'Église. Continuez-moi l'honneur de votre amitié, comme je suis de mon côté avec toute sorte d'estime, monsieur, votre très humble serviteur.

On voit dans cette lettre, et on le verra encore dans les suivantes, M. Leibnitz se plaindre que M. Bossuet n'a point répondu à l'exemple du compact accordé aux calixtins par le concile de Bâle, et que M. Bossuet le renvoie toujours à la réponse qu'il avait adressée à M. Molanus, abbé de Lokkum, sur cet objet. M. Molanus aura donc négligé

d'en donner communication à M. Leibnitz; car nous ne
pouvons pas soupçonner ce savant d'une ignorance affectée.
Quoi qu'il en soit, cela nous met dans la nécessité de placer ici cette réponse, et nous n'en séparerons pas celle qui
est faite aussi, dans le même écrit, à la principale difficulté
de Leibnitz, sur laquelle ce savant dit aussi de temps en
temps qu'il n'a jamais été satisfait. Cela entraînera quelques
répétitions, mais cet inconvénient est bien suffisamment
compensé par l'importance des principes qui sont répétés, et
qui ne le sont jamais qu'avec une autre tournure qui leur
donne un nouveau jour.

*Réponse de M. Bossuet aux deux principales difficultés
de M. Leibnitz, adressée à M. Molanus, et tirée du
premier vol. des œuvres postumes de Bossuet, p. 238.*

Voici maintenant la résolution de ce que M. Leibnitz
appelle *l'essentiel de la question ; savoir, si ceux qui
sont prêts à se soumettre à la décision de l'Eglise, mais
qui ont des raisons de ne pas reconnaître un certain concile pour légitime, sont véritablement hérétiques ; et si
une telle question n'étant que de fait, les choses ne sont
pas à leur égard devant Dieu, ou, comme disent les
canonistes* IN FORO POLI *, et lorsqu'il s'agit de la docrine de
l'Eglise et du salut, comme si la décision n'avait pas été
faite ; puisqu'ils ne sont pas opiniâtres. La condescendance du concile de Bâle semble appuyée sur ce fondement.* Voilà la question, comme il l'a souvent proposée,
et comme il la propose tout nouvellement dans sa lettre
du 3 juillet 1692. Cette question a deux parties : la première, si un homme disposé de cette sorte, est opiniâtre
et hérétique. Puisqu'il faut trancher le mot, et qu'on le
demande ; je réponds qu'oui : la seconde, s'il se peut
servir de la condescendance du concile de Bâle ; je réponds que non.

Quant à la première partie, en voici la démonstration.

J'appelle opiniâtre en matière de foi, celui qui est
invinciblement attaché à son sentiment, et le préfère à
celui de toute l'Église : j'appelle hérétique celui qui est
opiniâtre en cette sorte.

Ce fondement supposé, je dis que ceux dont il s'agit,
premièrement sont opiniâtres, parce qu'encore qu'ils
disent qu'ils sont prêts à se soumettre à la décision de
l'Église, ils s'y opposent en effet.

Leur excuse est que ce n'est point en général à l'autorité et à l'infaillibilité de l'Église qu'ils en veulent,
mais seulement *qu'ils ont des raisons* pour ne pas reconnaître *un certain concile ;* ce qui n'est, à ce qu'ils disent,
qu'une *erreur de fait.*

Or cette excuse est frivole et nulle, parce que la raison qu'ils ont de ne pas reconnaître *ce certain concile,*
est une raison qui les met en droit de n'en reconnaître
aucun, ou de ne les reconnaître qu'autant qu'ils voudront, car cette raison est que ce concile est tout ensemble juge et partie. C'est ce qu'ils ont dit autrefois :
c'est ce qu'ils prétendent encore, comme on a vu ; or
cette raison conviendra à tout concile, n'étant pas possible de faire autrement, comme on a vu, ni que les
hérétiques soient jugés par d'autres que par les catholiques. Ainsi l'excuse de ceux dont il s'agit leur est commune avec tout ce qu'il y a eu et ce qu'il y aura jamais
d'hérétiques, n'étant pas possible qu'il y en ait jamais
qui ne prennent les catholiques à partie. Il résultera
donc de là, qu'on ne pourra jamais prononcer de jugements ecclésiastiques sur la foi que du consentement des
contendants : ce qui leur donne un moyen certain d'éluder tous les jugements de l'Église, sans que personne
leur puisse ôter cette excuse. Elle n'est donc qu'un prétexte pour autoriser les hommes à demeurer invincible-

ment attachés à leur propre sens, et à le préférer à celui de toute l'Église.

Et en effet, pour appliquer cette démonstration à notre cas particulier ; les protestants ne prétendent pas seulement rejeter ou tenir en suspens *ce certain concile,* c'est-à-dire celui de Trente qu'ils accusent d'avoir été juge et partie ; mais par la même raison, ils demandent en termes formels qu'on tienne en suspens tous les conciles où l'on a condamné ceux dont les protestants ont suivi les sentiments en tout ou en partie. Car c'est là une des propositions que monsieur l'abbé Molanus nous a faites dans son écrit ; ce qui n'est pas seulement reconnaître un certain concile, comme dit monsieur Leibnitz, mais en général ne pas reconnaître tous les conciles, où l'on aura été condamné, sans autre raison, sinon qu'on l'aura été par ses parties.

Et il est clair que les protestants sont forcés par l'état même de leur cause, à tenir cette conduite. Car quand on aurait tenu en suspens le concile de Trente, ils n'en seraient pas moins accablés par l'autorité de tous les conciles précédents, où l'on trouve non-seulement la réalité, mais encore la transsubstantiation, le sacrifice, et le sacrifice pour les morts, les messes privées, la communion sous une espèce, la primauté du pape de droit divin, le purgatoire, le culte des saints et des reliques, le mérite des bonnes œuvres, et en un mot tous les points sur lesquels roulent nos controverses, expressément décidés contre eux ; et pour mettre la cause en son entier à leur égard, il faut remonter jusqu'à mille ans au moins, ce qui est plus que suffisant, quant à présent, et tenir en suspens tout ce qui a été fait depuis ; c'est-à-dire le tenir pour nul et n'y avoir aucun égard, et c'est aussi expressément ce qu'on nous demande.

Et remarquez que dans ces mille ans, se trouve la décision contre Bérenger, que les zwingliens demanderont

qu'on tienne pour nulle, avec autant de raison qu'on
en a de demander la nullité des autres décisions. Ces
hérétiques seront donc rétablis comme les autres ; il faudra revenir au fond avec eux, et l'on perdra l'avantage
qu'on a contre eux par la force des choses jugées, que
Luther et les luthériens ont tant fait valoir, en les pres-
sant, comme on sait, par le sentiment de l'Église déclarée contre eux ; et il en faudra d'autant plus mépriser
le jugement sur cet article, qu'on fait voir aux luthériens que la transsubstantiation y est établie avec la
réalité ; en sorte qu'il faut revenir de tout, si l'on ne
veut pas tout accepter.

Mais quand cela serait fait, les nouveaux pélagiens,
les nouveaux ariens, les nouveaux nestoriens reviendraient, par la même raison contre les conciles de Nicée
et d'Ephèse, où ils ont été condamnés ; et il n'y aura
qu'à dire qu'on a été jugé par ses parties, pour être absous de toute condamnation.

Quand donc M. de Leibnitz nous dit que révoquer en
doute *ce certain concile,* est une question *de fait,* il ne
veut pas voir que, sous prétexte de ce fait, il anéantit
tous les jugements ecclésiastiques ; de sorte qu'il n'y a
point d'erreur plus capitale contre la foi.

Si c'est ici une simple question de fait, l'on dira aussi
que c'en est une, savoir, s'il y a une vraie Église sur la
terre, et quelle elle est. Car cela assurément est un fait ;
et si pour n'être pas opiniâtre, c'est assez en général
de dire : je suis soumis à l'Église, mais je ne sais quelle
elle est ni où elle est, l'opiniâtre que nous cherchons,
ne se trouvera jamais, et l'indifférence des religions sera
inévitable.

Il en est de même, si l'on dit : je suis soumis au concile, mais je ne sais quel est ce concile auquel je me
veux soumettre. Car qu'on le bâtisse comme on voudra,
ce sera toujours *ce certain concile que pour de certaines*

raisons je ne voudrai pas reconnaître, et par la même raison que je pousserai ce doute jusqu'à mille ans, je le pousserai, en remontant, jusqu'à l'origine du Christianisme, et en descendant, jusqu'à la fin des siècles ; sans qu'il y ait aucune raison de m'arrêter nulle part ; puisqu'il n'y en aura jamais de m'arrêter à un endroit plutôt qu'à un autre ; et qu'en quelque endroit qu'on s'arrête, on y trouvera toujours un parti qui condamnera l'autre, sans qu'on puisse faire autrement.

Que si, en remontant durant mille ans, on n'a pas su où était l'Église, ni quel en était le concile légitime, ni si l'on en a tenu ou pu tenir quelqu'un, il n'y aura pas de raison de ne pas porter le doute plus haut, et tout y sera également caduc.

En descendant, on se trouvera dans le même embarras. Car on ne pourra jamais dire de raison pourquoi ce concile, auquel on dit qu'on veut se soumettre, sera plus ferme et plus infaillible que les autres. Le consentement des chrétiens n'y sera pas autre que dans les conciles précédents. Les calvinistes, les anabaptistes, les sociniens, et en un mot, tous ceux qui n'y seront pas, diront toujours qu'ils ont été jugés par leurs parties, et l'on reviendra de ce concile, comme on prétend revenir de tous les autres.

Ainsi c'est visiblement une illusion qu'on se fait à soi-même, quand on dit qu'on se soumettra à un concile ; car, ou il sera infaillible, et pourquoi non tous les autres ? Ou il ne le sera pas, et qu'aura-t-il moins que les autres ?

Il n'y aura donc jamais de véritable docilité et soumission à l'Église, jusqu'à ce qu'on convienne de bonne foi qu'il y a toujours une Église qui a des promesses pour n'errer jamais, laquelle par conséquent a des pasteurs et des juges légitimes des questions de la foi,

qu'on ne peut prendre à partie ; sans y prendre Jésus-
Christ même.

M. de Leibnitz et ses semblables (car c'est à eux qu'on
nous presse de parler), sont-ils dans ce sentiment ou n'y
sont-ils pas ? Ils semblent y être ; car ils disent, ou semblent dire en général, que le concile universel, et par
conséquent l'Église qu'il représente est infaillible, et
qu'ils sont prêts à se soumettre à son jugement quel qu'il
soit ; d'où vient aussi que M. de Leibnitz, dans la réflexion
latine dont il a déjà été parlé, appelle les décisions de
ce concile, *irrésistibles*, STATUTA IRREFRAGABILIA. Il semble donc, lui et ceux de son avis, être dans le sentiment
de l'infaillibilité. D'autre côté, ils n'en sont pas. Car ils
ne font aucun scrupule de demeurer dans une communion où l'on enseigne publiquement le contraire. Ils veulent qu'on leur accorde que dans les siècles passés, l'on
a fait plusieurs décisions ou fausses ou inutiles ; car c'est
en termes formels ce que demande M. de Leibnitz dans
une lettre du 13 juillet 1692, à madame de Brinon. Sur
le fondement qu'il peut y avoir des décisions de cette
nature, ils veulent qu'on raye, d'un seul trait de plume,
toutes celles qui ont été faites depuis mille ans, sans pouvoir dire aucune raison pourquoi celle qu'ils semblent
attendre comme la règle de leur foi, sera plus valable.

Diront-ils que les conciles dont ils veulent rayer les
décrets, sont nuls, parce qu'ils ont été convoqués par le
pape ; ou qu'il y a présidé, ou qu'il n'y a appelé que les
évêques de sa communion ? Non, puisqu'ils veulent que
celui auquel ils appellent soit convoqué de même, présidé
de même, composé de même ; qu'on n'y admette que des
évêques, et des évêques réconciliés avec le saint-siége,
par cette union qu'ils appellent préliminaire. Diront-ils
qu'on n'a pas suivi dans ces vieux conciles la même règle
que celle qu'il propose au nouveau ? Non encore, car ils
n'en prescrivent point d'autre que l'Écriture avec le con-

sentement des siècles précédents, et ils ne sauraient montrer qu'on s'en soit jamais proposé d'autres : diront-ils que ce concile sera plus libre que les autres, à cause que la conclusion se fera à la pluralité des voix ? On n'a jamais prétendu que cela se fît autrement. Ainsi le nouveau concile n'aura que ceci de particulier, qu'on aura mis la condition d'y convoquer et assembler toutes les parties pour y être également juges ; ce qui est l'endroit précis où l'on a vu l'anéantissement entier de tous les jugements ecclésiastiques.

Que si, sans se servir de cette raison, qui est celle que les protestants ont toujours eue dans la bouche, *j'ai été jugé par ma partie,* on prétend tenir en suspens *ce certain concile* par d'autres raisons, comme en disant, par exemple, que c'est cabale et intrigue ; c'est, en d'autres termes, dire toujours la même chose, et toujours fournir aux hérétiques une excuse légitime ; parce que ceux qui seront condamnés, appelleront toujours intrigue et cabale tout ce qui sera fait contre eux. Les eutichiens donneront toujours aux orthodoxes qui suivent le concile de Calcédoine, le nom de *melchites* ou royalistes. Les nestoriens ne cesseront jamais d'attribuer leur condamnation aux jalousies de Saint-Cyrille contre Nestorius, et du siége d'Alexandrie contre celui de Constantinople, ils diront que le saint-siége s'est laissé entraîner dans la cabale, et que son autorité a tellement prévalu dans le concile d'Ephèse, que ce concile, en condamnant Nestorius, a déclaré qu'il y était contraint par les lettres du pape Célestin. Toutes les sectes parlent tout de même ; et s'il faut les écouter, il sera vrai de dire qu'il n'est pas possible de tenir jamais un concile légitime, et que chacun croira ce qu'il voudra.

Et pour enfin nous recueillir, et pousser en même temps la démonstration, selon les vœux de M. de Leibnitz, jusqu'aux dernières précisions : si, par exemple, toutes les fois qu'on voit un concile, qui seul et publiquement porte dans l'Église le titre d'œcuménique, en sorte que personne ne s'en sépare, que ceux qui, en même temps sont visiblement séparés de l'Église même, qui reconnaît ce concile et qui en est reconnue ; si dis-je, on prétend le rejeter ou le tenir en suspens, sous quelque prétexte que ce soit, et principalement sous celui-ci, que ces séparés le regardent comme leur partie, et refusent, pour cette raison, de s'y soumettre, on détruit également tous les conciles et tous les jugements ecclésiastiques : on met une impossibilité d'en prononcer aucun qui soit tenu pour légitime : on introduit l'anarchie, et chacun peut croire tout ce qu'il veut.

C'est en cela que consiste l'opiniâtreté qui fait l'hérétique et l'hérésie. Car si, pour n'être point opiniâtre, il suffisait d'avoir un air modéré, des paroles honnêtes, des sentiments doux, on ne saurait jamais qui est opiniâtre, ou qui ne l'est pas. Mais afin qu'on puisse connaître cet opiniâtre qui est hérétique, et l'éviter, selon le précepte de l'apôtre, (Tit. III. 10) voici sa propriété incommunicable, et son manifeste caractère : c'est qu'il s'érige lui-même, dans son propre jugement, un tribunal au-dessus duquel il ne met rien sur la terre, ou, pour parler en termes plus simples, c'est qu'il est attaché à son propre sens, jusqu'à rendre inutiles tous les jugements de l'Église. On en vient là manifestement par la méthode qu'on nous propose ; on en vient donc manifestement à cette opiniâtreté qui fait l'hérétique, et voilà la résolution de la question dans sa première partie.

La seconde, qui regarde l'exemple des pères de Bâle, n'est pas moins aisée ; car il résulte des faits et des principes posés, que le cas où se trouvent les protestants est tout-à-fait différent de celui où nous avons vu les Bohémiens et les calixtins. Les protestants demandent que l'on délibère de nouveau, de toutes nos controverses, comme s'il n'y en avait rien de décidé dans le concile de Trente et dans les conciles précédents ; mais nous avons vu * que le concile de Bâle, en accordant aux Bohémiens la discussion de l'article de la communion sous une espèce, déjà résolue à Constance, déclarait en même temps que cette discussion ne serait pas une nouvelle délibération, comme si la chose était indécise ; mais qu'elle se ferait par manière d'éclaircissement et d'instruction pour enseigner les errants, confirmer les infirmes et convaincre les opiniâtres : ce qui est infiniment différent de ce que les protestants nous proposent.

Il est vrai que les Bohémiens furent reçus à la communion, encore que de leur côté ils demeurassent en suspens, sur un article décidé par le concile de Constance : mais premièrement, ils se soumettaient à un concile actuellement assemblé, qu'on saisissait de l'affaire par les termes de l'accord, et non pas comme on voudrait faire aujourd'hui, à un concile à convoquer, que mille obstacles peuvent empêcher ; c'est-à-dire à un concile en l'air.

Secondement, ils reconnaissaient l'Église infaillible et se soumettaient aussi à son concile actuellement assemblé, comme à un concile dirigé par le Saint-Esprit, après lequel il n'y aurait plus de retour ; au lieu que les protestants, quoiqu'ils parlent à peu près de même, de sorte qu'ils semblent vouloir tout déférer à ce concile, n'ont point encore tranché les mots : qu'ils tiennent l'Église et son concile pour infaillibles, et au contraire l'Église où ils sont, a des principes opposés à ce senti-

* M. Bossuet se réfère, dans le texte et dans les textes suivants, aux autorités qu'il a rassemblées dans le chapitre précédent, page 231, pour appuyer ce qu'il avance. Ces autorités sont claires et décisives ; nous ne les citons point pour ne pas trop grossir cet article.

ment, qui ne laissent aucune espérance de finir nettement les contestations, ainsi qu'il a été dit.

Troisièmement, quoique le concile, auquel les Bohémiens se soumettaient fût le concile de l'Église de laquelle ils s'étaient séparés, ils ne le regardaient pas comme leur partie, et ne demandaient pas même que leurs prêtres y fussent assis avec les autres comme juges ; mais ne connaissant d'autre église que l'Église catholique-romaine, ni d'autres conciles que celui qui était composé de ses évêques, ils venaient en suppliant, et se contentaient de pouvoir dire leurs raisons devant les pères du concile, comme devant leurs juges légitimes, dont il n'y avait plus aucun appel. Mais les protestants font le contraire ; et en refusant de reconnaître pour légitime tout concile où les contendants ne seront pas tous également juges, ils ferment la porte à tout jugement ecclésiastique, et ne laissent aucun remède au schisme et aux hérésies, comme on vient de voir.

Quatrièmement, sans rien alléguer contre le concile de Constance, qui affaiblit ou détruisit les conciles en général, comme serait qu'ils ont été leurs parties, ils se plaignaient seulement de n'y avoir point été ouis, à quoi il était aisé de remédier à Bâle en les écoutant. Mais aujourd'hui, les protestants qui ne peuvent pas faire cette plainte, puisqu'il n'a tenu qu'à eux d'être ouïs, et qu'on leur a donné tous les sauf-conduits, et sûretés nécessaires en la forme qu'ils ont souhaitée, apportent pour toute exception, ou du moins comme leur exception principale, qu'il ne leur suffit pas d'être ouïs en toute sûreté comme parties ; mais que les pasteurs qu'ils ont établis, sans qu'ils aient été ordonnés par des évêques, ont le même droit de juger que ceux qui ont gardé la succession, et sont demeurés dans leurs places, sans rien innover ; ce qui emportant l'invalidité de tous les jugements ecclésiastiques, les oblige aussi, non à rejeter un certain concile, pour des raisons particulières, comme ils disent, mais tous les conciles, depuis environ mille ans, sans alléguer aucune raison pour attribuer plus de force à ceux qui ont précédé, ou qui suivront.

En cinquième lieu, il ne s'agissait que d'un seul article avec les calixtins ; et l'on a vu que cet article, par les principes posés, était aisé à régler, ou plutôt qu'il était déjà préjugé par les termes mêmes de l'accord, et par la croyance qui était commune entre les parties, de l'infaillibilité de l'Église ; mais il n'y a point de question que les protestants n'aient remuée, ayant même renversé les fondements de l'Église en ébranlant la promesse de l'assistance perpétuelle du Saint-Esprit ; et pour tenir en suspens les décisions faites contre eux, il faudrait, pour ainsi parler, refondre l'Église toute entière.

Enfin, bien qu'on ait eu la condescendance de ne point parler aux calixtins du concile de Constance, qui leur faisait peine, ils se soumettaient eux-mêmes à l'équivalent, c'est-à-dire au concile de Bâle, qui, comme on a vu, était assemblé en vertu d'un de ses canons, c'est-à-dire du chapitre *frequens ;* et qui, d'ailleurs, non content de la profession qu'il faisait de se régler selon les maximes de ce même concile, s'était encore expliqué sur le décret en question, en déclarant qu'il le tenait pour inviolable ; en sorte qu'il était notoire que se soumettre aux pères de Bâle, c'était au fond, et comme on parle, équivalemment recevoir celui de Constance ; au lieu qu'on ne peut attendre du concile que les protestants nous proposent, que toutes sortes de divisions, puisqu'on le compose de parties directement opposées sur cent matières de foi, où l'on croit voir de part et d'autre la subversion entière du christianisme ; et que, d'ailleurs, on ne craint pas de nous demander la suspension de tout ce qui a été fait depuis mille ans ; comme si,

durant tout ce temps, il n'y avait point eu de christianisme ni d'Église véritable.

Ainsi l'exemple du concile de Bâle étant infiniment
éloigné du cas que l'on nous propose, on ne peut rien
conclure en faveur des protestants ; et au contraire,
comme cet exemple fait voir le dernier point où la charité maternelle de l'Église peut porter sa condescendance, il fait voir en même temps que ce qu'on demande
au delà est impraticable.

Il y a une dernière raison qui va être tranchée en un
mot, et qui ne laisse aucune excuse à ceux qui sont dans
le cas que M. Leibnitz nous propose. C'est que dans la
lettre du 13 juillet 1692, à madame de Brinon, en se
plaignant des décisions qu'on a faites, à ce qu'il prétend
sans nécessité, il ajoute que : *si ces décisions se pouvaient sauver par des interprétations modérées, tout irait
bien.* Or, est-il que, de son aveu, ces décisions se peuvent sauver par les interprétations modérées de M. l'abbé
Molanus dans les matières les plus essentielles, par lesquelles on peut juger de toutes les autres. Par conséquent tout va bien ; c'est-à-dire qu'il n'y a rien qui
puisse empêcher un homme qui aime la paix, de retourner à l'unité de l'Église. Si donc il n'y retourne pas, il
ne pourra s'excuser d'adhérer au schisme.

Et remarquez que ces interprétations ou déclarations,
sous lesquelles M. l'abbé Molanus reconnaît que les sentiments catholiques sont recevables, ne sont pas des déclarations qu'il faille attendre de l'Église, puisque nous
avons montré qu'elles sont déjà toutes faites en termes
précis dans le concile de Trente : car tous les éclaircissements que ce savant abbé a proposés, par exemple, sur
la justice chrétienne, sur la transsubstantiation, sur
l'invocation des saints, sur le culte des images, etc.,
sont précisément ceux que le concile de Trente a donnés
de mot à mot dans les décrets que nous en avons rap-

portés. Si ces articles, de la manière qu'ils sont approuvés parmi nous, sont recevables ou irréprochables, on ne doit pas présumer que les autres, moins importants, doivent arrêter; donc tout l'essentiel est déjà fait : on ne peut pas demeurer luthérien sans s'obstiner dans le schisme, ni faire son salut ailleurs que dans notre communion.

Il ne sert de rien de répondre que les déclarations du même abbé, sur les dogmes luthériens sont bonnes aussi, ce qui rend les choses égales. Car premièrement, et cette raison ne souffre pas de réplique, quand cela serait, tout le monde demeure d'accord que c'est à nous qu'il faut revenir, supposé que notre doctrine soit saine, recevable, ancienne, comme M. l'abbé Molanus l'a démontré dans les articles les plus essentiels, et qu'on le doit raisonnablement inférer des autres. Mais secondement, je soutiens que les déclarations que nous donne M. l'abbé Molanus sur les dogmes luthériens, ne sont pas aussi authentiques que celles qui nous regardent, puisque nos déclarations sont déjà données par le concile de Trente : et que celle de M. l'abbé Molanus sont ses déclarations *particulières*, et sont encore à donner par le parti.

J'ajoute qu'il n'y a point de bonnes explications à donner à l'ubiquité, par exemple, ni à cette proposition ; les bonnes œuvres ne *sont pas nécessaires au salut*. C'est pourquoi M. l'abbé Molanus consent que ces doctrines soient supprimées ; mais cela n'empêche pas que la première ne soit en vigueur dans presque tout le luthéranisme, et que la seconde, autorisée par un décret de tout le parti, comme on a vu, ne soit encore la seule publiquement approuvée, n'ayant été révoquée par aucun acte.

De là se tire un argument pour l'infaillibilité de l'Église, et la perpétuelle vérité de ses décisions. Car comme entre ces décisions, celles que les protestants trouvent le plus remplies d'erreurs, sont celles du concile de Trente, et que M. l'abbé Molanus a cependant démontré, que lorsqu'elles sont bien entendues, on les trouve non seulement irréprochables, mais encore pour la plupart appuyées du consentement de l'ancienne Église, il s'ensuit nécessairement, que Jésus-Christ qui a assisté son Église dans les premiers siècles, ne l'a pas abandonnée dans les derniers.

Je soutiens donc que M. de Leibnitz, et ceux qui entrent comme lui dans les tempéraments de M. l'abbé Molanus, ne sont point excusés par là de l'opiniâtreté qui fait l'hérétique pour trois raisons, qui ne peuvent pas être plus décisives ni plus fortes. La première, que les exceptions qu'ils apportent contre les conciles auxquels ils ne veulent point qu'on ait égard, détruisent, comme on a vu, tous les fondements de réunion, et même en particulier, tous les fondements de la réunion qu'on propose. La seconde, qu'ils n'ont trouvé aucun exemple de la condescendance qu'ils nous demandent ; puis que celle du concile de Bâle, qu'ils croient, avec raison, la plus forte, ne leur sert de rien. La troisième, que les décisions du concile de Trente, tant décriées par les protestants et par eux-mêmes, sont recevables et irréprochables, lorsqu'elles sont bien entendues ; d'où il s'ensuit que le docte abbé dont nous avons examiné l'écrit, si l'on change seulement l'ordre de son projet, a ouvert aux siens, comme il se l'était proposé, le chemin à la paix et comme le port du salut.

Il était nécessaire de rappeler et de consigner ici la réponse précédente, parce qu'outre qu'elle est très intéressante en elle-même, Leibnitz ne cessait de se plaindre qu'on ne lui avait pas répondu, et M. Bossuet ne cessait pas non plus de renvoyer à cette réponse, ainsi que nous l'avons déjà observé.

Nous allons maintenant placer la réponse que fit Leibnitz le 3 septembre 1700, à la lettre de M. Bossuet, du premier juin de la même année; en voici la partie la plus intéressante.

Vous me demandez à quel propos je vous parle de la force, comme d'un moyen de finir le schisme. Vous supposez toujours qu'on reconnaît que l'Église a décidé; et après cela vous inférez qu'on ne doit point toucher à de telles décisions.

Mais quant aux livres canoniques, il faudra se remettre à la discussion où nous sommes; et quant à l'usage de la force et des armes, ce n'est pas la première fois que je vous ai dit, monseigneur, que si vous voulez que toutes les opinions que l'on autorise chez vous, soient reçues partout comme des jugements de l'Église, dictés par le Saint-Esprit, il faudra joindre la force à la raison.

En disputant, je ne sais si on ne pourrait pas distinguer entre ce qui se dit *ad populum*, et entre ce dont pourraient convenir des personnes qui font profession d'exactitude. Il faut *ad populum phaleras*............ Suivant ce style, on dirait qu'un tel concile a décidé ceci ou cela; mais on ne dira pas que c'est le jugement de l'Église, avant d'avoir montré qu'on a observé, en donnant ce jugement, les conditions d'un concile légitime et œcuménique, ou que l'Église universelle s'est expliquée par d'autres marques, ou bien au lieu de dire l'Église, on dirait l'Église romaine........

Vous avez raison de me sommer *d'examiner sérieusement devant Dieu, s'il y a quelque bon moyen d'empêcher l'état de l'Église de devenir éternellement invariable;* mais je l'entends, en supposant qu'on peut, non pas changer ses décrets sur la foi et les reconnaître pour des erreurs, comme vous le prenez; mais *suspendre ou tenir pour suspendue la force de ses décisions, en certains cas*

et à certains égards; en sorte que la suspension ait lieu
non pas entre ceux qui les croient émanés de l'Église,
mais à l'égard d'autres ; afin qu'on ne prononce point
anathême contre ceux à qui sur des raisons très apparentes, cela ne paraît point croyable...... Le bon moyen
d'empêcher les variations, est tout trouvé chez vous,
pourvu qu'on le veuille employer mieux qu'on n'a fait ;
comme personne ne le peut faire mieux que vous-même.
C'est qu'il faut être circonspect, et on ne saurait l'être
trop, pour ne faire passer pour le jugement de l'Église,
que ce qui en a les caractères indubitables......

Pourquoi porter tout aux extrémités, et pourquoi reculer les voies qui paraissent seules conciliables avec les
propres et grands principes de la catholicité, et dont il
y a même des exemples. Est-ce qu'on espère que son
parti l'emportera de haute lutte : mais Dieu sait quelle
blessure cela fera au christianisme. Est-ce qu'on craint
de se faire des affaires ? Mais outre que la conscience
passe toutes choses, il semble que vous savez des voies
sûres et solides, pour faire entrer les puissances dans
les intérêts de la vérité ; enfin, je crains de dire trop,
quand je considère vos lumières, et pas assez quand je
considère l'importance de la matière. Il faut donc abandonner le soin et l'effet à la Providence, et ce qu'elle
fera sera le meilleur ; quand ce serait de faire durer et
augmenter nos maux encore plus longtemps. Cependant
il faut que nous n'ayons rien à nous reprocher. Je fais
tout ce que je puis ; et quand je ne réussis pas, je ne
laisse pas d'être content. Dieu fera sa sainte volonté,
et moi j'aurai fait mon devoir. Je prie la divine bonté de
vous conserver encore longtemps, et de vous donner les
occasions aussi bien que la pensée de contribuer à sa
gloire ; autant qu'il vous en a donné les moyens. Et je
suis avec zèle, monseigneur, votre, etc ;

P. S. Mon zèle et ma bonne intention, ayant fait que

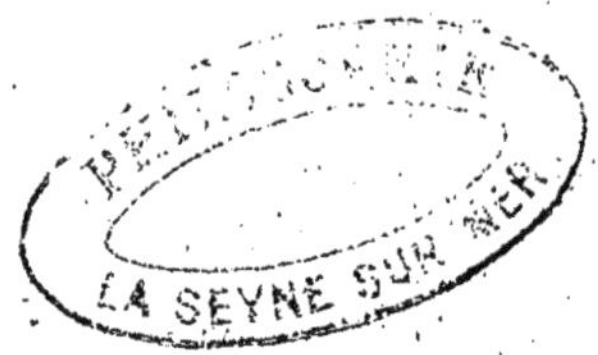

je me suis émancipé un peu dans cette lettre, j'ai cru que je ne ménagerais pas assez ce que je vous dois, si je la faisais passer sous d'autres yeux, en la laissant ouverte.

On voit par le post-scriptum et par le ton qui règne dans cette lettre, que M. Leibnitz commençait à s'aigrir. Peut-être le ton un peu plus tranchant qu'avait pris Bossuet dans la lettre précédente, avait-il choqué Leibnitz? car, d'ailleurs, il faut convenir que M. Bossuet nous a paru, dans toute cette correspondance, traiter Leibnitz avec tous les ménagements qu'exigeait la charité, et les égards que prescrivait la politesse; mais la lettre suivante, qui est la dernière que nous ayons de Leibnitz, sur cette affaire, montre qu'il était véritablement piqué. Il s'était persuadé que M. Bossuet, dégoûté de correspondre avec lui, demandait qu'on lui substituât un théologien. Nous donnerons la réponse toute entière de Bossuet. La première partie, où il se justifie des reproches personnels que lui fait Leibnitz, prouvera son honnêteté et sa modération; la seconde, qui est comme un abrégé de toute la Controverse, confirmera la haute idée qu'on a dû concevoir de sa capacité.

L'éditeur des œuvres de M. Bossuet se croit en droit de soupçonner M. Leibnitz d'avoir écarté dans cette dispute M. Molanus, abbé de Lokkum, et de s'être mis à sa place; il prétend *qu'il chicane sur tout, qu'il incidente à tout propos, qu'il répète des objections déjà résolues, qu'il paraît employer tout son esprit à faire naître de nouvelles difficultés.* Nous confessons que ces derniers reproches ne sont pas sans quelque fondement; et peut-être la politesse exquise dont avait usé M. Pelisson avec Leibnitz, les égards sans fin qu'il lui avait témoignés dans leur correspondance polémique, l'avaient disposé à être moins content de M. Bossuet, qui ne manquait pas, il est vrai, aux règles de la politesse ordinaire, ainsi que nous l'avons remarqué, mais qui ne connaissait point tous les rafinements de délicatesse dans les procédés, et avait naturellement les formes graves et austères. Il est certain que M. Leibnitz,

9.

longtemps après que cette dispute eut cessé, se plaignait
de la hauteur et du ton de M. Bossuet; et opposait toujours
à ses procédés ceux de M. Pélisson.

Je reviens à l'autre partie du reproche de l'éditeur. Je
crois son soupçon mal fondé. Il est naturel que M. Molanus, voyant M. Leibnitz très en état de suivre cette controverse pour le fond, et de la traiter dans la langue française qui était étrangère à ce théologien, lui ait abandonné
la partie, et que les princes auprès de qui résidait M. Leibnitz, aient consenti à cette substitution sans peine.

Il est temps de faire paraître la dernière lettre de Leibnitz :

Lettre de Leibnitz à M. Bossuet, du 21 juin 1701.

J'ai eu l'honneur d'apprendre de monseigneur le
prince, héritier de Wolfembutel, que vous aviez témoigné de souhaiter quelque communication avec un
théologien de ces pays-ci. Son altesse sérénissime y a
pensé, et m'a fait la grâce de vouloir aussi écouter mon
sentiment là-dessus ; mais on y a trouvé de la difficulté,
puisque M. l'abbé de Lokkum paraissait ne vous pas
revenir, que nous savons être, sans contredit celui de
tous ces pays-ci, qui a le plus d'autorité, et dont la doctrine et la modération ne sont guère moins hors du pair
chez nous. Les autres, qui seront le mieux disposés,
n'oseront pas s'expliquer de leur chef, d'une manière où
il y ait autant d'avances qu'on en peut remarquer dans
ce qu'il vous a écrit ; et comme ils communiqueront avec
lui auparavant, et peut-être encore avec moi, il n'y a
point d'apparence que vous en tiriez quelque chose de
plus avantageux que ce qu'on vous a mandé. La plupart
même en seront bien éloignés, et diront des choses qui
vous accommoderont encore moins incomparablement ;
car il faut bien préparer les esprits, pour leur faire goûter les voies de modération. Outre qu'il faut, mon-

seigneur, que vous fassiez aussi des avances qui marquent votre équité, d'autant qu'il ne s'agit pas proprement dans notre communication, que vous quittiez à présent vos doctrines, mais que vous nous rendiez la justice de reconnaître que nous avons de notre côté des apparences assez fortes pour nous exempter d'opiniâtreté, lorsque nous ne saurions passer l'autorité de quelques-unes de vos décisions.... Je suis très content, monseigneur, que vous demandiez des théologiens, comme j'ai demandé des jurisconsultes. La différence qu'il y a, c'est que votre demande ne sert point à faciliter les choses, comme faisait la mienne, et que vous avez en effet ce que vous demandez ; car ce que je vous ai mandé a été communiqué à M. Molanus et en substance encore à d'autres.

Réponse de M. de Meaux.

Je vois dans la lettre dont vous m'honorez, du 21 juin de cette année, qu'on *avait dit à monseigneur le prince héritier de Wolfembutel, que j'avais témoigné souhaiter quelque communication avec un théologien du pays où vous êtes,* et qu'on y trouvait d'autant plus de difficulté que M. l'abbé de Lokkum ne semblait pas me revenir. C'est sur quoi je suis obligé de vous satisfaire ; et puisque la chose a été portée à messeigneurs vos princes, dans la bienveillance desquels j'ai tant d'intérêt de me conserver quelque part, en reconnaissance des bontés qu'il m'ont souvent fait l'honneur de me témoigner par vous-même, je vous supplie que cette réponse ne soit pas seulement pour vous, mais encore pour leurs altesses sérénissimes.

Je vous dirai donc, monsieur, premièrement, que je n'ai jamais ni proposé, ni témoigné désirer avoir communication avec qui que ce soit de delà, me contentant d'être prêt à exposer mes sentiments, sans affectation de qui que ce soit, à tous ceux qui voudraient bien entrer avec moi dans les moyens de fermer la plaie de la chrétienté. Secondement, quand quelqu'un de vos pays, catholique ou protestant, m'a parlé des voies qu'on pouvait tenter pour un ouvrage si désirable, j'ai toujours dit que cette affaire devait être principalement traitée avec des théologiens de la confession d'Ausbourg, parmi lesquels, j'ai toujours mis au premier rang, M. l'abbé de Lokkum, comme un homme dont le savoir, la candeur et la modération le rendaient un des plus capables que je connusse pour avancer ce beau dessein.

J'ai, monsieur, de ce savant homme la même opinion que vous en avez; et j'avoue, selon les termes de votre lettre, *que de tous ceux qui seront le mieux disposés à s'expliquer de leur chef, aucun n'a proposé une manière où il y ait autant d'avances qu'on en peut remarquer dans ce qu'il m'a écrit.*

Cela, monsieur, est si véritable que j'ai cru devoir assurer ce docte abbé, dans la réponse que je lui fis il y a déjà plusieurs années, par monsieur le comte Balati, que s'il pouvait faire passer ce qu'il appelle *ses pensées particulières,* cogitationes privatæ, à un consentement suffisant, je me promettais qu'en y joignant les remarques que je lui envoyais sur la confession d'Ausbourg, et les autres écrits symboliques des protestants, l'ouvrage de la réunion serait achevé dans ses parties les plus difficiles et les plus essentielles; en sorte qu'il ne faudrait, à des personnes bien disposées, que très peu de temps pour le conclure.

Vous voyez par là, monsieur, combien est éloigné de la vérité, ce qu'on a dit comme en mon nom, à monseigneur le prince héritier; puisque bien loin de récuser monsieur l'abbé de Lokkum, comme on m'en accuse, j'en ai dit ce que vous venez d'entendre, et ce que je vous supplie de lire à vos princes, aux premiers moments de leur commodité que vous trouverez.

Quand j'ai parlé des théologiens nécessaires, principalement dans cette affaire, ce n'a pas été pour en exclure les laïques, puisqu'au contraire un concours de tous les ordres y sera utile, et notamment le vôtre.

En effet, quand vous proposâtes, ainsi que vous le remarquez dans votre lettre, de nommer ici des jurisconsultes pour travailler avec les théologiens, vous pouvez vous souvenir avec quelle facilité on y donna les mains ; et cela étant permettez-moi de vous témoigner mon étonnement sur la fin de votre lettre, où vous dites *que ma demande ne sert point à faciliter les choses comme faisait la vôtre.* Vous semblez, par-là, m'accuser de chercher des longueurs, à quoi vous voyez bien par mon procédé, tel que je viens de vous l'expliquer, sous les yeux de Dieu, que je n'ai seulement pas pensé.

Quant à ce que vous ajoutez, que j'ai déjà ce que je demande, ou plutôt ce que je propose, sans rien demander, c'est-à-dire un théologien ; cela serait vrai, si M. l'abbé de Lokkum paraissait encore dans les dernières communications que nous avons eues ensemble, au lieu qu'il me semble que nous l'avons tout-à-fait perdu de vue.

Vous voyez donc, ce me semble, assez clairement, que cette proposition tend plutôt à abréger qu'à prolonger les affaires ; et ma disposition est toujours, tant qu'il restera la moindre lueur d'espérance dans ce grand ouvrage, de m'appliquer sans relâche à le faciliter autant qu'il pourra dépendre de ma bonne volouté et de mes soins.

Il faudrait maintenant vous dire un mot sur les avances que vous désireriez que je fisse, *qui,* dites-vous, *marquent de l'équité et de la modération.* On peut faire deux sortes d'avances : les unes sur la discipline ; et sur

cela, on peut entrer en composition. Je ne crois pas avoir
rien omis de ce côté-là, comme il paraît par ma réponse
à M. l'abbé de Lokkum *. S'il y a pourtant quelque chose
qu'on y puisse encore ajouter, je suis prêt à y suppléer
par d'autres ouvertures, aussitôt qu'on se sera expliqué
sur les premières, ce qui n'a pas encore été fait. Quant
aux avances que vous semblez attendre de notre part sur
les dogmes de la foi, je vous ai répondu souvent que la
constitution de l'Église romaine n'en souffre aucune que
par voie expositoire et déclaratoire. J'ai fait sur cela,
monsieur, toutes les avances dont je me suis avisé pour
lever toutes les difficultés qu'on trouve dans notre doctrine, en l'exposant telle qu'elle est. Les autres expositions que l'on pourrait encore attendre, dépendent des
nouvelles difficultés qu'on nous pourrait proposer. Les
affaires de la religion ne se traitent pas comme les affaires
temporelles, que l'on compose souvent en se relâchant
de part et d'autre; parce que ce sont des affaires dont
les hommes sont les maîtres. Mais les affaires de la foi
dépendent de la révélation, sur laquelle on peut s'expliquer mutuellement pour se faire bien entendre; mais
c'est là aussi la seule méthode qui peut réussir de notre
côté. Il ne servirait de rien à la chose, que j'entrasse
dans les autres voies, et ce serait faire le modéré mal-à-
propos. La véritable modération qu'il faut garder en de
telles choses, c'est de dire au vrai l'état où elles sont;
puisque toute autre facilité qu'on pourrait chercher, ne
servirait qu'à perdre le temps, et à faire naître dans la
suite des difficultés encore plus grandes.

* Le trait le plus curieux peut-être, et le plus intéressant de cette Controverse, ce sont les avances faites par
M. Bossuet, sur le relâchement de plusieurs points de discipline en faveur des protestants. Nous terminerons cette
analyse par l'exposition de ces avances.

La grande difficulté à laquelle je vous ai souvent représenté qu'il fallait chercher un remède, c'est, en parlant de réunion, d'en proposer des moyens qui ne nous fissent point tomber dans un schisme plus dangereux et plus irrémédiable que celui que nous tâcherions de guérir. La voie déclaratoire que je vous propose, évite cet inconvénient, et au contraire, la suspension que vous proposez vous y jette jusqu'au fond, sans qu'on s'en puisse tirer.

Vous vous attachez, monsieur, à nous proposer pour préliminaire la suspension du concile de Trente, sous prétexte qu'il n'est pas reçu en France. J'ai eu l'honneur de vous dire, et je vous le répéterai sans cesse, que, sans ici regarder la discipline, il était reçu pour le dogme. Tous tant que nous sommes d'évêques, et tout ce qu'il y a d'ecclésiastiques dans l'Église catholique, nous avons souscrit la foi de ce concile. Il n'y a, dans toute la communion romaine, aucun théologien qui réponde aux décrets de foi qu'on en tire, qu'il n'est pas reçu dans cette partie ; tous, au contraire, en France ou en Allemagne comme en Italie, reconnaissent d'un commun accord, que c'est là une autorité dont aucun auteur catholique ne se donne la liberté de se départir. Lorsqu'on veut noter ou qualifier, comme on appelle des propositions censurables, une des notes des plus ordinaires, est qu'elle est contraire à la doctrine du concile de Trente. Toutes les facultés de théologie, et la Sorbonne, comme les autres, se servent tous les jours de cette censure ; tous les évêques l'emploient et en particulier et dans les assemblées générales du clergé ; ce que la dernière a encore solennellement pratiqué. Il ne faut pas chercher d'autre acceptation de ce concile, quant au dogme, que des actes si authentiques et si souvent réitérés.

Mais, dites-vous, vous ne proposez que de suspendre les anathémes de ce concile, à l'égard de ceux qui ne sont pas persuadés qu'il soit légitime ; c'est votre réponse dans votre lettre du 3 septembre 1700.

Mais au fond, et quoi qu'il en soit, on laissera libre de croire ou de ne croire pas ses décisions, ce qui n'est rien moins, bien qu'on adoucisse les termes, que de lui ôter toute autorité. Et après tout, que servira cet expédient, puisqu'il n'en faudrait pas moins croire la transsubstantiation, le sacrifice, la primauté du pape de droit divin, la prière des Saints et celle pour les morts, qui ont été définies dans les conciles précédents ? Ou bien il faudra abolir, par un seul coup, tous les conciles que votre nation comme les autres ont tenus ensemble depuis sept à huit cents ans. Ainsi le concile de Constance, où toute la nation germanique a concouru avec une si parfaite unanimité, contre Jean Wiclef et Jean Hus, sera le premier à tomber par terre. Tout ce qui a été fait, à remonter jusqu'aux décrets contre Bérenger, sera révoqué en doute quoique reçu par toute l'Église d'Occident ; et en Allemagne comme partout ailleurs, les conciles que nous avons célébrés avec les Grecs n'auront pas plus de solidité. Le second concile de Nice, que l'Orient et l'Occident reçoivent d'un commun accord parmi les œcuméniques, tombera comme les autres. Si vous objectez que les Français y ont trouvé de la difficulté pendant quelque temps, M. l'abbé de Lokkum vous répondra que ce fut faute de s'entendre ; et cette réponse, contenue dans les écrits que j'ai de lui, est digne de son savoir et de sa bonne foi. Les conciles de l'âge supérieur ne tiendront pas davantage, et vous-même, sans que je puisse entendre pourquoi, vous ôtez toute autorité à la définition du concile VI sur les deux volontés de Jésus-Christ, encore que ce concile soit reçu en Orient et en Occident sans aucune difficulté. Tout le reste s'évanouira de même, et on ne sera appuyé que sur des fondements arbitraires. Trouvez, monsieur, un remède à ce désordre, ou renoncez à l'expédient que vous proposez.

Mais, nous direz-vous, vous vous faites vous-même l'Église, et c'est ce qu'on vous conteste. Il est vrai, mais ceux qui nous le contestent, ou nient l'Église infaillible, ou ils l'avouent. S'ils la nient infaillible, qu'ils donnent donc un moyen de conserver le point fixe de la religion. Ils y demeureront court ; et dès la première dispute, l'expérience les démentira. Il faudra donc avouer l'Église infaillible ; mais déjà sans discussion vous ne l'avouez pas, ou plutôt vous ôtez constamment cet attribut à l'Église. La première chose que fera le concile œcuménique que vous proposez, sans vouloir discuter ici comment on le formera, sera de repasser toutes les professions de foi, et comme de les refondre par un nouvel examen. Laissez-nous donc en place comme vous nous y avez trouvés, et ne forcez pas tout le monde à varier ni à mettre tout en dispute ; laissez sur la terre quelques chrétiens qui ne rendent pas impossibles les décisions inviolables sur les questions de la foi, qui osent assurer la religion, et attendre de Jésus-Christ, selon sa parole, une assistance infaillible sur ces matières : c'est là l'unique espérance du christianisme.

Mais, direz-vous, quel droit pensez-vous avoir de nous obliger à changer plutôt que vous ? Il est aisé de répondre : c'est que vous agissez selon vos maximes en nous offrant un nouvel examen, et nous pouvons accepter l'offre ; mais nous, de notre côté, selon nos principes, nous ne pouvons rien de semblable ; et quand quelques particuliers y consentiraient, ils seraient incontinent démentis par l'Église.

Tout est donc désespéré, reprendrez-vous, puisque nous voulons entrer en traité avec avantage. C'est, monsieur, un avantage qu'on ne peut ôter à la communion dont les autres se sont séparés, et avec laquelle on travaille à les réunir. Enfin, c'est un avantage qui nous

est donné par la constitution de l'Église où nous vivons,
et , comme on a vu, pour le bien commun et la stabilité
du christianisme dont vous devez être jaloux autant que
nous.

A cela , monsieur , vous opposez la convention, ou
comme on l'appelait le compact accordé aux calixtins
dans le concile de Bâle , par une suspension du concile
de Constance ; et vous dites que m'en ayant proposé
l'objection , je n'y ai jamais fait de réponse. C'est ce
qu'on lit dans votre lettre du 3 septembre 1700. Par-
donnez-moi , monsieur ; si je vous dis que par-là vous me
paraissez avoir oublié ce que contenait la réponse que
j'envoyai à la cour d'Hanovre, par M. le comte de Balati,
sur l'écrit de M. l'abbé de Lokkum et sur les vôtres. Je
vous prie de la repasser sous vos yeux ; vous trouverez
que j'ai répondu exactement à toutes vos difficultés , et
notamment a celle que vous tirez du concile de Bâle. Si
mon écrit est égaré , comme il se peut , depuis tant d'années , il est aisé de vous l'envoyer de nouveau , et de
vous convaincre par vos yeux de la vérité de ce que j'a-
vance aujourd'hui. Pour moi , je puis vous assurer que
je n'ai pas perdu un seul papier de ceux qui nous ont été
adressés , à feu M. Pelisson et moi , par l'entremise de
cette sainte et religieuse princesse, madame l'abbesse
de Maubuisson , et que les repassant tous , je vois que
j'ai satisfait à tout.

Vous-même enfin , monsieur , en relisant ces réponses,
vous verrez en même temps , qu'encore que nous rejet-
tions la voie de suspension comme impraticable, les
moyens de la réunion ne manqueront pas à ceux qui la
chercheront avec un esprit chrétien ; puisque , bien loin
que le concile de Trente y soit un obstacle , c'est , au
contraire , principalement de ce concile que se tireront
des éclaircissements qui devront contenter les protestants ; et qui seront à la fois dignes d'être approuvés par

la chaire de saint Pierre, et par toute l'Église catholique.

Vous voyez par là, monsieur, quel usage nous voulons faire de ce concile. Ce n'est pas d'abord de le faire servir de préjugé aux protestants, puisque ce serait supposer ce qui est en question entre nous : nous agissons avec plus d'équité. Ce concile nous servira à donner de solides éclaircissements de notre doctrine. La méthode que nous suivrons, sera de nous expliquer sur les points où l'on s'impute mutuellement ce qu'on ne croit pas, et où l'on dispute faute de s'entendre. Cela se peut pousser si avant, que M. l'abbé de Lokkum a concilié actuellement les points si essentiels de la justification et du sacrifice de l'Eucharistie, et il ne lui manque de ce côté-là que de se faire avouer. Pourquoi ne pas espérer de finir par le même moyen des disputes moins difficiles et moins importantes ? Pour moi, bien certainement, je n'avance et je n'avancerai rien dont je ne puisse très aisément obtenir l'aveu parmi nous. A ces éclaircissements, on joindra ceux qui se tireront, non des docteurs particuliers, ce qui serait infini, mais de vos livres symboliques. Vos princes trouveront sans doute qu'il n'y a rien de plus équitable que ce procédé. Si l'on avait fait attention aux solides conciliations que j'ai proposées sur ce fondement, au lieu qu'il ne paraît pas qu'on ait fait semblant de les voir, l'affaire serait peut-être à présent bien avancée. Ainsi ce n'est pas à moi qu'il faut imputer le retardement. Si l'état des affaires survenues rend les choses plus difficiles, si les difficultés semblent s'augmenter au lieu de décroître, et que Dieu n'ouvre pas encore les cœurs aux propositions de paix si bien commencées, c'est à nous à attendre les moments que notre père céleste a mis en sa puissance, et à nous tenir toujours prêts, au premier signal, à travailler à son œuvre qui est celle de la paix.

Je n'avais pas dessein de répondre à vos deux lettres
sur le canon des écritures, parce que je craignais que
cette réponse ne nous jetât dans des traités de controverse, au lieu que nous n'avions mis la main à la plume,
que pour donner des principes d'éclaircissement ; mais
comme j'ai vu dans la dernière lettre dont vous m'honorez, que vous vous portez jusqu'à dire que vos objections
contre le décret de Trente, sont sans replique, je ne
dois pas vous laisser dans cette pensée. Vous aurez ma
réponse, s'il plaît à Dieu, dès le premier ordinaire ; et
cependant je demeurerai avec toute l'estime possible.

AVANCES FAITES PAR M. BOSSUET, DANS CETTE CONTROVERSE, SUR
PLUSIEURS POINTS DE DISCIPLINE.

M. Molanus, au nom des théologiens protestants,
formait six demandes, dont voici les trois dernières :

« 4° Que le pape reconnaisse pour légitimes les ma-
» riages contractés et à contracter par les pasteurs pro-
» testants.

» 5° Que le pape veuille confirmer et ratifier les ordi-
» nations faites jusqu'ici par les protestants.

» 6° Que sur la jouissance des biens d'Église et le droit
» que les princes, comtes et autres états de l'Empire y
» ont ou prétendent y avoir par le traité de paix de
» Westphalie, le pape transige avec eux d'une manière
» qui rende ces princes favorables au saint projet de

» cette réunion. (*Tome* 1, *des OEuvres posthumes,*
» *page* 109.) »

Voici d'abord en latin les réflexions de M. Bossuet sur
ces trois demandes. (*Page* 171.)

« Jam fide constitutâ, sequentibus postulatis cum
» sede apostolicâ pertractandis locus erit, posito dis-
» crimine inter civitates ac regiones in quibus nullus
» sedet catholicus episcopus, ac sola viget Augustana
» confessio, et alias :

I.

» Ut in illis quidem super-intendentes subscriptâ for-
» mulâ, suisque ad ecclesiæ communionem adductis, à
» catholicis episcopis, si idonei reperiantur, ritu catho-
» lico in episcopos ordinentur, in aliis pro presbyteris
» consecrentur et catholico episcopo subsint..

II.

» In eodem priore casu, ubi silicet sola viget confessio
» Augustana, nullique catholici episcopi sedem obtinent,
» si ipsis ita videatur ac romano pontifici, consultis
» etiam Germanis ordinibus, novi episcopatus fiant, et
» ab antiquis sedibus distrahantur : ministri item in
» presbyteratum catholico ritu ordinentur, et sub epis-
» copo curati fiant ; iidem novi episcopatus catholico
» archiepiscopo tribuantur.

III.

» Novis episcopis ac presbyteris quam optimè fieri
» poterit reditus assignentur : sedulo agatur cum ro-
» mano pontifice, ut de bonis ecclesiasticis lis nulli mo-
» veatur.

10.

IV.

» Episcopi confessionis Augustanæ, si qui sunt de
» quorum successione et ordinatione constiterit, rectam
» fidem professi suo loco maneant, idem de presbyteris
» esto judicium. »

. L'éditeur avertit, dans une note, que dans le manuscrit de M. Bossuet, le sixième article était terminé par
quelques lignes effacées ; et que M. Bossuet avait observé
à la marge que ce qui était effacé avait cependant été
envoyé à M. Molanus et à M. Leibnitz. L'éditeur ajoute
qu'il avait été possible de rétablir ces dernières lignes, et
qu'elles portaient en partie ce qui suit :

« Super intendentibus ac ministris in episcopos ac
» presbyteros ex hujusmodi pacti formulâ ordinatis,
» quandiù erunt superstites, sua conjugia relinquantur ;
» ubi decesserint, cœlibes præficiantur, multâ proba-
» tione, ætate maturâ. »

L'éditeur conjecture, non sans raison, que la suppres-
sion de cet article a eu pour cause la crainte, de la part
de M. Bossuet, de transiger avec les luthériens sur un
point aussi important, sans avoir auparavant consulté le
souverain pontife.

Quoi qu'il en soit, l'on voit toujours que M. Bossuet a
jugé la concession dont il s'agit, possible dans l'ordre de
la religion, et convenable dans les circonstances.

M. Bossuet a traduit en français les articles précédents, et nous croyons devoir communiquer à nos lecteurs cette traduction, d'autant plus qu'elle renferme
des différences notables d'avec le premier original.

M. Molanus avait déclaré que les protestants ne voulaient pas entendre parler de rétractations ; M. Bossuet
consent qu'on n'en exige point.

« L'auteur, dit-il, (il parle de M. Molanus), ne veut

» pas qu'on parle de rétractation, et l'on peut n'en
» point exiger ; il suffira de reconnaître la vérité par
» forme de déclaration et d'explication ; à quoi les senti-
» ments des livres symboliques des luthériens donnent
» une ouverture manifeste, comme on voit par les pas-
» sages qui en ont été produits, et par beaucoup d'autres
» qu'on pourrait produire.

» Cela fait, on pourrait disposer le pape à écouter les
» demandes des protestants, et à leur accorder que dans
» les lieux où il n'y a que des luthériens, et où il n'y a
» point d'évêques catholiques, leurs sur-intendants qui
» auraient souscrit à la formule de foi, et qui auraient
» ramené à l'unité les peuples qui les reconnaissent,
» soient consacrés pour évêques, et les ministres pour
» curés ou pour prêtres sous leur autorité.

» Dans les autres lieux, les sur-intendants, aussi bien
» que les ministres, pourront aussi être faits prêtres,
» sous l'autorité des évêques, avec les distinctions et
» subordinations qu'on aviserait.

» Dans le premier cas, on érigera de nouveaux évê-
» chés, et on en fera la distraction d'avec les an-
» ciens.

» On soumettra ces nouveaux évêchés à un métropoli-
» tain catholique.

» On assignera aux évêques, prêtres et curés nouvelle-
» ment établis, un revenu suffisant par les moyens les
» plus convenables, et on mettra les consciences en re-
» pos sur la possession des biens d'Église, de quelque
» nature qu'ils soient. Je voudrais en excepter les hôpi-
» taux, qu'il semble qu'on ne peut se dispenser de ren-
» dre aux pauvres, s'il y en a qui leur aient été ôtés.

» Les évêques de la confession d'Ausbourg, dont la
» succession et l'ordination se trouveront constantes,
» seront laissés en leur place, après avoir souscrit la con-
» fession de foi, et l'on fera le même traitement à leurs

» prêtres. (*Tome 1, des OEuvres posthumes, p. 223.*) »

Si on confère maintenant la traduction française avec le texte latin, on apercevra facilement les différences annoncées ; on remarquera surtout qu'il n'est point question de la permission qui pourrait être accordée aux ministres luthériens mariés, de conserver leurs femmes, après qu'ils auraient été promus au sacerdoce ou même à l'épiscopat. Mais il n'en est pas de même dans la troisième édition, si je peux m'exprimer ainsi, que M. Bossuet a donnée de ces articles. Le pape Clément XI, occupé de la conversion d'un prince allemand, à la foi catholique, et sachant que M. Bossuet avait écrit, sur la réunion des protestants, beaucoup de choses qui pouvaient servir à son but, invita ce prélat à lui en donner communication. M. Bossuet revit tout son travail, suppléa ce qu'il croyait y manquer, et lui donna dans la plus grande partie une nouvelle forme. Cependant les articles, tels que nous les avons d'abord donnés en latin, demeurèrent intacts, à l'exception de celui qui concerne la faculté qu'auraient les ministres luthériens qui seraient élevés à la prêtrise et à l'épiscopat, de conserver leurs femmes ; et voici la tournure que M. Bossuet lui donne dans cette pièce :

XI.

« Illud etiam diligentissimè quæratur, num ecclesias-
» tico decori conveniat, ut superintendentibus ac mi-
» nistris in presbyteros, aut etiam in episcopos ex hujus
» pacti formulâ ordinandis, quandiù erunt superstites,
» sua conjugia relinquantur.

XII.

» Episcopi constituantur, secundùm canones, multâ
» probatione, ætate maturâ ».

On voit donc par cet article, que quoique M. Bossuet eût rayé dans son manuscrit l'article correspondant, et qu'il ne l'eût point inséré dans la traduction française, il continuait au fond de penser de même, et qu'il s'explique seulement ici avec plus de circonspection et de réserve.

Eh! combien de conséquences ne peut-on pas tirer de tous les articles accordés par Bossuet aux protestants, et à quelles réflexions importantes ne donnent-elles pas lieu! nous les abandonnons à nos lecteurs*.

* Que de maux n'auraient pas été prévenus, si ces sentiments de M. Bossuet avaient été connus d'un *certain nombre de personnes?* Combien la réconciliation des constitutionnels à l'Église aurait-elle été plus facile et plus prompte, si on avait pensé que puisque M. Bossuet croyait qu'on pouvait dispenser les luthériens qui reviendraient à l'Église, d'une rétractation proprement dite, on pouvait aussi en dispenser les constitutionnels aux mêmes conditions ? 2° Que, puisque les évêques luthériens pouvaient être maintenus dans leurs évêchés, et les ministres de la secte élevés au sacerdoce ou à l'épiscopat, sans autre condition, ni autre préalable qu'une profession de foi orthodoxe; on avait donc pu conserver des prêtres constitutionnels dans leur poste, et leur permettre l'exercice de leurs fonctions sacerdotales, aussitôt après qu'ils avaient satisfait à l'Église par une déclaration suffisante, sans exiger d'eux qu'auparavant ils eussent rempli le cours d'une pénitence canonique.

MORALE.

PRINCIPE DE LA SOCIÉTÉ.

[*Nouveaux Essais sur l'Entendement humain, p.* 232.]

M. Hobbes prétendait que l'homme n'était pas fait pour la société, et qu'il y a été seulement forcé par la nécessité et par la méchanceté de ceux de son espèce. Mais il ne considérait point que les meilleurs hommes, exempts de toute méchanceté, s'uniraient pour mieux obtenir leur but, comme les oiseaux s'attroupent pour mieux voyager en compagnie ; et comme les castors se joignent par centaines pour faire de grandes digues, où un petit nombre de ces animaux ne pourrait réussir ; et ces digues leur sont nécessaires, pour faire par ce moyen des réservoirs d'eau ou de petits lacs, dans lesquels ils bâtissent leurs cabanes, et pêchent des poissons dont ils se nourrissent. C'est là le fondement de la société des animaux qui y sont propres, et nullement la crainte de leurs semblables, qui ne se trouve guère chez les bêtes.

LA FIN, L'OBJET ET LA CAUSE DU DROIT NATUREL,

*[Monita quœdam ad Puffendorfii principia Gerh. Molano directa, tome 4, part. 3, p. 277. *]*

§ I.

Vous voulez qu'en faveur d'un de vos amis, je vous dise mon sentiment sur le traité des *Devoirs de l'homme et du citoyen*, composé par Samuel Puffendorf, homme de son vivant très célèbre par son mérite. J'ai jeté les yeux sur cet ouvrage que je n'avais pas consulté depuis longtemps, et j'ai remarqué de grands défauts dans les principes. Cependant comme la plupart des pensées qu'on trouve dans la suite de l'ouvrage, n'ont guère de liaison avec les principes, et n'en sont pas déduites comme de leurs causes, mais plutôt empruntées d'ailleurs et tirées de divers endroits de bons auteurs, rien n'empêche que ce petit livre ne contienne quantité de bonnes choses, et ne puisse tenir lieu d'un abrégé du droit naturel, pour ceux qui, se contentant d'une légère teinture, n'aspirent pas à une science solide, tels que sont un très grand nombre d'auditeurs,

* Cette lettre a été traduite en français par M. Barbeyrac, et imprimée à la suite du Traité des Devoirs de l'Homme et du Citoyen par Puffendorf. Nous avons profité de cette traduction, en supprimant les notes critiques qui l'accompagnent.

§ II.

Je souhaiterais néanmoins qu'on eût quelque ouvrage
plus solide et plus fort, où l'on trouvât des définitions
lumineuses et fécondes ; où les conclusions fussent tirées
de bons principes par une suite non interrompue ; où les
fondements de toutes les actions et de toutes les exceptions naturellement valides , fussent établis avec ordre ;
où enfin l'on n'oubliât rien de ce qu'il faut pour mettre
ceux qui commencent à étudier le droit naturel , en état
de suppléer par eux-mêmes ce qui peut avoir été omis,
et de décider par règles et par principes , les questions
qui se présentent ; car c'est ce qu'on doit attendre d'un
système complet et régulier.

§ III.

On aurait pu se promettre quelque chose de semblable
du jugement exquis et de l'érudition immense de l'incomparable Grotius , ou du génie profond d'Hobbes , si le
premier n'avait eu bien des distractions qui l'ont empêché de faire là-dessus tout ce dont il était capable, et si
l'autre n'eût posé de mauvais principes , qu'il a suivis
trop constamment. Selden aurait pu aussi nous donner
quelque chose de meilleur , de plus complet, que ce qu'on
enseigne ordinairement , s'il eût voulu faire usage de son
esprit et de son savoir avec plus d'application.

§ IV.

Il serait aussi fort utile de faire entrer dans un système de droit naturel , les lois parallèles du droit civil
reçu parmi les hommes, surtout du droit civil des Romains, et même du droit divin. Les théologiens et les

jurisconsultes pourraient ainsi plus aisément faire usage
du droit naturel, au lieu que de la manière dont on enseigne cette science, elle consiste plus en théorie qu'en
pratique ; on ne l'applique guère aux affaires de la vie.

§ V.

Cependant, puisque nous n'avons point d'ouvrage tel
que devrait être, selon ce que je viens de dire, un bon
système de droit naturel, et que l'abrégé de Puffendorf
est en ce genre le livre le plus connu parmi nous, il est
bon, à mon avis, de donner du moins quelques avis aux
lecteurs ou aux auditeurs, surtout au sujet des principes
dont on pourrait le plus abuser. Ce qu'il y a de plus considérable, c'est que l'auteur semble n'avoir pas bien
établi *la fin* et *l'objet* du droit naturel, ni sa cause efficiente.

§ VI.

L'auteur dit formellement que la fin de la science du
droit naturel est renfermée dans les bornes de cette vie ;
et comme il a bien vu qu'on pourrait lui objecter, que
l'immortalité de l'ame se prouve par des raisons naturelles
et qu'ainsi les conséquences qui en résultent par rapport
à l'observation du droit et de la justice, appartiennent
à la science du droit connu par les lumières de la raison
naturelle, il répond au même endroit, qu'à la vérité
l'homme soupire ardemment après l'immortalité, et ne
peut envisager sans horreur la destruction de son être ;
d'où vient que la plupart des païens même ont cru que
l'ame subsiste après sa séparation d'avec le corps, et
qu'alors les gens de bien sont récompensés, et les méchants punis ; mais que cependant il n'y a que la parole
de Dieu qui nous fournisse sur cet article des lumières et

des assurances capables de produire une pleine et entière
persuasion : voilà ce que dit l'auteur. Mais quand il serait
aussi vrai qu'il est faux, que les lumières naturelles ne
nous fournissent pas une démonstration parfaite de l'immortalité de l'ame; il suffirait toujours à un homme sage,
que les preuves tirées de la raison ont du moins un grand
poids, et assez de force pour donner aux gens de bien une
grande espérance d'une autre vie meilleure que celle-ci,
et pour inspirer aux méchants une juste crainte d'une
très grande punition après cette vie. Car quand il s'agit
d'un grand mal, on doit chercher à s'en garantir lors
même qu'il n'y a pas un grand sujet de le craindre ; et à
plus forte raison, s'il est fort vraisemblable qu'on y sera
exposé. Il ne faut mépriser ni la raison tirée du consentement de presque toutes les nations sur cet article, ni
celle qui est prise du désir naturel de l'immortalité. Mais
un argument solide, et qui se présente à tout le monde,
(pour ne rien dire maintenant d'autres plus subtils) c'est
celui que nous fournit la connaissance même de la divinité,
principe que notre auteur admet avec raison, et qu'il pose
pour un des fondements du droit naturel. Car on ne saurait douter que le conducteur souverain de l'univers, qui
est très sage et très puissant, n'ait résolu de récom-
penser les gens de bien et de punir les méchants, et qu'il
n'exécute ce dessein dans une vie à venir, puisqu'on voit
manifestement que dans cette vie il laisse la plupart des
crimes impunis, et la plupart des bonnes actions sans récompense. Négliger donc ici la considération d'une autre
vie, qui a une liaison inséparable avec la providence divine, et se contenter d'un plus bas degré de droit naturel, qui peut avoir lieu même par rapport à un athée,
(de quoi j'ai traité ailleurs), c'est priver cette science
de la plus belle de ses parties, et détruire en même temps
plusieurs devoirs de la vie. En effet, pourquoi est-ce
qu'on s'exposerait à perdre ses biens, ses honneurs, ou

sa vie même en faveur des personnes qui nous sont chères,
ou pour le bien de la patrie ou de l'État , ou pour le maintien du droit et de la justice, quand on peut s'accommoder, et vivre dans les honneurs et dans l'opulence aux
dépens de la prospérité d'autrui ? Car ne serait-ce pas
une haute folie de préférer des biens réels et solides au
simple désir d'immortaliser son nom après sa mort, c'est-
à-dire , de faire parler de soi dans un temps où l'on n'en
retire aucun avantage ? La science du droit naturel , expliquée selon les principes du christianisme. (comme a
fait Praschius) et même selon les principes des vrais philosophes , est trop sublime et trop parfaite, pour mesurer tout aux avantages de cette vie présente. Bien plus :
si l'on n'est né avec de telles dispositions, et si l'on n'a été
élevé d'une telle manière, que l'on trouve un grand plaisir dans la vertu, et un grand déplaisir dans les vices ,
bonheur que tout le monde n'a pas ; il n'y aura rien qui
soit capable de détourner d'un grand crime, lorsqu'on
pourra , en le commettant , acquérir impunément de
grands biens : *que l'on puisse espérer de n'être pas découvert, on profanera les choses les plus sacrées.* Mais personne n'échappera à la vengeance divine , qui s'étend
jusqu'à une autre vie après celle-ci ; et c'est une bonne
raison pour faire comprendre aux hommes , qu'il est de
leur intérêt de pratiquer tout ce dont le droit leur impose l'obligation.

§ VII.

Il ne faut donc pas non plus admettre ce que l'auteur
insinue, que les actes internes de l'ame , qui ne se manifestent point au dehors, ne sont pas du ressort de la
science du droit naturel. Pour avoir tronqué *la fin* du
droit naturel , il s'est ainsi engagé manifestement à res-
serrer trop son *objet ;* car, après avoir dit , sur la fin

du § VIII, que les maximes du droit naturel s'appliquent uniquement au tribunal humain , qui ne s'étend pas au delà de cette vie, il ajoute au commencement du paragraphe suivant, que le tribunal humain connaît seulement des actions extérieures de l'homme ; qu'il ne saurait pénétrer les actes internes, qu'autant qu'ils se manifestent par quelque effet ou par quelque signe extérieur; et qu'ainsi il ne s'en met pas fort en peine. Tout ce qui est au delà , l'auteur le rapporte à la théologie morale, dont le principe est la révélation , et qui est celle qui forme le chrétien. Il ajoute ici , qu'en matière de plusieurs choses , on applique mal à propos les maximes du droit naturel au tribunal divin , dont les règles sont principalement du ressort de la théologie. C'est pourquoi, dit-il dans le paragraphe suivant, la théologie morale ne se contente pas de régler en quelque façon les mœurs de l'homme , autant que le demande l'honnêteté extérieure (comme si cela suffisait à ceux qui enseignent la philosophie morale ou le droit naturel) ; mais elle travaille surtout à régler le cœur, et à faire en sorte que tous ses mouvements soient exactement conformes à la volonté de Dieu. Elle condamne même les actions qui, paraissant au dehors les plus régulières et les plus belles , partent d'un mauvais principe ou d'une conscience impure. Il n'appartient donc , selon notre auteur, qu'aux seuls théologiens de traiter de tout cela. Cependant on voit que non seulement les philosophes chrétiens , mais encore les anciens païens en ont fait la matière de leurs préceptes ; de sorte que la philosophie, même païenne, est ici et plus sage, et plus sévère, et plus sublime que celle de notre auteur. Je m'étonne que, malgré toutes les lumières de notre siècle , cet homme célèbre ait pu laisser échapper des choses aussi absurdes que paradoxes.

§ VIII.

Les platoniciens, les stoïciens, et les poëtes même, enseignaient qu'il faut imiter les dieux, qu'on doit leur offrir un cœur pénétré de sentiments de justice et d'honnêteté. Ce n'est pas à un philosophe, mais à un jurisconsulte borné à l'étude des lois civiles, que Cicéron attribue de se contenter de l'extérieur, lorsqu'il dit que les lois ne se mettent en peine que de ce qui est palpable ; au lieu que les philosophes considèrent encore ce qui ne se découvre que par les lumières d'une raison pénétrante. Les chrétiens laisseront-ils donc si fort dégénérer la philosophie, qui a été si sainte et si noble entre les mains des païens ? Plusieurs auteurs de l'antiquité se sont plaints qu'Aristote était trop relâché ; mais il s'est élevé beaucoup plus haut que ne fait notre auteur, et les écoles ont eu raison de le suivre ici ; car la philosophie d'Aristote renferme très bien toutes les vertus dans l'idée de la *justice universelle*. Nous sommes certainement obligés, non seulement par rapport à nous-mêmes, mais encore par rapport à la société, et surtout eu égard à celle que nous avons avec Dieu par la loi naturelle écrite dans nos cœurs, de remplir nos esprits de connaissances véritables, et de diriger constamment nos volontés à ce qui est droit et bon.

§ IX.

L'auteur reconnaît que le serment a beaucoup de force dans le droit naturel ; cependant je ne vois pas quel lieu il peut avoir dans cette science, si elle ne se met point en peine de l'intérieur.

11.

§ X.

C'est pourquoi ceux qui ont le pouvoir de diriger l'instruction des autres, sont obligés, par le droit naturel,
à leur faire goûter de bons préceptes, et à les mettre en
état de contracter une habitude de vertu, qui, comme
une autre nature, détermine leurs volontés aux choses
honnêtes. C'est le meilleur moyen de rendre les enseignements efficaces ; car, comme Aristote l'a très bien remarqué, les mœurs ont plus de force que les lois. Il peut
bien arriver, quoiqu'avec peine, que l'espérance ou la
crainte fassent assez d'impression pour empêcher que de
mauvaises pensées ne portent à nuire à autrui ; mais ces
motifs seuls ne porteront jamais à faire du bien à personne. Ainsi, un homme qui aura le cœur mal disposé,
péchera du moins en ne faisant pas ce qu'il doit faire.
C'est donc une supposition dangereuse, ou du moins peu
vraisemblable, que celle que fait ici notre auteur, d'un
cœur mauvais, qui produit au dehors des actions entièrement innocentes.

§ XI.

J'avoue que quelques savants, en cela louables, ont
corrigé cette opinion dure et censurable, quoiqu'ils suivent d'ailleurs la doctrine de l'auteur, car ils rapportent
ici à la *philosophie morale*, ou à la *théologie naturelle*,
ce qu'ils mettent comme lui, hors de la sphère du droit
naturel, savoir, la considération des actes internes.
Mais on ne saurait nier qu'en matière même des actes
internes, il n'y ait naturellement quelque droit et quelque obligation, des péchés commis contre Dieu, et des
actions bonnes devant lui seul. Où est-ce donc, je
vous prie, qu'on traitera de ces choses-là, qui sont cer-

tainement des articles du droit et de la justice naturelle,
si ce n'est dans la science du droit naturel? à moins
qu'on ne veuille imaginer quelque autre jurisprudence
universelle, qui renferme les règles du droit naturel et
par rapport aux hommes, et par rapport à Dieu, ce qui
serait manifestement vain et superflu.

§ XII.

Bien plus : dans la science du droit, si l'on veut donner une idée pleine de la justice humaine, il faut la
tirer de la justice divine, comme de sa source. L'idée du
juste, aussi bien que celle du vrai et du bon, convient
certainement à Dieu, et lui convient même plus qu'aux
hommes, puisqu'il est la règle de tout ce qui est juste,
vrai et bon. La justice divine et la justice humaine ont
des règles communes qui peuvent sans doute être ré-
duites en système ; et elles doivent être enseignées dans
la jurisprudence universelle, dont les préceptes entre-
ront aussi dans la théologie naturelle. Nous ne saurions
donc approuver ceux qui resserrent mal à propos l'étendue du droit naturel ; quoique cette erreur ne soit pas
dangereuse, lorsqu'on réserve à une autre partie de la
philosophie la considération de la probité intérieure, et
qu'on ne fait pas regarder cet article comme appartenant
uniquement à une science révélée.

§ XIII.

Voilà pour la fin et l'objet du droit naturel. Faisons
voir maintenant que l'auteur n'a pas bien établi la
cause efficiente de ce droit. Il la cherche, non pas dans
la nature même des choses, et dans les maximes de la
droite raison qui y sont conformes, et qui émanent de

l'entendement divin ; mais (ce qui est surprenant, et qui paraît contradictoire), dans la volonté d'un supérieur. Il définit le devoir, *une action humaine, exactement conforme aux lois qui nous en imposent l'obligation.* Et il définit ensuite la loi, *une volonté d'un supérieur, par laquelle il impose à ceux qui dépendent de lui l'obligation d'agir d'une certaine manière qu'il leur prescrit.* Cela posé, personne ne fera ce qu'il doit, de son propre mouvement, ou plutôt il n'y aura point de devoir lorsqu'il n'y aura point de supérieur qui impose la nécessité de le pratiquer. Il n'y aura plus aucun devoir entre ceux qui n'ont point de supérieur. Et puisque, selon l'auteur, l'idée du devoir et celle d'un acte prescrit par la justice, sont aussi étendues l'une que l'autre, toute la jurisprudence naturelle étant renfermée dans son système des devoirs, il s'en suivra de là que tout droit est prescrit par un supérieur. Ce sont-là des paradoxes qui ont été avancés et soutenus principalement par Hobbes, qui semble détruire toute justice obligatoire dans l'état de nature, comme il l'appelle, c'est-à-dire, entre ceux qui n'ont point de supérieur. Est-ce donc qu'un souverain qui agit en tyran avec ses sujets, qui les pille, les maltraite, leur fait souffrir des tourments, et la mort même, sans autre raison que ses passions ou son caprice, ou qui déclare la guerre sans sujet à une autre puissance, n'agit pas en tout cela contre la justice ?

§ XIV.

De là vient aussi que quelques savants, persuadés par notre auteur, n'admettent point de *droit des gens volontaire ;* par cette raison entre autres, que les peuples ne peuvent point établir de droit par leurs conventions réciproques, n'y ayant point de supérieur qui rende l'obligation valide : raison qui prouve trop, puisque, si elle

était bonne, il s'ensuivrait que les hommes ne peuvent
pas non plus établir un supérieur par leurs conventions :
ce qu'ils peuvent néanmoins, selon Hobbes même.

§ XV.

Il semble, à la vérité, qu'on puisse remédier en quelque manière aux conséquences dangereuses de cette doctrine, en considérant Dieu comme le supérieur de tous
les hommes ; ce que notre auteur fait aussi de temps en
temps. Sur ce pied-là, quelqu'un dira que l'opinion dont
il s'agit n'est mauvaise qu'en apparence, puisqu'elle se
corrige elle-même, et qu'elle porte avec soi le remède ;
ne pouvant y avoir d'état dans lequel les hommes soient
indépendants de tout supérieur, quoiqu'on puisse, dans
un système de science, feindre un tel état par manière
d'hypothèse. Tous les hommes sont naturellement sous
l'empire de Dieu ; ainsi ils peuvent, par leurs conventions,
se donner un maître ; et les peuples aussi peuvent établir
entre eux un droit commun par leur consentement réci-
proque, y ayant un Dieu qui donne à ces conventions toute
la force nécessaire. Il est très vrai que Dieu est, par sa
nature, supérieur de tous les hommes. Cependant cette
pensée, que tout droit naît de la volonté du supérieur,
ne laisse pas de choquer et d'être fausse, quelque adoucissement qu'on apporte pour l'excuser. Car, pour ne pas
dire ici ce que Grotius a judicieusement remarqué, qu'il
y aurait quelque obligation naturelle, quand même on
accorderait (ce qui ne se peut), qu'il n'y a point de divinité, ou en faisant abstraction pour un moment de son
existence ; puisque le soin de la conservation et de l'a-
vantage propre de chacun demanderait sans contredit
qu'on fît bien des choses envers autrui (comme Hobbes
l'a remarqué en partie, et comme il paraît par l'exemple
d'une société de brigands, qui, en même temps qu'ils se

déclarent ennemis de tous les autres hommes, sont contraints d'observer entre eux quelques devoirs ; quoique,
comme je l'ai dit ci-dessus, le droit qui naît de cela seul,
soit fort imparfait). Pour laisser, dis-je, à part tout
cela, il faut savoir qu'on loue Dieu même de ce qu'il est
juste ; et qu'ainsi il y a en Dieu de la justice, ou plutôt
une souveraine justice, quoiqu'il ne reconnaisse aucun
supérieur, et que par le penchant de sa nature excellente
il agisse toujours comme il faut, en sorte que personne
ne saurait se plaindre de lui raisonnablement. Et la règle
de ses actions, ou la nature même du juste, ne dépend
pas d'une libre détermination de sa volonté, mais des
vérités éternelles, qui font l'objet de l'entendement divin,
et qui sont établies, pour ainsi dire, par son essence divine. De sorte que c'est avec raison que les théologiens
ont critiqué notre auteur sur ce qu'il a avancé le contraire, apparemment pour n'avoir pas aperçu les mauvaises conséquences de son principe. Car la justice ne
sera pas un attribut essentiel à Dieu, s'il a fait lui-même
le droit et la justice, par une volonté arbitraire. La justice suit certaines règles d'égalité et de proportion qui
ne sont pas moins fondées dans la nature immuable des
choses, et dans les idées de l'entendement divin, que les
principes de l'arithmétique et de la géométrie. On ne
peut donc pas plus soutenir que la justice ou la bonté
dépendent de la volonté divine, qu'on ne peut dire que
la vérité en dépend aussi : paradoxe inouï, qui est
échappé à Descartes ; comme si la raison pourquoi un
triangle a trois côtés, ou pourquoi deux choses contradic-
toires sont incompatibles, ou enfin pourquoi Dieu lui-
même existe, c'était parce que Dieu l'a ainsi voulu.
Exemple remarquable, qui prouve que les grands hommes
peuvent tomber dans de grandes erreurs. Il s'ensuivrait
encore de là, que Dieu peut, sans injustice, condamner
un innocent, puisque, dans cette supposition, il pour-

rait, par sa volonté, rendre une telle chose juste. Ceux
à qui il est échappé d'avancer de telles choses, n'ont pas
distingué entre la justice et l'*indépendance*. Dieu est *in-
dépendant*, à cause de son pouvoir souverain sur toute
chose, qui fait qu'il ne saurait ni être contraint, ni être
puni, ni être sujet à rendre raison de sa conduite ; mais
à cause de sa *justice*, il agit de telle manière, que tout
être sage ne peut qu'approuver sa conduite, et ce qui est
le plus haut point de perfection, qu'il en est content lui-
même.

§ XVI.

Ce que nous venons de dire est d'un grand usage par
rapport à la pratique de la véritable piété. Car il ne suffit pas d'être soumis à Dieu, comme on obéirait à un
tyran ; et il ne faut pas seulement le craindre à cause de
sa grandeur, mais encore l'aimer à cause de sa bonté ; ce
sont des maximes de la droite raison, aussi bien que des
préceptes de l'Écriture. Et c'est à quoi mènent les bons
principes de jurisprudence, qui s'accordent aussi avec la
saine théologie, et qui portent à une véritable vertu.
Bien loin que ceux qui font de bonnes actions, non par
un motif d'espérance ou de crainte de la part d'un supérieur, mais par l'effet du penchant de leur cœur, n'agissent pas justement ; ce sont eux au contraire qui agissent
le plus justement, puisqu'ils imitent en quelque manière
la justice de Dieu. Car, quand on fait du bien pour l'a-
mour de Dieu ou du prochain, on trouve du plaisir dans
son action même, (telle étant la nature de l'amour). On
n'a pas besoin d'autre aiguillon, ou du commandement
d'un supérieur. C'est d'une telle personne qu'il est dit que
la loi n'est pas faite pour le juste. Tant il est contraire à
la raison de dire, que la loi seule, ou la seule contrainte
fasse le juste. Il faut avouer pourtant que ceux qui ne

sont pas parvenus à ce point de perfection, ne sont susceptibles d'obligation que par l'espérance ou la crainte; et que c'est surtout dans l'attente de la vengeance divine qu'on trouve une nécessité pleine et entière, et qui ait de la force par rapport à tous les hommes, d'observer les règles de la justice et de l'équité.

§ XVII.

Il paraît par ce que nous avons dit, combien il importe à la jeunesse, et même à l'état, d'établir de meilleurs principes de la science du droit, que ceux que donne l'auteur. Il se trompe aussi, lorsqu'il dit que, si quelqu'un ne reconnaît point de supérieur, personne n'a droit de lui imposer la nécessité d'agir d'une certaine manière, comme si la nature même des choses, et le soin de notre propre bonheur et de notre conservation, n'exigeait pas de nous certaines choses. La raison aussi nous en prescrit plusieurs auxquelles nous sommes obligés, pour suivre la direction du meilleur principe de notre nature, et pour ne pas nous attirer du mal, ou nous priver de quelque bien. Toutes ces maximes de la raison, si elles ont en même temps quelque rapport aux autres hommes, intéressés à ce que nous les suivions, appartiennent alors à la justice. Je n'ignore pas que quelques auteurs prennent le mot de *devoir* dans un sens plus étendu, pour tout acte de vertu, sans excepter ceux à la pratique desquels aucune autre personne n'a intérêt, ou dans la considération desquels on fait abstraction de cet intérêt d'autrui : et en ce sens, on peut dire que la force et la tempérance entrant dans l'étendue de notre *devoir,* qu'il est de notre devoir, par exemple, d'avoir soin de notre santé, puisqu'on blâme avec raison ceux qui ne le font pas. Cependant je ne rejette pas la manière dont

notre auteur emploie le mot de *devoir*, en le restreignant
à ce que demande le droit.

§ XVIII.

Mais, j'ai pour justifier cet usage, une raison peu
connue de l'auteur ; c'est que, dans la société générale
de tous les hommes, sous le gouvernement de Dieu,
toute vertu, comme nous l'avons dit plus d'une fois, est
renfermée dans les obligations de la justice universelle.
Ainsi ce ne sont pas seulement les actions extérieures,
mais encore toutes nos affections, qui sont dirigées par
la règle très certaine du droit : et une bonne philosophie sur le droit a égard non seulement à la tranquillité humaine, mais encore à l'amitié divine, dont la possession nous promet une félicité durable. Nous ne sommes
pas nés pour nous seulement ; mais les autres hommes
peuvent prétendre à une partie de nous-mêmes, et Dieu
a droit sur nous tout entiers.

§ XIX.

L'auteur, tout pénétrant qu'il était, est tombé dans
une contradiction, dont je ne vois pas qu'on puisse aisément le justifier. Car il fonde toute l'obligation du droit
sur la volonté d'un supérieur, comme il paraît par les
passages que j'ai cités : et cependant il dit peu après,
qu'un supérieur doit avoir non seulement des forces
suffisantes pour contraindre à lui obéir, mais encore de
justes raisons de prétendre quelque pouvoir sur nous ;
donc la justice des raisons est antérieure à l'établissement
du supérieur. Si, pour découvrir l'origine du droit, il
faut trouver un supérieur, et si d'un autre côté, l'autorité du supérieur doit être fondée sur des raisons tirées
du droit, voilà le cercle le plus manifeste où l'on soit jamais

12

tombé. Car d'où saura-t-on que les raisons sont justes, s'il n'y a encore aucun supérieur, de qui seul on suppose que le droit peut émaner ? Il y aurait lieu d'être surpris qu'un esprit pénétrant pût se contredire si fort lui-même, si l'on ne savait qu'il arrive aisément à ceux qui soutiennent des paradoxes, d'oublier eux-mêmes leur opinion, le sens commun prenant le dessus.....

§ XX.

En voilà assez pour montrer que l'auteur n'a pas des principes certains, sur lesquels il puisse fonder de véritables raisons du droit ; parce qu'il s'est forgé à sa fantaisie des principes qui ne sauraient se soutenir par eux-mêmes. Au reste, j'ai traité ailleurs et des fondements communs de toute sorte de droit, sans en excepter celui qui vient de l'équité ; et des fondements propres du droit étroit, qui est celui aussi qui établit un supérieur : et pour rassembler en un mot tout ce que j'ai dit, voici en général ce qu'il faut penser. La fin du droit naturel, est le bien de ceux qui l'observent. L'objet de ce droit est tout ce qu'il importe à autrui que nous fassions, et qui est en notre puissance. La *cause efficiente* est la lumière de la raison éternelle, que Dieu a allumée dans nos esprits. Ces principes si clairs et si simples ont paru, à mon avis, trop faciles à quelques esprits subtils, qui, à cause de cela, ont inventé des paradoxes, dont la nouveauté les a flattés, et les a empêché de voir ni l'imperfection de ceux-ci, ni la fécondité des premiers. Voilà ce que j'ai cru devoir vous écrire, pour faire voir que l'ouvrage de M. Puffendorf, quoiqu'il ne soit pas à mépriser, a besoin néanmoins d'un grand nombre de corrections dans ses principes. Je n'ai pas le loisir d'entrer maintenant dans les matières particulières.

PLAN D'UNE THÉOLOGIE NATURELLE : NÉCESSITÉ DE PUNIR LE PÉ-
CHEUR.

[*Tome* 3 , *page* 84. *Epist. ad Placcium.*]

Il y a déjà plusieurs années que j'ai souvent et fortement pensé à une théologie naturelle, qui s'accorderait
parfaitement avec la raison, et qui ne dérogerait en rien
à la religion révélée et à la gloire divine. Je puis même
dire, après avoir bien supputé, que l'exécution n'est point
au-dessus de mes forces. On doit considérer Dieu sous
deux points de vue, *physiquement* et *moralement : physiquement,* comme la dernière raison des choses, quant à
toutes les perfections qu'elles contiennent : *moralement,*
comme le monarque d'une république parfaite, telle
qu'est, si je puis parler de la sorte, la cité de tous les
esprits de l'univers. Cela posé, la théologie pratique n'est
autre chose que la jurisprudence de la république universelle, dont Dieu est le souverain directeur, en tant
qu'elle comprend nos devoirs dans cette république.
C'est par là qu'on dénoue ce nœud si compliqué de la
prédestination, et qui a fait enfanter tant de systèmes.
Ce dénouement consiste à dire que Dieu ne permettrait
pas le péché ou le mal, si le mal ne devait pas donner
lieu à un plus grand bien. Il faut encore regarder comme
certain, que personne n'est damné que par soi-même, et
ne persévère même dans l'état de misère que par sa volonté propre. On pourrait dire encore, ce me semble,
beaucoup d'autres choses excellentes qui n'ont point été
assez remarquées ou assez développées par les théolo-

giens, et qui ne sont pourtant point contraires à la saine théologie reçue parmi nous. Les sociniens ont tort de ne vouloir admettre en Dieu ni satisfaction, ni vengeance : je pense, au contraire, qu'outre la correction du pécheur, et l'exemple qui sert à préserver les autres, on peut et on doit considérer dans la punition, ce qu'exige la raison de l'harmonie universelle, qui ne serait pas complète si Dieu ne faisait éclater enfin une juste vengeance. Ainsi je crois que dans la république de l'univers, aucune bonne œuvre n'est sans récompense, et aucun péché sans châtiment. Si donc on ôte à la colère son imperfection qui consiste dans l'obscurcissement de la raison et le sentiment de douleur qui l'accompagne, et qu'on y laisse seulement la volonté de punir, rien n'empêche qu'on ne l'attribue à Dieu, à l'exemple de l'Écriture sainte. Observons soigneusement que le péché n'est un mal que pour celui qui le commet, et non point pour Dieu et pour l'univers, à cause de la corrrection dont il est suivi, et qui donne naissance à un plus grand bien. En général toutes les passions, excepté celles qui renferment en elles-mêmes quelque chose de mauvais, comme l'envie que les anciens donnaient si ridiculement à leurs dieux, si on les prend pour des inclinations raisonnables, et qu'on en écarte le trouble des sens, peuvent être attribuées à Dieu. Rien n'empêcherait pourtant, qu'en parlant de la divinité, on n'usât dans la suite d'expressions plus propres et plus châtiées.

DIEU LÉGISLATEUR.

[*Tome* 5, *page* 389. *Epist. ad Bierlingium.*]

M. Thomasius prétend que si l'on conçoit Dieu comme un législateur qui condamne à des peines les infracteurs de ses lois, on doit en même temps reconnaître qu'antécédemment à la volonté divine, il n'y a point d'actes moralement bons ou moralement mauvais. Cette conséquence me paraît souffrir quelque difficulté. Dieu sans doute peut être considéré comme un législateur, mais non pas comme un législateur despotique; parce que les lois qu'il porte sont conformes au droit naturel, et par la nature même des choses, conformes à la souveraine sagesse; et n'y a-t-il pas des péchés que Dieu, s'il écoute les conseils de cette même sagesse, ne peut laisser impunis? Tels sont, par exemple, le blasphème et tant d'autres crimes. Dieu est donc, par rapport à cette sorte d'actes, docteur en même temps et législateur : car il ne peut pas ne pas enseigner ce qui est conforme à l'ordre, puisque c'est lui qui allume en nous le flambeau de la raison ; et il ne peut pas ne pas destiner des peines aux créatures qui troublent l'ordre, puisqu'il gouverne tout avec une parfaite sagesse. Il y a plus : tous les péchés et toutes les bonnes œuvres, considérées surtout dans l'ordre de la vie future, sont tels que les premiers sont à eux-mêmes leur châtiment, et les secondes à elles-mêmes leur récompense : quand on ferait donc abstraction des autres récompenses et des peines qu'on conçoit que Dieu décerne à la manière des législateurs,

12.

humains, il n'est pourtant pas moins législateur, non seulement à raison des lois de la grâce, mais encore à raison des lois de la nature, qu'il a portées avec une si grande sagesse, que le méchant est *heautontimorumenos*. Il n'importe, au reste, qu'un législateur punisse par un premier ou par un nouveau décret. Par exemple, si un prince avait fait creuser autour de son parc des fossés pleins d'eau, disposés de manière que tous ceux qui entreprendraient d'enlever des bêtes fauves, tombassent dedans, et qu'il eût par ce moyen prévenu toute procédure criminelle contre eux, ne serait-il pas toujours censé, et même plus sûrement et à plus juste titre, les punir, que s'il avait ordonné que tous les voleurs, après avoir été découverts et pris, seraient précipités dans les mêmes fossés, et qu'il eût fait prononcer contre chacun d'eux une nouvelle sentence?

EFFETS DE L'AMOUR DE DIEU, ET MOYEN DE L'ACCROÎTRE.

[*Tome 5, page 75. Epist. ad P. Grimaldum, Societatis Jesu.*]

Je sais qu'il faut aller par degrés, quand il s'agit de persuader les hommes, et qu'il n'est pas facile de convaincre de la vérité de la religion chrétienne des hommes à qui notre histoire sacrée et profane n'est pas assez connue et assez démontrée. Cependant la bonté de Dieu est si grande, que ceux même à qui la révélation n'a point été proposée, sont aidés d'un autre genre de grâce qui ne leur manque jamais, pourvu que la bonne volonté ne leur manque pas à eux-mêmes ; car, excités par la contemplation de la nature, et secourus intérieurement d'en haut, ils peuvent aimer au-dessus de tout, celui qu'ils conçoivent, en beauté et en perfection, supérieur à tout, jusqu'à ce qu'enfin leur ame étant ainsi préparée, Dieu y verse la lumière de la foi. Il faut donc s'efforcer d'exciter dans les cœurs l'amour de Dieu, sur lequel Notre Seigneur a tant insisté, et que la raison elle-même nous recommande. Mais il est certain, d'un autre côté, que personne ne peut être aimé, si sa beauté reste toujours voilée à nos regards, et que la puissance et la sagesse, qui font éclater à nos yeux la beauté de la suprême intelligence, autant que celle-ci est à notre portée, ne peuvent mieux nous être révélées que par la connaissance des merveilles qui sont son ouvrage.

D'où il résulte qu'il y aurait *trois choses à faire pour augmenter en nous la lumière naturelle de la divinité;* 1° former une notice complète des merveilles qui ont été déjà découvertes ; 2° travailler à en découvrir un plus grand nombre ; 3° rapporter toutes les découvertes passées et futures à la louange du maître suprême de l'univers, et à l'accroissement de l'amour divin, qui ne saurait être sincère en nous, sans renfermer aussi la charité envers les hommes. Si nous étions assez heureux pour qu'un grand monarque voulût un jour prendre à cœur ces trois points, on avancerait plus en dix ans pour la gloire de Dieu et le bonheur du genre humain, qu'on ne fera autrement en plusieurs siècles.

MOYENS D'ÉMOUVOIR L'IMAGINATION ET AVANTAGES QU'ON EN
PEUT TIRER POUR LE SALUT.

[*Tome 6, p. 307. Observationes Leibnitzianæ.*]

Il est constant que les martyrs n'ont soutenu les tourments les plus cruels, que parce qu'ils avaient l'imagination remplie de la félicité future. C'est qu'en général,
il nous est impossible de résister à la douleur et au plaisir, si nous ne leur opposons leurs contraires. Le sage
devrait donc imprimer fortement dans son ame la beauté
de la vie future, c'est-à-dire, la beauté de Dieu, ce qui
entraîne avec soi l'amour de Dieu et de l'harmonie universelle. Si cette beauté était une fois bien profondément gravée dans son imagination, s'il goûtait, en la
contemplant, une douceur toujours nouvelle, si elle
était toujours présente à ses yeux, il en résulterait,
1° que toutes ses actions seraient dirigées vers la fin dernière; 2° que l'amour de Dieu serait en lui, à l'épreuve
de tous les tourments, en sorte que, renfermé dans le
taureau de Phalaris, la béatitude future serait l'unique
objet de ses pensées, et qu'à travers les pierres dont il
serait accablé, il imaginerait voir les cieux qui lui sont
ouverts, comme saint Étienne. Un homme qui pourrait
en venir là serait supérieur à toutes les forces humaines;
et l'art de s'étourdir et de perdre le sentiment au milieu
des supplices, ne lui serait pas nécessaire.

Il entrerait donc dans le plan d'une république, de
travailler par toutes sortes de moyens, et même dès l'enfance, à fortifier l'imagination et à la remplir des déli-

ces de la vie future, et non seulement l'imagination des ignorants, mais encore celle des sages. On ne doit point craindre d'employer, même à l'égard des derniers, la poésie, les allégories, les fables, les spectacles, les peintures, parce que tous les moyens qui conduisent à une fin si excellente, ne peuvent qu'être convenables, et que personne d'ailleurs n'a plus besoin de ceux-ci que les sages qui, étant ordinairement les moins passionnés des hommes, ont aussi l'imagination moins forte, et par là sont moins capables de résister à la douleur; jusque-là, que je ne doute point qu'une simple femme japonaise, imbue seulement de quelques idées sur la vie future, peut-être encore absurdes, témoignera plus de constance dans les tourments que le plus profond théologien de l'Europe. Cette imagination, jointe à l'assentiment, qui est dans la foi ce que saint Thomas appelle affection pieuse, emporte aussi avec elle l'amour de Dieu au-dessus de toute chose, la contrition parfaite, et par conséquent la certitude du salut.

On rendra l'imagination forte par le secours des peintures et des sons. Les autres sens plus grossiers ne rendent pas les objets avec autant de détail ou autant d'énergie que les yeux et les oreilles... Les paroles sont des sons destinés surtout à réveiller la mémoire des peintures ou des objets dont on a été frappé. Voilà pourqnoi les paroles mises en vers et en chansons ont pour émouvoir une force incroyable, et je ne doute pas que la magie du chant ne puisse aller jusqu'à mettre un homme en fureur, l'assoupir, le réveiller, l'enflammer, en tirer des ris ou des larmes, enfin exciter en lui toutes les passions; et j'observe que les derniers réformateurs de la religion * ont bien connu cette vérité. C'est à la faveur des chansons, qu'ils ont inspiré leurs sentiments

* Il veut parler de Luther et de Calvin.

au peuple dans toute la France et l'Allemagne. Pour
mieux juger quelle influence prodigieuse elles ont eu dans
leur succès, remarquez qu'encore aujourd'hui le peuple
ne se lasse point de les chanter, et les chante avec l'é-
motion la plus douce ; qu'il n'est presque pas un ou-
vrier, une fileuse pour qui elles ne soient encore un
adoucissement à leurs travaux et un charme à leurs en-
nuis. De là, je conclus que les poètes rendraient le plus
grand service à la république, s'ils travaillaient de
toutes leurs forces à graver dans les esprits, et à peindre des plus vives couleurs la félicité éternelle. Hélas !
les chansons et les pièces dramatiques sont ordinairement consacrées à la célébration des vices ; les chansons
galantes passent même communément pour être les plus
élégantes de toutes. Ne mériterait-on pas infiniment
plus du genre humain, si l'on s'appliquait sur le théâtre à crayonner la beauté de la vie éternelle, et à peindre
les horribles supplices des méchants ? Si les chansons
peuvent donc répandre dans les cœurs une joie si déli-
cieuse, si le son des trompettes inspire aux soldats le
mépris de la mort, si toutes les passions enfin peuvent
être remuées par les puissants ressorts de la musique,
on pourrait donc, en imprimant le plus fortement et le
plus vivement qu'il serait possible dans sa mémoire, les
impressions reçues de la musique, parvenir à exciter à
son gré toute sorte de sentiments dans soi-même, et
goûter même la douceur qui accompagne quelques-uns
d'entre eux. Les Sibarites avaient promis une récompense
à celui qui inventerait de nouveaux genres de plaisirs ;
pour moi je pense que la république chrétienne ne saurait en proposer une trop grande à celui qui ferait en
sorte que le plus grand plaisir fût dans la piété.

AVANTAGE DE BIEN RÉGLER SES PENSÉES.

[*Tome 6, page* 328. *Remarques de Leibnitz sur le* Chevreana.]

Il n'y a rien qui soit plus en notre pouvoir que nos propres pensées ; et c'est pour cela même que nous en devons rendre compte, plus que de toute autre chose. C'est un paradoxe auprès des hommes, qui ont coutume de dire, *qu'on n'est point responsable des pensées,* mais cela ne se doit entendre que devant eux ; et néanmoins les juges même ne punissent que les pensées dans les actions. Nous sommes faits pour penser ; il n'est point nécessaire de vivre, mais il est nécessaire de penser, et nos pensées nous suivront au delà de la mort. Il est vrai que nous penserons éternellement, mais il n'est pas moins vrai que nos pensées futures sont une conséquence des pensées présentes. Cette considération nous doit porter à rectifier et à perfectionner nos pensées présentes autant qu'il est possible, non pas qu'il faille négliger d'agir ; au contraire on ne pense jamais mieux, que lorsqu'on pense à ce qu'on fait. Cependant il y a certaines grandes et importantes pensées à régler, qui se répandent sur toutes nos actions. On n'y saurait penser avec trop d'attention, et c'est ce qu'on appelle la véritable philosophie.

[*Tome 6, page 331. Observationes Leibnitzianæ.*]

Thomas-d'Aquin a dit que les ames des animaux sont indivisibles; d'où il s'en suit qu'elles sont incorruptibles. Apparemment qu'il n'a pas voulu s'expliquer plus ouvertement, et s'est contenté d'avoir posé le fondement. On peut poser que tout cela pourrait être, mais avec fort peu de consolation; si, quoique nos ames et celles des autres animaux demeurent, elles ne se ressouviennent plus du passé. Mais je suis d'un autre sentiment : je crois que ce qui est une fois arrivé à une ame, lui est éternellement imprimé, quoique cela ne nous revienne pas toutes les fois à la mémoire; de même que nous savons plusieurs choses, dont nous ne nous ressouvenons pas toujours, à moins que quelque chose n'y donne occasion et ne nous y fasse penser. Car qui peut se souvenir de toutes choses? Mais parce qu'il ne se fait rien en vain dans la nature, et que rien ne s'y perd, mais que tout tend à sa perfection et à sa maturité, de même *chaque image que notre ame reçoit deviendra enfin un tout avec les choses qui sont à venir;* de sorte que nous pourrons tout voir comme dans un miroir, et en tirer ce que nous trouverons plus propre à notre contentement : d'où il s'en suit que plus nous aurons pratiqué de vertus et fait de bonnes œuvres, plus nous aurons de joie et de contentement. Nous devons donc conclure de là que nous devons être à présent contents, parce qu'à le bien prendre, tout ce qui arrive est si bien disposé, que nous ne le pour-

rions pas mieux faire, quand même nous serions fort in-
telligents dans ces sortes de matière.

----&o&----

UTILITÉ, POUR LE BONHEUR ET LA VERTU, DE CONNAÎTRE LE
VÉRITABLE SYSTÈME DE L'UNIVERS.

[*Tome* 6, *part.* 1, *page* 237. *Quatrième lettre à M. Thomas
Burnet.*]

Je fais une grande distinction entre les connaissances
solides, qui augmentent le trésor du genre humain, et
entre la notice des faits, qu'on appelle vulgairement l'é-
rudition. Je ne méprise point cette érudition ; au contraire, j'en reconnais l'importance et l'utilité ; mais je
souhaiterais pourtant qu'on s'attachât davantage au solide ; car il y a partout trop peu de personnes qui s'occupent du plus important. Il n'y a rien de si beau ni de
si satisfaisant, que d'avoir une véritable connaissance du
système de l'univers, non seulement à l'égard des corps,
mais encore à l'égard des substances en général, et surtout à l'égard de la nature de Dieu et de celle de notre
ame, et même des ames en général. Je crois y avoir contribué par quelques découvertes ; mais si beaucoup de
personnes s'y attachaient, on irait bien loin, non seulement pour les commodités de la vie et pour la santé,
mais encore pour la sagesse, la vertu et le bonheur ; pendant que le plus souvent nous ne nous amusons qu'à des
bagatelles qui nous divertissent, mais qui ne nous per-

13

fectionnent point: Je ne mets entre les perfections que
ce qui nous peut rester après cette vie ; et la connaissance des faits est à peu près comme celle des rues de
Londres, qui est bonne pendant qu'on y demeure.

———◆◦◦◆———

LE PRÉSENT, PLUS FORT QUE L'AVENIR.

[Nouveaux Essais sur l'Entendement humain, p. 51.]

Il arrive tous les jours que les hommes agissent contre
leurs connaissances en se les cachant à eux-mêmes, lorsqu'ils tournent l'esprit ailleurs pour suivre leurs passions. Sans cela nous ne verrions pas les gens manger et
boire ce qu'ils savent devoir leur causer des maladies, et
même la mort. Ils ne négligeraient pas leurs affaires ; ils
ne feraient pas ce que des nations entières ont fait à
certains égards. L'avenir et le raisonnement frappent
rarement autant que le présent et les sens. Cet Italien le
savait bien, qui devant être mis à la torture, se proposa
d'avoir continuellement le gibet en vue pendant les tourments pour y résister, et on l'entendit dire quelquefois :
io ti vedo ; ce qu'il expliqua ensuite quand il fut échappé.
A moins de prendre une ferme résolution d'envisager le
vrai bien et le vrai mal, pour les suivre ou les éviter, on
se trouve emporté, et il arrive encore par rapport aux
besoins les plus importants de cette vie, ce qui arrive
par rapport au paradis et à l'enfer, chez ceux-là même
qui les croient le plus.

CONFLIT DES PASSIONS ET DES DÉMONSTRATIONS.

[Nouveaux Essais sur l'Entendement humain, p. 52.]

Si la géométrie s'opposait autant à nos passions et à
nos intérêts présents que la morale, nous ne la contesterions
et ne la violerions guère moins, malgré toutes les
démonstrations d'Euclide et d'Archimède, qu'on traiterait
de rêveries et qu'on croirait pleines de paralogismes ;
et Joseph Scaliger, Hobbes et d'autres, qui ont écrit contre
Euclide et Archimède, ne se trouveraient point si
peu accompagnés qu'ils le sont. Ce n'était que la passion
de la gloire que ces auteurs croyaient trouver dans la
quadrature du cercle et d'autres problèmes difficiles,
qui a pu aveugler jusqu'à un tel point des personnes
d'un si grand mérite. Et si d'autres avaient le même intérêt,
ils en useraient de même.

VÉRITABLE PIÉTÉ.

[Tome 6, page 263. Septième Lettre à M. Thomas Burnet.]

Les ecclésiastiques, capables de toucher et de pousser
les hommes à la véritable piété, ne sauraient être assez

estimés ; cependant il faut user de discrétion dans les
pratiques de dévotion. Dieu nous a mis dans le monde
pour agir suivant sa volonté, et non pas pour lui faire
des harangues et des compliments. J'estime véritablement pieux ceux qui ont de grands sentiments de la sa-
gèsse de Dieu, et qui ont de l'ardeur pour faire du bien,
se conformant à sa volonté autant qu'il est en leur pouvoir. Rien ne sert plus à la solide dévotion que la véritable philosophie qui fait connaître et admirer les merveilles de Dieu, et qui en publie la gloire comme il faut.
Car comment peut-on aimer Dieu et le glorifier sans en
connaître la beauté? Mais le but de tout est la pratique
des vertus morales pour le bien public, ou, ce qui est la
même chose, pour la gloire de Dieu. Ainsi toute dévotion
qui ne nous propose pas quelques vérités considérables
sur les perfections et les ouvrages de Dieu, ou qui ne
tend point à produire quelque bien, est une simple cérémonie qui ne doit servir qu'à exciter les hommes à ce
qu'il y a de réel dans la piété. Au lieu que beaucoup de
dévots, contents de leurs façons, négligent le solide.
Ainsi l'on voit qu'encore les directeurs des ames et les
dévots auraient besoin d'instruction et de réforme.

SUITE DU MÊME SUJET.

[*Tome 1, page 738. Lettre à Madame de Scudery.*]

Nous devons prendre soin des affaires avec une supériorité d'esprit qui dirige les choses au grand but, c'est-

à-dire à l'amour de Dieu, toujours avec un plein contentement de ce que Dieu a ordonné pour le présent et pour
le passé, et avec un ardent désir de contribuer à ce qu'on
juge conforme à sa volonté pour l'avenir....

Rien n'est plus estimable qu'une *piété éclairée* qui
cherche à se répandre par de bonnes actions propres à
produire de véritables biens parmi les hommes, c'est-à-
dire, à produire encore dans les autres la bonne volonté, et le pouvoir de l'exécuter avec la science de bien
faire.

Une dévotion oisive et renfermée en elle-même ne me
paraît pas assez solide : et un homme de bien est comme
un aimant qui communique sa direction aux autres corps
qu'il touche.

Bien des gens parlent de l'amour de Dieu, mais je
vois, par les effets, que peu de gens l'ont véritablement,
même ceux qui sont le plus enfoncés dans le mystique.
La pierre de touche de l'amour de Dieu est celle que
saint Jean nous a donnée, et lorsque je vois qu'on a une
véritable ardeur pour le bien général, on n'est pas loin
de l'amour de Dieu.

VERTU DÉSINTÉRESSÉE.

[*Tome 5, page 40. Jugement sur les OEuvres de Shafstbury.*]

La véritable vertu doit être désintéressée, c'est-à-dire,
comme je l'interprète, qu'on doit être porté à trouver du

13.

plaisir dans l'exercice de la vertu, et du dégoût dans celui du vice; et cela devrait être le but de l'éducation...

C'est un dicton commun, que l'intérêt gouverne le monde; mais on a raison de dire que ce sont plutôt les passions. Le duc de Rohan commence son livre politique par cette sentence, *que les princes commandent aux peuples, et que l'intérêt commande aux princes.* Il serait à souhaiter que cela fût vrai, car, en ce cas, on écouterait mieux la raison. Mais la raison veut aussi que, outre l'intérêt mercenaire, nous donnions beaucoup à notre satisfaction; elle nous ordonne de tendre à la félicité, qui n'est autre chose que l'état d'une joie durable, et ce qui y va est notre vrai intérêt.

A l'égard de ceux qui rapportent tout à eux-mêmes, et qui semblent opposés à ceux qui aiment leurs amis, leurs parents, leur patrie, leur état, et mêmes les hommes en général, je crois qu'à bien entendre les choses, on peut les concilier, pourvu que les uns et les autres entendent raison. Notre bien est sans doute le principe des motifs; mais nous trouvons très souvent non seulement notre utilité, mais même notre plaisir dans le bien d'autrui; et, dans le dernier cas, c'est proprement ce qu'on doit appeler l'amour désintéressé, comme je l'ai fait voir autrefois, en expliquant les principes de la justice dans la préface du Code diplomatique du Droit des gens. Ainsi souvent la félicité d'autrui fait partie de la nôtre. Et l'on trouvera que la vertu, c'est-à-dire l'habitude d'agir raisonnablement, est ce qui fait, le plus qu'on se puisse promettre, un plaisir durable.

FONDEMENTS ET NATURE DE LA SOLIDE DÉVOTION.

[Théodicée , Préface.]

On a vu de tout temps que le commun des hommes a mis la dévotion dans les formalités. *La solide piété,* c'est-à-dire la lumière et la vertu, n'a jamais été le partage du grand nombre. Il ne faut pas s'en étonner ; rien n'est si conforme à la faiblesse humaine ; nous sommes frappés par l'extérieur, et l'interne demande une discussion, dont peu de gens se rendent capables. Comme la véritable piété consiste dans les sentiments et dans la pratique, *les formalités de dévotion* l'imitent, et sont de deux sortes, les unes reviennent aux *cérémonies de la pratique,* et les autres aux *formulaires de la croyance.* Les cérémonies ressemblent aux actions vertueuses, et les formulaires sont comme des ombres de la vérité, et approchent plus ou moins de la pure lumière. Toutes ces formalités seraient louables, si ceux qui les ont inventées les avaient rendues propres à maintenir et à exprimer ce qu'elles imitent ; si les cérémonies religieuses, la discipline ecclésiastique, les règles des communautés, les lois humaines étaient toujours comme une haie à la loi divine, pour nous éloigner des approches du vice, nous accoutumer au bien, et pour nous rendre la vertu familière. C'était le but de Moïse et d'autres bons législateurs, des sages fondateurs des ordres religieux, et surtout de Jésus-Christ, divin fondateur de la religion la plus pure et la plus éclairée. Il en est autant des *formulaires de créance ;* ils seraient passables, s'il n'y avait rien qui ne fût conforme à la vérité salutaire, quand même toute la vérité dont il s'agit n'y serait pas. Mais il n'arrive que trop souvent que la dévotion est étouffée par des façons, et que la lumière divine est obscurcie par les opinions des hommes.

Les païens, qui remplissaient la terre avant l'établissement du Christianisme, n'avaient qu'une seule espèce de formalités; ils avaient des cérémonies dans leur culte, mais ils ne connaissaient point d'articles de foi, et n'avaient jamais songé à dresser des formulaires de leur théologie dogmatique. Ils ne savaient point si leurs Dieux étaient de vrais personnages ou des symboles des puissances naturelles, comme du soleil, des planètes, des éléments. Leurs mystères ne consistaient point dans des dogmes difficiles, mais dans de certaines pratiques secrètes, où les profanes, c'est-à-dire ceux qui n'étaient point initiés, ne devaient jamais assister. Ces pratiques étaient bien souvent ridicules et absurdes, et il fallait les cacher pour les garantir du mépris. Les païens avaient leurs superstitions, ils se vantaient de miracles; tout était plein chez eux d'oracles, d'augures, de présages, de divination; les prêtres inventaient des marques de la colère ou de la bonté des dieux, dont ils prétendaient être les interprètes. Cela tendait à gouverner les esprits par la crainte et par l'espérance des événements humains; mais le grand avenir d'une autre vie n'était guère envisagé; on ne se mettait point en peine de donner aux hommes de véritables sentiments de Dieu et de l'ame.

De tous les anciens peuples, on ne connaît que les Hébreux qui aient eu des dogmes publics de leur religion. Abraham et Moïse ont établi la croyance d'un seul Dieu, source de tout bien, auteur de toutes choses. Les Hébreux en parlent d'une manière très digne de la souveraine substance, et on est surpris de voir des habitants d'un petit canton de la terre plus éclairés que le reste

du genre humain. Les sages d'autres nations en ont peut-
être dit autant quelquefois ; mais ils n'ont pas eu le bonheur de se faire suivre assez, et de faire passer le dogme
en loi. Cependant Moïse n'avait point fait entrer dans ses
lois la doctrine de l'immortalité des ames, elle était conforme à ses sentiments, elle s'enseignait de main en main ;
mais elle n'était point autorisée d'une manière populaire,
jusqu'à ce que Jésus-Christ leva le voile, et sans avoir la
force en main, enseigna avec toute la force d'un législateur, que les ames immortelles passent dans une autre
vie, où elles doivent recevoir le salaire de leurs actions.
Moïse avait déjà donné les belles idées de la grandeur et
de la bonté de Dieu, dont beaucoup de nations civilisées
conviennent aujourd'hui ; mais Jésus-Christ en établissait toutes les conséquences, et il faisait voir que la bonté
et la justice divine éclatent parfaitement dans ce que
Dieu prépare aux ames. Je n'entre point ici dans les autres points de la doctrine chrétienne, et je fais seulement
voir comment Jésus-Christ acheva de faire passer la religion naturelle en loi, et de lui donner l'autorité d'un
dogme public. Il fit lui seul ce que tant de philosophes
avaient en vain tâché de faire ; et les chrétiens ayant
enfin eu le dessus dans l'empire romain, maître de la
meilleure partie de la terre connue, la religion des sages
devint celle des peuples. Mahomet, depuis, ne s'écarta
point de ces grands dogmes de la théologie naturelle ;
ses sectateurs les répandirent même parmi les nations
les plus reculées de l'Asie et de l'Afrique, où le christianisme n'avait point été porté ; et ils abolirent en bien des
pays les superstitions païennes, contraires à la véritable
doctrine de l'unité de Dieu, et de l'immortalité des
ames.

L'on voit que Jésus-Christ, achevant ce que Moïse
avait commencé, a voulu que la divinité fût l'objet,
non seulement de notre crainte et de notre vénération,

mais encore de notre amour et de notre tendresse. C'était
rendre les hommes bienheureux par avance, et leur donner ici-bas un avant-goût de la félicité future. Car il n'y
a rien de si agréable que d'aimer ce qui est digne
d'amour. L'amour est cette affection qui nous fait trouver du plaisir dans les perfections de ce qu'on aime, et
il n'y a rien de plus parfait que Dieu, ni rien de plus
charmant. Pour l'aimer, il suffit d'en envisager les perfections ; ce qui est aisé, parce que nous trouvons en nous
leurs idées. Les perfections de Dieu sont celles de nos
ames, mais il les possède sans bornes : il est un Océan,
dont nous n'avons reçu que des goûttes : il y a en nous
quelque puissance, quelque connaissance, quelque bonté ;
mais elles sont toutes entières en Dieu. L'ordre, les proportions, l'harmonie nous enchantent ; la peinture et la
musique en sont des échantillons. Dieu est tout ordre,
il garde toujours la justesse des proportions, il fait l'harmonie universelle ; toute la beauté est un épanchement
de ses rayons.

Il s'en suit manifestement que la véritable piété, et
même la véritable félicité, consiste dans l'amour de Dieu,
mais dans un amour éclairé, dont l'ardeur soit accompagnée de lumière. Cette espèce d'amour fait naître ce
plaisir dans les bonnes actions qui donnent du relief à
la vertu, et rapportant tout à Dieu, comme au centre,
transporte l'humain au divin. Car en faisant son devoir,
en obéissant à la raison, on remplit les ordres de la suprême raison ; on dirige toutes ses intentions au bien
commun, qui n'est point différent de la gloire de Dieu :
l'on trouve qu'il n'y a point de plus grand intérêt particulier que d'épouser celui du général, et on se satisfait
soi-même en se plaisant à procurer les vrais avantages
des hommes. Qu'on réussisse ou qu'on ne réussisse pas,
on est content de ce qui arrive, quand on est résigné à
la volonté de Dieu, et quand on sait que ce qu'il veut est

le meilleur; mais avant qu'il déclare sa volonté par l'événement, on tâche de la rencontrer, en faisant ce qui paraît le plus conforme à ses ordres. Quand nous sommes dans cette situation d'esprit, nous ne sommes point rebutés par les mauvais succès; nous n'avons du regret que de nos fautes, et les ingratitudes des hommes ne nous font point relâcher de l'exercice de notre humeur bienfaisante. Notre charité est humble et pleine de modération, elle n'affecte point de régenter; également attentifs à nos défauts et aux talents d'autrui, nous sommes portés à critiquer nos actions, et à excuser et redresser celles des autres; c'est pour nous perfectionner nousmêmes, et pour ne faire tort à personne. Il n'y a point de piété où il n'y a point de charité; et sans être officieux et bienfaisant, on ne saurait faire voir une dévotion sincère.

Le bon naturel, l'éducation avantageuse, la fréquentation des personnes pieuses et vertueuses, peuvent contribuer beaucoup à mettre les ames dans cette belle assiette; mais ce qui les y attache le plus, ce sont les bons principes. Je l'ai déjà dit, il faut joindre la lumière à l'ardeur, il faut que les perfections de l'entendement donnent l'accomplissement à celles de la volonté. Les pratiques de la vertu, aussi bien que celles du vice, peuvent être l'effet d'une simple habitude; on y peut prendre goût; mais quand la vertu est raisonnable, quand elle se rapporte à Dieu, qui est la suprême raison des choses, elle est fondée en connaissance. On ne saurait aimer Dieu, sans en connaître les perfections, et cette connaissance renferme *les principes* de la véritable piété. *Le but de la vraie religion* doit être de les imprimer dans les ames; mais je ne sais comment il est arrivé bien souvent que les hommes, que les docteurs de la religion se sont fort écartés de ce but. Contre l'intention de notre divin Maître, la dévotion a été ramenée aux

cérémonies, et la doctrine a été chargée de formules;
Bien souvent ces cérémonies n'ont pas été bien propres
à entretenir l'exercice de la vertu, et les formules quelquefois n'ont pas été bien lumineuses. Le croirait-on?
Des chrétiens se sont imaginés de pouvoir être dévots
sans aimer leur prochain, et pieux sans aimer Dieu; ou
bien on a cru pouvoir aimer son prochain sans le servir,
et pouvoir aimer Dieu sans le connaître. Plusieurs siècles se sont écoulés, sans que le public se soit bien ap-
perçu de ce défaut; et il y a encore de grands restes du
règne des ténèbres. On voit quelquefois des gens qui parlent fort de la piété, de la dévotion, de la religion, qui
sont même occupés à les enseigner; et on ne les trouve
guère bien instruits sur les perfections divines. Ils conçoivent mal la bonté et la justice du souverain de l'univers; ils se figurent un Dieu, qui ne mérite point d'être
imité, ni d'être aimé. C'est ce qui m'a paru de dangereuse conséquence, puisqu'il importe extrêmement que
la source même de la piété ne soit point infectée. Les anciennes erreurs de ceux qui ont accusé la divinité, ou
qui en ont fait un principe mauvais, ont été renouvelées
quelquefois de nos jours; on a eu recours à la puissance
irrésistible de Dieu, quand il s'agissait plutôt de faire
voir sa bonté suprême; et on a employé un pouvoir despotique, lorsqu'on devait concevoir une puissance réglée
par la plus parfaite sagesse. J'ai remarqué que ces sentiments, capables de faire du tort, étaient appuyés particulièrement sur des notions embarrassées, qu'on s'était
formées touchant la liberté, la nécessité et le destin;
et j'ai pris la plume plus d'une fois dans les occasions,
pour donner des éclaircissements sur ces matières importantes.

PRINCIPE ET NATURE DE L'AMOUR DE DIEU.

[*Epist, ad amicum. Tome* 1 *, page* 29.]

La nation de l'amour se tire très bien de la langue allemande. Les Allemands expriment *aimer* par *gern schen,* et haïr par *nicht gern schen.*

De là, aimer une chose, c'est prendre du plaisir dans sa connaissance : donc plus la connaissance qu'on aura de cette chose sera profonde, plus elle donnera de plaisir. Appliquons cela à l'amour de Dieu. Celui qui veut aimer Dieu au-dessus de tout, doit donc, préférablement à tout, s'appliquer à connaître la beauté de Dieu. Pour connaître la beauté d'une personne, il ne suffit pas de considérer un de ses doigts ; il n'est pas besoin non plus de considérer en détail toutes les parties qui la composent, jusqu'à ses pores et ses cheveux ; mais il faut, pour ainsi dire, la parcourir tout'entière d'un seul coup d'œil.

De même, pour connaître la beauté de Dieu, il ne suffit pas de contempler quelqu'un de ses ouvrages ; il n'est pas aussi nécessaire, comme il ne serait pas non plus possible, de les contempler tous ; mais il suffit de se former en général de Dieu quelque idée bien fondée, de le concevoir, par exemple, comme le modérateur de l'univers le plus sage et le plus parfait. L'amour de cet être consiste à croire que tout ce qu'il fait est bon, et d'y acquiescer sans nous permettre ni plainte, ni murmure, ni révolte intérieure ; ensuite à ne négliger aucune occasion de procurer le bien général ; et enfin s'il

nous est arrivé d'en agir autrement, à réparer notre
faute, autant qu'il nous sera possible.

CONTROVERSE ENTRE M. DE FÉNELON ET M. BOSSUET, SUR
L'AMOUR DE DIEU, TERMINÉE PAR UNE SEULE DÉFINITION.

[*Tome 6, page 254. Lettre à M. Thomas Burnet.*]

On agite en Angleterre une question sur l'amour de
Dieu, qui est aussi agitée en France entre l'archevêque de
Cambrai, précepteur du duc de Bourgogne et l'évêque
de Meaux, ci-devant précepteur du dauphin. Il y a longtemps que j'ai examiné cette matière, car elle est de
grande importance; et j'ai trouvé que pour décider de
telles questions, il faut avoir de bonnes définitions. On
trouve ma définition de l'amour dans la préface de mon
Code diplomatique, où je dis : *Amare est felicitate alte-
rius delectari*, aimer c'est trouver son plaisir dans la
félicité d'autrui; et, par cette définition, on peut résoudre cette grande question : comment l'amour véritable
peut être désintéressé, quoique cependant il soit vrai
que nous ne faisons rien que pour notre bien. C'est que
toutes les choses que nous désirons par elles-mêmes, et
sans aucune vue d'intérêt, sont d'une nature à nous
donner du plaisir par leurs excellentes qualités, de sorte
que la félicité de l'objet aimé entre dans la nôtre. Ainsi
on voit que la définition termine la dispute en peu de
mots.

DÉVELOPPEMENT DU MÊME POINT.

[Tome 5, page 189. Cogit. Miscellaneæ.]

L'incomparable M. de Fénelon s'est fait une plus juste réputation dans le monde, par la publication de son Télémaque, que par la manifestation de son sentiment sur l'amour de Dieu. Cependant il faut convenir que le père Lami, Bénédictin, qui a défendu ce sentiment, et l'évêque de Meaux, ainsi que Mallebranche qui l'ont combattu, n'ont pas assez bien traité la question, et ne l'ont pas exposée dans un jour convenable; et cela, parce qu'ils n'ont point donné une définition du véritable amour assez juste et assez exacte. Cette définition, je l'avais donnée dans la préface du Code diplomatique du droit des gens, quelques années avant que la Controverse sur ce sujet eût été élevée. J'y avais dit que l'amour avait lieu quand on prenait plaisir dans la félicité d'autrui, et qu'on se rendait cette félicité propre, et que, lorsque l'objet qu'on aimait était capable de félicité, l'affection qu'on lui portait devenait un amour véritable; d'où il suit que l'amour d'autrui ne peut pas être séparé de notre véritable bien, ni l'amour de Dieu de notre félicité; mais il est encore un point d'une égale certitude, c'est qu'outre le plaisir qu'on goûte dans la félicité d'autrui, on peut en tirer encore une utilité propre; mais cette utilité n'appartient pas au pur amour, quoiqu'on ne doive ni l'en exclure ni la rejeter.

SOPHISME DE LA RAISON PARESSEUSE.

[Théodicée : Préface, page 324.]

Les hommes presque de tout temps ont été troublés
par un sophisme , que les anciens appelaient *la raison
paresseuse,* parce qu'il allait à ne rien faire, ou du moins
à n'avoir soin de rien , et à ne suivre que le penchant
des plaisirs présents. Car, disait-on, si l'avenir est nécessaire , ce qui doit arriver arrivera, quoi que je puisse
faire. Or l'avenir, disait-on , est nécessaire , soit parce
que la divinité prévoit tout, et le préétablit même, en
gouvernant toutes les choses de l'univers ; soit parce que
tout arrive nécessairement par l'enchaînement des causes, soit enfin par la nature même de la vérité , qui est
déterminée dans les énonciations qu'on peut former sur
les événements futurs , comme elle l'est dans toutes les
autres énonciations , puisque l'énonciation doit toujours
être vraie ou fausse en elle-même , quoique nous ne con-
naissions pas toujours ce qui en est. Et toutes ces raisons de détermination , qui paraissent différentes , con-
courent enfin comme des lignes à un même centre ; car
il y a une vérité dans l'événement futur qui est prédé-
terminée par les causes , et Dieu la préétablit en établis-
sant ces causes.

L'idée mal entendue de la nécessité étant employée
dans la pratique, a fait naître ce que j'appelle *Fatum
Mahometanum,* le destin à la turque : parce qu'on impute
aux Turcs de ne pas éviter les dangers , et de ne pas

même quitter les lieux infectés de la peste, sur des raisonnements semblables à ceux qu'on vient de rapporter.
Car ce qu'on appelle *Fatum Stoïcum,* n'était pas si noir
qu'on le fait; il ne détournait pas les hommes du soin
de leurs affaires; mais il tendait à leur donner la tranquillité à l'égard des événements, par la considération
de la nécessité, qui rend nos soucis et nos chagrins inutiles : en quoi ces philosophes ne s'éloignaient pas entièrement de la doctrine de Notre-Seigneur, qui dissuade
ces soucis par rapport au lendemain, en les comparant
avec les peines inutiles que se donnerait un homme qui
travaillerait à agrandir sa taille. Il est vrai que les enseignements des stoïciens (et peut être aussi de quelques
philosophes célèbres de notre temps), se bornant à cette
nécessité prétendue, ne peuvent donner qu'une patience
forcée; au lieu que Notre-Seigneur inspire des pensées
plus sublimes, et nous apprend même le moyen d'avoir
du contentement, lorsqu'il nous assure que Dieu parfaitement bon et sage, ayant soin de tout, jusqu'à ne point
négliger un cheveu de notre tête, notre confiance en lui
doit être entière, de sorte que nous verrions, si nous
étions capables de le comprendre, qu'il n'y a pas même
moyen de souhaiter rien de meilleur (tant absolument
que pour nous), que ce qu'il fait. C'est comme si on
disait aux hommes : faites votre devoir, et soyez contents
de ce qui arrivera; non seulement parce que vous ne
sauriez résister à la Providence divine, ou à la nature
des choses (ce qui peut suffire pour être *tranquille,* et
non pas pour être content), mais encore parce que vous
avez affaire à un bon maître. Et c'est ce qu'on peut appeler *Fatum Christianum.*

Cependant il se trouve que la plupart des hommes, et
même des chrétiens, font entrer dans leur pratique quelque mélange du destin à la turque, quoiqu'ils ne le reconnaissent pas assez. Il est vrai qu'ils ne sont pas dans

l'inaction et dans la négligence, quand des périls évidents, ou des espérances manifestes et grandes se présentent ; car ils ne manqueront pas de sortir d'une maison qui va tomber, et de se détourner d'un précipice qu'ils voient dans leur chemin „ et ils fouilleront dans la terre pour déterrer un trésor découvert à demi, sans attendre que le destin achève de le faire sortir. Mais quand le bien ou le mal est éloigné et douteux, et le remède pénible, ou peu à notre goût, la raison paresseuse nous paraît bonne : par exemple, quand il s'agit de conserver sa santé et même sa vie par un bon régime, les gens à qui on donne conseil là-dessus, répondent bien souvent que nos jours sont comptés et qu'il ne sert de rien de vouloir lutter contre ce que Dieu nous destine. Mais ces mêmes personnes courent aux remèdes même les plus ridicules, quand le mal qu'ils avaient négligé approche. On raisonne à peu près de la même façon, quand la délibération est un peu épineuse, comme, par exemple, lorsqu'on se demande, *quod vitæ sectabor iter?* Quelle profession on doit choisir, quand il s'agit d'un mariage qui se traite, d'une guerre qu'on doit entreprendre, d'une bataille qui se doit donner ; car en ces cas plusieurs seront portés à éviter la peine de la discussion et à s'abandonner au sort ou au penchant, comme si la raison ne devait être employée que dans les cas faciles. On raissonnera alors à la turque bien souvent, (quoiqu'on appelle cela mal à propos se remettre à la Providence, ce qui a lieu proprement, quand on a satisfait à son devoir) ; et on emploiera la raison paresseuse, tirée du destin irrésistible, pour s'exempter de raisonner comme il faut ; sans considérer que si ce raisonnement contre l'usage de la raison était bon, il aurait toujours lieu, soit que la délibération fût facile ou non. C'est cette paresse qui est en partie la source des pratiques superstitieuses des Devins, où les hommes donnent aussi facilement que dans la pierre philosophale ;

parce qu'ils voudraient des chemins abrégés pour aller au bonheur sans peine.

Je ne parle pas ici de ceux qui s'abandonnent à la fortune, parce qu'ils ont été heureux auparavant, comme s'il y avait là-dedans quelque chose de fixe. Leur raisonnement du passé à l'avenir est aussi peu fondé que les principes de l'astrologie et des autres divinations ; et ils ne considèrent pas qu'il y a ordinairement un flux et reflux dans la fortune, *una marea,* comme les Italiens jouant à la bassette ont coutume de l'appeler, et ils y font des observations particulières, auxquelles je ne conseillerais pourtant à personne de se trop fier. Cependant cette confiance qu'on a en sa fortune sert souvent à donner du courage aux hommes, et surtout aux soldats, et leur fait avoir effectivement cette bonne fortune qu'ils s'attribuent, comme les prédictions font souvent arriver ce qui a été prédit, et comme l'on dit que l'opinion que les mahométans ont du destin, les rend déterminés. Ainsi les erreurs mêmes ont leur utilité quelquefois ; mais c'est ordinairement pour remédier à d'autres erreurs, et la vérité vaut mieux absolument.

Mais on abuse surtout de cette prétendue nécessité du destin, lorsqu'on s'en sert pour excuser nos vices et notre libertinage. J'ai souvent ouï dire à de jeunes gens éveillés, qui voulaient faire un peu les esprits forts, qu'il est inutile de prêcher la vertu, de blâmer le vice, de faire espérer des récompenses, de faire craindre des châtiments, puisqu'on peut dire du livre des destinées, que ce qui est écrit est écrit, et que notre conduite n'y saurait rien changer ; et qu'ainsi le meilleur est de suivre son penchant, et de ne s'arrêter qu'à ce qui peut nous contenter présentement. Ils ne faisaient point réflexion sur les conséquences étranges de cet argument, qui prouverait trop, puisqu'il prouverait (par exemple) qu'on doit prendre un breuvage agréable, quand on saurait qu'il est empoisonné. Car, par la même raison, si elle était valable, je pourrais dire : S'il est écrit dans les archives des Parques que le poison me tuera à présent, ou me fera du mal, cela arrivera quand je ne prendrais point ce breuvage; et si cela n'est point écrit, il n'arrivera point, quand même je prendrais ce même breuvage; et par conséquent je pourrai suivre impunément mon penchant à prendre ce qui est agréable, quelque pernicieux qu'il soit; ce qui renferme une absurdité manifeste. Cette objection les arrêtait un peu, mais ils revenaient toujours à leur raisonnement, tourné en différentes manières, jusqu'à ce qu'on leur fît comprendre en quoi consiste le défaut du sophisme. C'est qu'il est faux que l'événement arrive, quoi qu'on fasse : il arrivera, parce qu'on fait ce qui y mène; et si l'événement est écrit, la cause qui le fera arriver est écrite aussi. Ainsi la liaison des effets et des causes, bien loin d'établir la doctrine d'une nécessité préjudiciable à la pratique, sert à la détruire.

DOCTRINE DE L'IMPÉNITENCE.

[Tome 5, page 414. Epist. 10, ad Loeflerum.]

Il est indubitable que tout pécheur qui fait une sincère pénitence de ses péchés, en obtient la rémission. On peut seulement demander s'il y a quelques signes à la faveur desquels on puisse juger avec certitude que Dieu n'accordera plus à certains pécheurs endurcis et impé-

nitents la grâce de la pénitence. Le sentiment de ceux
qui prendraient ici l'affirmative, ne peut être solide-
ment établi, ni sur la raison, ni sur l'autorité de l'Écriture; l'enseignement n'en pourrait donc être qu'inutile
et blâmable. Ce n'est pas que ce sentiment soit absolument destitué de fondement ; mais il peut avoir des suites
très fâcheuses, parce qu'il peut pousser des personnes
scrupuleuses au désespoir, et fournir des armes à ces
téméraires qui sont si faciles à porter des censures et à
prononcer des anathêmes contre leurs frères. Il suffit pour
l'édification, qu'un homme puisse parvenir à un tel degré de méchanceté, qu'il n'y ait plus qu'une très faible
espérance de sa correction et de son salut. Au reste, on
ne doit pas supposer que personne soit assez affermi dans
le bien, ou assez endurci dans le mal, pour que toute
sollicitude n'ait plus lieu d'un côté, et que toute espérance
manque de l'autre.

—◆○○◆—

SUITES DU LIBERTINAGE.

[*Tome 0 , page 268. Huitième lettre à M. Thomas Burnet.*]

On a grande raison par toute l'Europe de penser à la
correction des mœurs ; et je crois qu'on doit plus craindre
présentement ce qui peut venir du libertinage, que ce
qui peut aller contre la liberté..... Il n'y a que deux choses
auxquelles on devrait songer principalement la vertu et
la santé : *et cœtera adjicerentur nobis.*

LA VOLONTÉ AGIT-ELLE TOUJOURS SUIVANT LE PLUS GRAND BIEN ?

MOYEN DE VAINCRE SES PASSIONS.

[*Nouveaux Essais sur l'Entendement humain, p.* 143.]

Ce qui détermine la volonté à agir, dit M. Locke, n'est pas le plus grand bien, comme on le suppose ordinairement, mais plutôt quelque inquiétude actuelle ; et pour l'ordinaire celle qui est la plus pressante. On lui peut donner le nom de *désir,* qui est effectivement une inquiétude de l'esprit causée par la privation de quelque bien absent, outre le désir d'être délivré de la douleur. Tout le bien absent ne produit pas une douleur proportionnée au degré d'excellence, qui est en lui, ou que nous y reconnaissons ; au lieu que toute douleur cause un désir égal à elle-même, parce que l'absence du bien n'est pas toujours un mal, comme la présence de la douleur. C'est pourquoi l'on peut considérer et envisager un bien absent sans douleur ; mais à proportion qu'il y a du désir quelque part, autant y a-t-il d'inquiétude. Qui est-ce qui n'a point senti dans le désir ce que le Sage dit de l'espérance, (*Prov.* 13, *v.* 12) qu'étant différée, elle fait languir le cœur ? Rachel crie, (*Genése.* 30, *v.* 1.) donnez-moi des enfants, ou je vais mourir. Lorsque l'homme est parfaitement satisfait de l'état où il est, ou lorsqu'il est absolument libre de toute inquiétude, quelle volonté lui peut-il rester que de continuer dans cet état ? Ainsi le sage auteur de notre être a mis dans les hommes l'incommodité de la faim et de la soif, et les autres désirs naturels, afin d'exciter et de déterminer leur volonté à leur propre conservation et à la continuation de leur espèce. Il vaut mieux, dit saint Paul *, se marier que brûler ; tant il est vrai que le sentiment présent d'une petite brûlure a plus de pouvoir sur nous, que les attraits des plus grands plaisirs considérés en éloignement. Il est vrai que c'est une maxime si fort établie, que c'est le bien et le plus grand bien qui détermine la volonté, que je ne suis nullement surpris d'avoir autrefois supposé cela comme indubitable. Cependant, après une exacte recherche, je me sens forcé de conclure que le bien et le plus grand bien, quoique jugé et reconnu tel, ne détermine point la volonté ; à moins que venant à le désirer, d'une manière proportionnée à son excellence, ce désir ne nous rende inquiets de ce que nous en sommes privés. Posons qu'un homme soit convaincu de l'utilité de la vertu, jusqu'à voir qu'elle est nécessaire à qui se propose quelque chose de grand dans ce monde, ou espère d'être heureux dans l'autre : cependant jusqu'à ce que cet homme se sente affamé et altéré de la justice, sa volonté ne sera jamais déterminée à aucune action qui le porte à la recherche de cet excellent bien, et quelque autre inquiétude venant à la traverse entraînera sa volonté à d'autres choses. D'autre part, posons qu'un homme adonné au vin, considère que, menant la vie qu'il mène, il ruine sa santé et dissipe son bien, qu'il va se déshonorer dans le monde, s'attirer des maladies et tomber enfin dans l'indigence jusqu'à n'avoir plus de quoi satisfaire cette passion de boire qui le possède si fort : cependant les retours d'inquiétude qu'il sent à être absent de ses compagnons de débauche l'entraînent au cabaret aux heures qu'il a accoutumé d'y aller, quoiqu'il ait alors devant les yeux la perte de sa santé et de son bien, et peut-être même celle du bonheur de l'autre vie ; bonheur

* I. Cor. 7. v. 9.

qu'il ne peut regarder comme un bien peu considérable
en lui-même, puisqu'il avoué qu'il est beaucoup plus
excellent que le plaisir de boire, ou que le vain babil
d'une troupe de débauchés. Ce n'est donc pas faute de
jeter les yeux sur le souverain bien, qu'il persiste dans
ce déréglement : car il l'envisage et en reconnaît l'excel--
lence, jusque là que durant le temps qui s'écoule entre
les heures qu'il emploie à boire, il résout de s'appliquer
à rechercher ce souverain bien : mais quand l'inquiétude
d'être privé du plaisir auquel il est accoutumé vient le
tourmenter, ce bien qu'il reconnaît plus excellent que
celui de boire n'a plus de force sur son esprit, et c'est
cette inquiétude actuelle qui détermine sa volonté à l'action à laquelle il est accoutumé, et qui par là faisant de
plus fortes impressions, prévaut encore à la première
occasion, quoique en même temps il s'engage, pour ainsi
dire, lui-même par de secrètes promesses à ne plus faire
la même chose, et qu'il se figure que ce sera la dernière
fois qu'il agira contre son plus grand intérêt. Ainsi il se
trouve de temps en temps réduit à dire :

> Video meliora proboque,
> Deteriora sequor.

Je vois le meilleur parti, je l'approuve, je prends le pire.
Cette sentence qu'on reconnaît véritable et qui n'est que
trop confirmée par une constante expérience, est aisée
à comprendre par cette voie-là, et ne l'est peut-être pas
de quelque autre sens qu'on la prenne. (Tel est le précis
des sentiments de M. Locke sur cette matière.)

Il y a quelque chose de beau et de solide dans ces considérations. Cependant je ne voudrais pas qu'on crût
pour cela qu'il faille abandonner ces anciens axiomes,
que la volonté suit le plus grand bien, ou qu'elle fuit le

plus grand mal qu'elle sent. La source du peu d'application aux vrais biens, vient en bonne partie de ce que dans les matières et dans les occasions où les sens n'agissent guère, la plupart de nos pensées sont sourdes pour ainsi dire, (je les appelle *cogitationes cæcas* en latin), c'est-à-dire vides de perception et de sentiment, et consistant dans l'emploi tout nu des caractères, comme il arrive à ceux qui calculent en algèbre, sans envisager que de temps en temps les figures géométriques, et les mots font ordinairement le même effet en cela, que les caractères d'arithmétique en algèbre. On raisonne souvent en paroles, sans avoir presque l'objet même dans l'esprit. Or cette connaissance ne saurait toucher ; il faut quelque chose de vif pour qu'on soit ému. Cependant c'est ainsi que les hommes le plus souvent pensent à Dieu, à la vertu, à la félicité ; ils parlent et raisonnent sans idées expresses. Ce n'est pas qu'ils n'en puissent avoir, puisqu'elles sont dans leur esprit ; mais ils ne se donnent point la peine de pousser l'analyse. Quelquefois ils ont des idées d'un bien ou d'un mal absent, mais très faibles. Ce n'est donc pas merveille si elles ne touchent guère. Ainsi si nous préférons le pire, c'est que nous sentons le bien qu'il renferme, sans sentir le mal qu'il y a, ni le bien qui est dans le parti contraire. Nous supposons et croyons, ou plutôt nous récitons seulement sur la foi d'autrui, ou tout au plus sur celle de la mémoire de nos raisonnements passés, que le plus grand bien est dans le meilleur parti, ou le plus grand mal dans l'autre. Mais quand nous ne les envisageons point, nos pensées et nos raisonnements contraires au sentiment, sont une espèce de *psittacisme,* qui ne fournit pour le présent rien à l'esprit ; et si nous ne prenons point de mesures pour y remédier, autant en emporte le vent, comme j'ai déjà remarqué ci-dessus. Les plus beaux préceptes de morale avec les meilleures règles de la prudence, ne portent coup

que dans une ame qui y est sensible, (ou *directement*, ou
parce que cela ne se peut pas toujours, au moins *indirec-
tement*, comme je montrerai bientôt), et qui n'est pas
plus sensible à ce qui est contraire. Cicéron dit bien
quelque part, que si nos yeux pouvaient voir la beauté
de la vertu, nous l'aimerions avec ardeur ; mais cela
n'arrivant point, ni rien d'équivalent, il ne faut point
s'étonner si dans le combat entre la chair et l'esprit, l'esprit succombe tant de fois, puisqu'il ne se sent pas bien
de ses avantages. Ce combat n'est autre chose que l'opposition des différentes tendances qui naissent des pensées confuses et des distinctes. Les pensées confuses souvent se font sentir clairement ; mais nos pensées distinctes
ne sont claires ordinairement qu'en puissance ; elles
pourraient l'être, si nous voulions nous donner l'application de pénétrer le sens des mots ou des caractères ;
mais ne le faisant point, ou par négligence, ou à cause
de la brièveté du temps, on oppose des paroles nues, ou
du moins des images trop faibles, à des sentiments vifs.
J'ai connu un homme considérable dans l'Église et dans
l'État, que ses infirmités avaient fait se résoudre à la
diète ; mais il avoua qu'il n'avait pu résister à l'odeur
des viandes qu'on portait aux autres, en passant devant
son appartement. C'est sans doute une honteuse faiblesse ;
mais voilà comme les hommes sont faits. Cependant si
l'esprit usait bien de ses avantages, il triompherait hautement.

Il faudrait commencer par l'éducation, qui doit être
réglée, en sorte qu'on rende les vrais biens et les vrais
maux autant sensibles qu'il se peut, en revêtissant les
notions qu'on s'en forme, des circonstances les plus propres à ce dessein ; et un homme fait, à qui manque cette
excellente éducation, doit commencer plutôt tard que
jamais à chercher des plaisirs lumineux et raisonnables,
pour les opposer à ceux des sens qui sont confus, mais

touchants. Et en effet, la grâce divine même est un plaisir qui donne de la lumière. Ainsi lorsqu'un homme est
dans de bons mouvements, il doit se faire des lois et des
réglements pour l'avenir, et les exécuter avec rigueur,
s'arracher aux occasions capables de corrompre, ou brus-
quement, ou peu à peu, selon la nature de la chose. Un
voyage entrepris tout exprès guérira un amant ; une re-
traite nous tirera des compagnies qui entretiennent dans
quelque mauvaise inclination. François de Borgia, général des jésuites, qui a été enfin canonisé, étant accoutumé
à boire largement, lorsqu'il était homme de grand monde,
se réduisit peu à peu au petit pied, lorsqu'il pensa à la re-
traite, en faisant tomber chaque jour une goutte de cire
dans le bocal qu'il avait coutume de vider. A des sensibilités dangereuses on opposera des sensibilités innocentes,
comme l'agriculture, le jardinage ; on fuira l'oisiveté ; on
ramassera des curiosités de la nature et de l'art ; on fera
des expériences et des recherches ; on s'engagera dans quelque occupation indispensable, si on n'en a point, ou
dans quelque conversation ou lecture utile et agréable.
En un mot, il faut profiter des bons mouvements, comme
de la voix de Dieu qui nous appelle, pour prendre des
résolutions efficaces. Et comme on ne peut pas faire toujours l'analyse des notions des vrais biens et des vrais
maux jusqu'à la perception du plaisir et de la douleur
qu'ils renferment, pour en être touché ; il faut se faire une
fois pour toutes cette loi, d'attendre et de suivre désor-
mais les conclusions de la raison, comprises une bonne
fois, quoique non aperçues dans la suite et ordinairement
par des pensées sourdes seulement et destituées d'attraits
sensibles ; et cela pour se mettre enfin dans la possession de l'empire sur les passions, aussi bien que sur les
inclinations insensibles ou inquiétudes, en acquérant
cette accoutumance d'agir suivant la raison, qui rendra
la vertu agréable et comme naturelle. Mais il ne s'agit

pas ici de donner et d'enseigner des préceptes de morale, ou des directions et adresses spirituelles pour l'exercice de la véritable piété; c'est assez qu'en considérant le procédé de notre ame, on voie la source de nos faiblesses, dont la connaissance donne en même temps celle des remèdes.

INQUIÉTUDE ESSENTIELLE A NOTRE BONHEUR : RÈGLE DE CONDUITE.

[*Nouveaux Essais sur l'Entendement humain*, p. 147.]

C'est dans des perceptions insensibles, dans de petites impulsions pour se délivrer continuellement des petits empêchements, que consiste véritablement cette inquiétude qu'on sent sans la connaître, qui nous fait agir dans les passions, aussi bien que lorsque nous paraissons les plus tranquilles; car nous ne sommes jamais sans quelque action et quelque mouvement, qui ne vient que de ce que la nature travaille toujours à se mettre mieux à son aise. Et c'est ce qui nous détermine aussi avant toute consultation, dans les cas qui nous paraissent les plus indifférents; parce que nous ne sommes jamais parfaitement en balance, et ne saurions être mi-partis exactement entre deux cas. Or si ces éléments de la douleur, (qui dégénèrent quelquefois en douleur ou déplaisir véritable, lorsqu'ils croissent trop) étaient de vraies dou-

leurs, nous serions toujours misérables, en poursuivant
le bien que nous cherchons avec inquiétude et ardeur.
Mais c'est tout le contraire; et comme j'ai dit ailleurs,
l'amas de ces petits succès continuels de la nature qui
se met de plus en plus à son aise, en tendant au bien et
en jouissant de son image, ou diminuant le sentiment
de la douleur, est déjà un plaisir considérable, et vaut
souvent mieux que la jouissance même du bien ; et bien
loin qu'on doive regarder cette inquiétude comme une
chose incompatible avec la félicité, je trouve que l'inquiétude est essentielle à la félicité des créatures, laquelle ne consiste jamais dans une parfaite possession,
qui les rendrait insensibles et comme stupides, mais
dans un progrès continuel et non interrompu à de plus
grands biens, qui ne peut manquer d'être accompagné
d'un désir, ou du moins d'une inquiétude continuelle,
mais telle que je viens d'expliquer, qui ne va pas jusqu'à
incommoder, et qui se borne à ces éléments ou rudiments
de la douleur, inaperceptibles à part, lesquels ne laissent pas d'être suffisants pour servir d'aiguillon, et pour
exciter la volonté, comme fait l'appétit dans un homme
qui se porte bien, lorsqu'il ne va pas jusqu'à cette incommodité qui nous rend impatients, et nous tourmente
par un trop grand attachement à l'idée de ce qui nous
manque. Ces appétitions, petites ou grandes, sont ce qui
s'appelle dans les écoles *motus primò primi*, et ce sont
véritablement les premiers pas que la nature nous fait
faire, non pas tant vers le bonheur que vers la joie, car
on n'y regarde que le présent; mais l'expérience et la
raison apprennent à régler ces appétitions et à les modé-
rer, pour qu'elles puissent conduire au bonheur ; j'en ai
déjà dit quelque chose. Les appétitions sont comme la
tendance de la pierre qui va le plus droit, mais non pas
toujours le meilleur chemin vers le centre de la terre, ne
pouvant pas prévoir qu'elle rencontrera des rochers où

15.

elle se brisera ; au lieu qu'elle se serait approchée davantage de son but, si elle avait eu l'esprit et le moyen de s'en détourner. C'est ainsi qu'en allant droit vers le présent plaisir, nous tombons quelquefois dans le précipice de la misère. C'est pourquoi la raison y oppose les images des plus grands biens ou maux à venir, et une ferme résolution, une habitude de penser avant que de faire, et puis de suivre ce qui aura été reconnu le meilleur, lors même que les raisons sensibles de nos conclusions ne nous seront plus présentes dans l'esprit, et ne consisteront presque plus qu'en images faibles, ou même dans les pensées sourdes que donnent les mots ou signes destitués d'une explication actuelle ; de sorte que tout consiste dans le *Pensez-y bien* et dans le *Memento :* le premier pour se faire des lois, et le second pour les suivre, lors même qu'on ne pense pas à la raison qui les a fait naître. Il est pourtant bon d'y penser le plus qu'il se peut, pour avoir l'âme remplie d'une joie raisonnable, et d'un plaisir accompagné de lumière.

CAUSE DE LA NÉGLIGENCE DES BIENS DE L'AUTRE VIE, ET FORCE DE LA VERTU.

[*Nouveaux Essais sur l'Entendement humain, p.* 149.]

Il y a des gens à qui on représente les joies indicibles du paradis par de vives peintures, qu'ils reconnaissent possibles et probables, et qui cependant se contenteraient volontiers de la félicité dont ils jouissent dans ce monde. Cela vient en partie de ce que les hommes bien souvent ne sont guère persuadés ; et quoi qu'ils disent, une incrédulité occulte règne dans le fond de leur ame ; car ils n'ont jamais compris les bonnes raisons qui vérifient cette immortalité des ames, digne de la justice de Dieu, qui est le fondement de la vraie religion ; ou bien ils ne se souviennent plus de les avoir comprises, et il faut pourtant l'un ou l'autre pour être persuadé. Peu de gens conçoivent même que la vie future, telle que la vraie religion et même la vraie raison l'enseignent, soit possible, bien loin d'en concevoir la probabilité, pour ne pas dire la certitude. Tout ce qu'ils en pensent n'est que *psittacisme* ou des images grossières et vaines à la mahométane, où eux-mêmes voient peu d'apparence : car il s'en faut beaucoup qu'ils en soient touchés comme l'étaient, à ce qu'on dit, les soldats du prince des assassins, seigneur de la montagne, qu'on transportait, quand ils étaient endormis profondément, dans un lieu plein de délices. où, se croyant dans le paradis de Mahomet, ils étaient imbus par des anges ou saints contrefaits, d'opinions telles que leur souhaitait ce prince ; et d'où, après avoir été assoupis de nouveau, ils étaient rapportés au lieu où on les avait pris : ce qui les enhardissait après à tout entreprendre, jusques sur les vies des princes ennemis de leur seigneur...

C'était peut-être par un grand zèle pour sa religion, que ce prince des assassins voulait donner aux gens une idée avantageuse du paradis, qui en accompagnât toujours la pensée et l'empêchât d'être sourde, sans prétendre pour cela qu'ils dussent croire qu'ils avaient été dans le paradis même. Mais supposé qu'il l'eût prétendu, il ne faudrait point s'étonner que ces fraudes pieuses eussent fait plus d'effet que la vérité mal ménagée. Cependant rien ne serait plus fort que la vérité, si on s'attachait à la bien connaître et à la faire valoir; et il y aurait moyen sans doute d'y porter fortement les hommes. Quand je considère combien peut l'ambition ou l'avarice dans tous ceux qui se mettent une fois dans ce train de vie, presque destitué d'attraits sensibles et présents, je ne désespère de rien, et je tiens que la vertu ferait infiniment plus d'effet, accompagnée comme elle est de tant de solides biens, si quelque heureuse révolution du genre humain la mettait un jour en vogue et comme à la mode. Il est très assuré qu'on pourrait accoutumer les jeunes gens à faire leur plus grand plaisir de l'exercice de la vertu; et même les hommes faits pourraient se faire des lois et une habitude de les suivre, qui les y porterait aussi fortement et avec autant d'inquiétude, s'ils en étaient détournés, qu'un ivrogne en pourrait sentir lorsqu'il est empêché d'aller au cabaret. Je suis bien aise d'ajouter ces considérations sur la possibilité et même sur la facilité des remèdes à nos maux, pour ne pas contribuer à décourager les hommes de la poursuite des vrais biens, par la seule exposition de nos faiblesses.

⸺●●●⸺

MÉTHODE POUR RÉSISTER AUX PASSIONS.

[Nouveaux Essais sur l'Entendement humain, p. 154.]

L'exécution de notre désir est suspendue ou arrêtée, lorsque ce désir n'est pas assez fort pour nous émouvoir et pour surmonter la peine ou l'incommodité qu'il y a de le satisfaire : et cette peine ne consiste quelquefois que dans une paresse ou lassitude insensible qui rebute sans qu'on y prenne garde, et qui est plus grande en des personnes élevées dans la mollesse, ou dont le tempérament est phlegmatique, et en celles qui sont rebutées par l'âge ou par les mauvais succès. Mais lorsque le désir est assez fort en lui-même pour émouvoir, si rien ne l'empêche, il peut être arrêté par des inclinations contraires, soit qu'elles consistent dans un simple penchant, qui est comme l'élément ou le commencement du désir, soit qu'elles aillent jusqu'au désir même. Cependant comme ces inclinations, ces penchants et ces désirs contraires se doivent trouver déjà dans l'ame, elle ne les a pas en son pouvoir, et par conséquent elle ne pourrait pas résister d'une manière libre et volontaire, où la raison puisse avoir part, si elle n'avait encore un autre moyen, qui est celui de détourner l'esprit ailleurs. Mais comment s'aviser de le faire au besoin ? Car c'est là le point, surtout quand on est occupé d'une forte passion. Il faut donc que l'esprit soit préparé par avance et se trouve déjà en train d'aller de pensée en pensée, pour ne se pas trop arrêter dans un pas glissant et dangereux. Il est bon pour cela de s'accoutumer généralement à ne penser que comme en passant, à certaines choses, pour se mieux conserver la liberté d'esprit. Mais le meilleur est de s'accoutumer à procéder méthodiquement et à s'attacher à un train de pensées dont la raison et non le hasard, c'est-à-dire les impressions insensibles et casuelles, fassent la liaison. Et pour cela, il est bon de s'accoutumer à se recueillir de temps en temps, et à s'élever au-dessus du tumulte présent des impressions, à sortir pour ainsi dire de la place où l'on est, et à se dire : *Dic cur hic? respice finem : Où en sommes-nous ? venons au fait.* Les hommes auraient bien souvent besoin de quelqu'un, établi en titre d'office,

comme en avait Philippe, père d'Alexandre le Grand,
qui les interrompît et les rappelât à leur devoir. Mais,
au défaut d'un tel officier, il est bon que nous soyons
stylés à nous rendre cet office nous-mêmes. Or étant une
fois en état d'arrêter l'effet de nos désirs et de nos passions ; c'est-à-dire, de suspendre l'action, nous pouvons
trouver les moyens de les combattre, soit par des désirs
ou des inclinations contraires, soit par diversion, c'est-
à-dire, par des occupations d'une autre nature. C'est par
ces méthodes et par ces artifices que nous devenons
comme maîtres de nous-mêmes, et que nous pourrons
nous faire penser, et faire avec le temps, ce que nous
voudrions vouloir et ce que la raison ordonne.

L'HOMME MAITRE CHEZ LUI.

[*Théodicée*, tome 2, *p.* 305, *paragraphe* 326.]

La prévalence des inclinations n'empêche point que
l'homme ne soit le maître chez lui, pourvu qu'il sache
user de son pouvoir. Son empire est celui de la raison : il
n'a qu'à se préparer de bonne heure pour s'opposer aux
passions, et il sera capable d'arrêter l'impétuosité des
plus furieuses. Supposons qu'Auguste, prêt à donner des
ordres pour faire mourir Fabius Maximus, se serve à son
ordinaire du conseil qu'un philosophe lui avait donné,
de *réciter l'alphabet grec*, avant que de rien faire dans le
mouvement de sa colère : cette réflexion sera capable de

sauver la vie de Fabius et la gloire d'Auguste. Mais sans
quelque réflexion heureuse, dont on est redevable quelquefois à une bonté divine toute particulière, ou sans
quelque adresse acquise par avance, comme celle d'Auguste, propre à nous faire faire les réflexions convenables
en temps et lieu, la passion l'emportera sur la raison.
Le cocher est le maître des chevaux, s'il les gouverne
comme il doit et comme il peut; mais il y a des occasions
où il se néglige, et alors il faudra, pour un temps, abandonner les rênes.

Fertur equis auriga, nec audit currus habenas.

Il faut avouer qu'il y a toujours assez de pouvoir en
nous sur notre volonté, mais on ne s'avise pas toujours
de l'employer. Cela fait voir, comme nous l'avons remarqué plus d'une fois, que le pouvoir de l'ame sur ses
inclinations, est une puissance qui ne peut être exercée
que d'une manière *indirecte*, à peu près comme Bellarmin
voulait que les pápes eussent droit sur le temporel des
rois.

A la vérité, les actions externes qui ne surpassent
point nos forces, dépendent absolument de notre volonté; mais nos volitions ne dépendent de la volonté que
par certains détours adroits, qui nous donnent moyen de
suspendre nos résolutions ou de les changer. Nous sommes
les maîtres chez nous, non pas comme Diéu l'est dans le
monde, qui n'a qu'à parler, mais comme un prince sage
l'est dans ses États, ou comme un bon père de famille
l'est dans son domestique.

CONDUITE DE L'HOMME, S'IL N'ATTEND POINT D'AUTRE VIE.

[*Nouveaux Essais sur l'Entendement humain*, p. 160.]

S'il n'y a rien à espérer au delà du tombeau, *mangeons, buvons,* jouissons de tout ce qui nous fait plaisir, *car demain nous mourrons.* Il y a pourtant quelque chose à dire à cette conséquence. Aristote et les stoïciens, et plusieurs anciens philosophes étaient d'un autre sentiment, et en effet je crois qu'ils avaient raison. Quand il n'y aurait rien au delà de cette vie, la tranquillité de l'ame et la santé du corps ne laisseraient pas d'être préférables aux plaisirs qui y sont contraires. Et ce n'est pas là une raison de négliger un bien parce qu'il ne durera pas toujours. Mais j'avoue qu'il y a des cas où il n'y aurait pas moyen de démontrer que le plus honnête serait aussi le plus utile. C'est donc la seule considération de Dieu et de l'immortalité qui rend les obligations de la vertu et de la justice absolument indispensables....

En général, si tout était borné à ce moment présent, il n'y aurait point de raison de se refuser le plaisir qui se présente. En effet, j'ai remarqué que tout plaisir est un sentiment de perfection ; mais il y a certaines perfections qui entraînent avec elles des imperfections plus grandes. Comme si quelqu'un s'attachait pendant toute sa vie à jeter des pois contre des épingles pour apprendre à ne point manquer de les faire enferrer, à l'exemple de celui à qui Alexandre le Grand fit donner pour récompense un boisseau de pois ; cet homme parviendrait à une certaine perfection, mais fort mince et indigne d'entrer en comparaison avec tant d'autres perfections très nécessaires qu'il aurait négligées. C'est ainsi que la perfection qui se trouve dans certains plaisirs présents, doit céder surtout au soin de perfections qui sont nécessaires, afin qu'on ne soit point plongé dans la misère, qui est l'état où l'on va d'imperfection en imperfection, ou de douleur en douleur. Mais s'il n'y avait que le présent, il faudrait se contenter de la perfection qui s'y présente, c'est-à-dire du plaisir présent.

TOLÉRANCE.

[*Nouveaux Essais sur l'Entendement humain, page* 431.]

On doit excepter de la tolérance les opinions qui enseignent des crimes qu'on ne doit point souffrir, et qu'on a droit d'étouffer par les voies de la rigueur, quand il serait vrai même que celui qui les soutient ne peut point s'en défaire, comme on a droit de détruire même une bête venimeuse, toute innocente qu'elle est. Mais je parle d'étouffer la secte et non les hommes, puisqu'on peut les empêcher de nuire et de dogmatiser.

MORALE DES ATHÉES.

[Tome 5, page 44. Jugement sur les œuvres de Shaftsbury.]

Milord Shaftsbury a voulu montrer que les athées même sont obligés de suivre la vertu : et qu'il est pourtant vrai que la nature nous porte à admettre une divinité bienfaisante, puisque nos affections naturelles sont conformes à ce qu'une telle puissance ordonnerait. On peut dire qu'il y a un certain degré de bonne morale indépendamment de la divinité ; mais que la considération de la providence de Dieu et de l'immortalité de l'ame porte la morale à son comble, et fait que chez le sage les qualités morales sont tout-à-fait réalisées, et l'honnête identifié avec l'utile, sans qu'il y ait exception ni échapatoire.

ON NE PEUT PAS VIVRE SAINTEMENT SANS LA CONNAISSANCE
DE DIEU.

[Tome 5, page 484. Troisième lettre à M. Veissière la Croze.]

Je trouve fort mauvais que Socin paraisse vouloir nier la connaissance naturelle de Dieu, et qu'il s'applique à éluder les passages de la sainte Écriture, qui l'enseignent

en termes formels. C'est encore une doctrine étrange,
que de dire qu'on peut vivre saintement sans connaître
Dieu. Je veux croire qu'on peut avoir quelque vertu ap-
parente, qui n'ait aucun rapport à Dieu ; mais la sainteté renferme, proprement parlant, ce rapport des vertus à celui qui est la source de toute pureté et de toute
perfection. D'ailleurs un athée peut être homme de bien,
moralement parlant, soit par tempérament, soit par
coutume, ou par un heureux préjugé, mais il ne saurait
l'être entièrement par un principe solide de la droite
raison, à moins d'avoir obtenu ce grand point, de trouver un plaisir dans la vertu, et une laideur dans le vice,
qui surpassent tous les autres plaisirs ou déplaisirs de
cette vie, ce qui paraît bien rare et bien difficile, quoiqu'il ne soit pas tout-à-fait impossible qu'une heureuse
éducation, une conversation, une méditation et une
pratique proportionnée puissent mener un homme jusque là, mais on y arrivera tous les jours plus aisément
avec la piété. Hors de cette situation d'esprit extraordinaire, quand notre raisonnement n'est borné qu'aux
commodités de cette vie, il ne saurait inspirer des sentiments assez nobles, ni enseigner à l'homme ses principaux devoirs ; qui se rapportent au souverain Seigneur
de l'univers dont la connaissance nous fait comprendre
que son service nous peut obliger en bien des rencontres
à préférer le bien d'autrui à nos intérêts présents, et à
prendre un parti que la prudence n'approuverait pas
toujours si ce grand motif cessait, et si nous n'avions le
meilleur et le plus grand de tous les maîtres, que l'on
est heureux de servir, et qui met le bien commun sur
le compte. De sorte que les sociniens semblent ravaler
la religion tant naturelle que révélée, dans la théorie et
dans la pratique, et lui ôter une bonne partie de ses
beautés.

MODESTIE A OBSERVER DANS LE LANGAGE.

[*Tome 6 , part. 2 , page 6.*]

Je ne peux me dispenser de blâmer le défaut où sont tombés plusieurs Italiens, et dont jusqu'à nos jours quelques écrivains allemands ne se sont pas corrigés. Je veux parler de leur goût à se servir dans leurs écrits de quelques manières de parler peu honnêtes ; en quoi je ne peux assez louer la modestie des écrivains français, qui évitent dans tous leurs ouvrages, non seulement ces sortes de mots et d'expressions, mais en fuient jusqu'au sens ; les Français ne souffrent pas même volontiers de ces équivoques dans leurs amusements et dans leurs badinages, qu'on pourrait interpréter dans un sens indécent *. Suivre leur exemple dans une si louable conduite, est assurément une marque de pureté dans le langage et dans le cœur.

----&0o0&----

LOI DE LA RÉPUTATION.

[*Nouveaux Essais sur l'Entendement humain , p.* 211.]

Si personne à qui il peut rester quelque sentiment de sa propre nature, ne peut vivre en société, constamment

* Les mœurs des Français ont donc bien dégénéré depuis cent ans ?

méprisé, ce n'est pas la force de ce qu'on appelle *la Loi de la réputation*, c'est une peine naturelle que l'action s'attire d'elle-même. Il est vrai cependant que bien des gens ne s'en soucient guère, parce qu'ordinairement s'ils sont méprisés des uns à cause de quelque action blâmée, ils trouvent des complices, ou du moins des partisans qui ne les méprisent point, s'ils sont tant soit peu recommandables par quelque autre côté. On oublie même les actions les plus infâmes, et il suffit souvent d'être hardi et effronté comme ce Phormion de Térence, pour que tout passe.... Il serait à souhaiter que le public s'accordât avec soi-même et avec la raison dans les louanges et dans les blâmes; et que les grands surtout ne protégeassent point les méchants, en riant des mauvaises actions où il semble le plus souvent que ce n'est pas celui qui les a faites, mais celui qui en a souffert, qui est puni par le mépris et tourné en ridicule.

On verra aussi généralement que les hommes méprisent non pas tant le vice que la faiblesse et le malheur. Ainsi la loi de la réputation aurait besoin d'être bien réformée, et aussi d'être mieux observée.

SIMPLICITÉ DES MOEURS, AU SIÈCLE DE GRÉGOIRE VII.

[*Tome 6, p. 322. Observationes Leibnitzianæ.*]

Baronius raconte que Pierre Damien fit présent au pape Grégoire VII de quelques cuillers de bois. On peut à

ce sujet faire plusieurs observations. 1° On voit qu'an-
ciennement les moines (tels qu'était Pierre Damien,
quoiqu'il eût été cardinal) s'occupaient du travail des
mains. Ainsi l'abbé de la Trappe, dans sa dispute avec
le père Mabillon, aurait pu se prévaloir de cet exemple.
2° Ce trait montre aussi combien les anciens étaient
éloignés de notre luxe : car qui oserait aujourd'hui faire
un semblable présent à un pape ; et quel est le particulier qui voulût faire servir à sa table de la vaisselle de
bois ?... 3° On peut encore en conclure que ces mêmes
anciens n'étaient pas fort délicats : car on sait que le suc
des aliments pénètre assez avant dans le bois ordinaire,
et que celui-ci en contracte si bien le goût , qu'on a bien
de la peine à le faire passer avec des frottements redou-
blés.

SPECTACLES ET FÊTES.

[Tome 5, page 279. Epist. 85. ad Fabricium.]

J'ai assisté à la plupart des spectacles et des festins
qu'on vient de donner à la cour. Il l'a fallu pour ne point
paraître sauvage ni singulier : car ce n'est pas que je
prenne grand plaisir à ces fêtes, quelque brillantes et
magnifiques qu'elles puissent être. Cependant le temps
s'écoule, qui est la plus précieuse de toutes les choses ; et
on ne fait rien de ce qu'il importerait le plus de faire.

MORALE DES SAUVAGES DU CANADA.

[*Tome 5, page 362. Epist. ad Bierlingium.*]

Je sais, à n'en pouvoir douter, que les sauvages du
Canada vivent ensemble et en paix, quoiqu'il n'y ait
parmi eux aucune espèce de magistrat. On ne voit jamais ou presque jamais dans cette partie du monde de
querelles, de haines et de guerres, sinon entre hommes
de différentes nations et de différentes langues. J'oserais
presque appeler cela un miracle politique, inconnu à
Aristote, et qu'Hobes n'a point remarqué. Les enfants
même jouant ensemble, en viennent rarement aux alter-
cations ; et lorsqu'ils commencent à s'échauffer un peu
trop, ils sont aussitôt retenus par leurs camarades. Ces
peuples ont une horreur naturelle de l'inceste ; aussi la
chasteté dans les familles est admirable : et un frère
n'oserait prononcer en présence de sa sœur une parole
un peu trop libre. Au reste, qu'on ne s'imagine point
que la paix dans laquelle ils vivent, soit l'effet d'un
caractère lent et insensible : car rien n'égale leur activité contre l'ennemi ; et le sentiment d'honneur est chez
eux au dernier degré de vivacité, ainsi que le témoigne
l'ardeur qu'ils montrent pour la vengeance, et la constance avec laquelle ils meurent au milieu des tourments.
Si ces peuples pouvaient à de si grandes qualités naturelles joindre un jour nos arts et nos connaissances,
nous ne serions auprès d'eux que des avortons.

COMPARAISON DES SAUVAGES ET DES HOMMES POLICÉS.

[*Nouveaux Essais sur l'Entendement humain.*, p. 55.]

Il faut avouer qu'il y a des points importants où les barbares nous passent, surtout à l'égard de la vigueur du corps ; et à l'égard de l'ame même on peut dire qu'à certains égards leur morale pratique est meilleure que la nôtre, parce qu'ils n'ont point l'avarice d'amasser, ni l'ambition de dominer. Et on peut même ajouter que la conversation des chrétiens les a rendus pires en bien des choses. On leur a appris l'ivrognerie (en leur apportant de l'eau-de-vie), les juremens, les blasphêmes, et d'autres vices qui leur étaient peu connus. Il y a chez nous plus de bien et plus de mal que chez eux. Un méchant européen est plus méchant qu'un sauvage ; il rafine sur le mal. Cependant rien n'empêcherait les hommes d'unir les avantages que la nature donne à ces peuples, avec ceux que nous donne la raison.

LES INFIDÈLES PÈCHENT-ILS DANS TOUTES LEURS ACTIONS ?

[*Tome 5, p.* 185. *Ex Epist. ad P. Desbosses.*]

Voici ce que je pense sur les vertus ou les bonnes œuvres des païens *. Je crois que plusieurs de leurs actions qui ne sont pas dirigées vers le souverain bien , n'en sont pas moins *formellement*, si je peux m'exprimer ainsi, des actions bonnes et innocentes, en observant cependant qu'elles sont toutes affectées, mais d'une manière seulement *virtuelle*, de la teinture d'une certaine faute. J'entends cela, absolument dans le même sens que les théologiens catholiques attribuent une intention *virtuelle* au prêtre qui consacre, quoique au moment de la consécration, il pense peut-être à toute autre chose ; et de la même manière encore que votre confrère le père Spée (il parle au père Desbosses , jésuite) enseigne dans son bel ouvrage le moyen de louer Dieu sans cesse , moyen qui consiste à se proposer une bonne fois, sérieusement et fortement, de diriger toutes ses actions , et plus spécialement encore quelques-unes d'entre elles vers la gloire divine, ou de les rendre *significatives* de la louange de Dieu ; et de plus encore, à renouveler de temps en temps cette espèce de protestation, suivant que les occasions s'en présentent dans le cours de la vie. Ainsi, l'action de quelque philosophe ou de quelque héros païen, pourra être assez bonne, pour que toutes les choses qu'elle renferme *formellement*, puissent, sans être accompagnées d'aucune faute, se rencontrer dans un chrétien fort pieux; mais la différence entre l'action de l'infidèle et celle du pieux chrétien, viendra de ce que le *virtuel*, ou pour mieux dire, l'intention et l'imputatif manquent dans l'action de l'infidèle, en ce qu'il n'a pas auparavant dirigé son intention vers le souverain bien , et ne s'était point pro--

---

* On agitait alors avec beaucoup de chaleur la question si toutes les actions des infidèles sont des péchés, et si toutes leurs vertus ont été des vices. Plusieurs théologiens faisant profession d'être attachés à la doctrine de saint Augustin, soutenaient l'affirmative.

posé de rapporter dans la suite toutes ses actions à ce but ; au lieu que ce virtuel, cet imputatif ne manque point dans l'action du fervent chrétion qui avait formé l'intention et le propos dont nous parlons.

Ainsi, comme l'intention *virtuelle* rend certaines actions recommandables et profitables, la continuation d'un défaut d'intention vicie d'autres actions et les rend repréhensibles.

Mais quel est le degré de ce vice, ou du moins de cette imperfection ? Il faut, à mon avis, le mesurer d'après le degré de malice ou de faute, et sur la *vincibilité* de l'erreur ou de l'ignorance : et quelle est la peine que ce défaut mérite ? C'est ce que je laisse au jugement de Dieu.

————◆◆◆————

CRUAUTÉ DE L'HOMME ENVERS LES BÊTES.

[*Tome 5 , page* 330. *Epist.* 27, *ad Kortholtum.*]

Sur ce qui regarde les devoirs de l'homme envers les bêtes, je dirai qu'il y a plusieurs années que je composai, à la prière d'un ami, un petit traité sur l'éducation d'un prince, où je conseillais entre autres choses, qu'on ne permît point, lorsqu'il était enfant, qu'il s'accoutumât à tourmenter les animaux, parce qu'il pouvait contracter de là une véritable dureté à l'égard des hommes. Le père Vota, Italien, ayant fait voir mon traité au roi de Pologne, cet endroit fut un de ceux qui lui plurent davantage.

————◆◆◆————

CLERGÉ, PAPE,

RELIGIEUX, ETC.

AUTORITÉ DES ECCLÉSIASTIQUES.

[*Tome 6, page 277. Treizième lettre à M. Thomas Burnet.*]

Quand il s'agit des droits de l'Église chrétienne, je préfère les livres d'érudition aux livres de raisonnements d'autrui là-dessus. Selon le droit divin naturel, les ecclésiastiques sont comme les médecins : ils sont conseillers, mais ils ne sont point des juges. Selon le droit divin révélé, ils sont quelque chose de plus. Le reste dépend des peuples, et par conséquent du fait, de l'histoire, de l'érudition.

ORIGINE DE L'AUTORITÉ DU CLERGÉ.

[*Tome 5, page 143. Annotatiunculæ subitaneæ, ad Tolandi Librum.*]

Les erreurs et les abus qui se sont glissés dans l'Église ne doivent pas tant être attribués à l'ambition du clergé

qu'au malheur des temps : et il est même constant que
la puissance des évêques n'est montée peu à peu à un
trop grand degré qu'à la faveur des circonstances et par
le concours du hasard, comme il arrive toujours en semblable cas. Il y a plus ; c'est que dans des siècles où les
seuls ecclésiastiques cultivaient les lettres, et où tous
les autres hommes libres faisaient profession des armes,
il était convenable que le gouvernement militaire fût
tempéré par l'autorité des sages, c'est-à-dire des ecclésiastiques.

ABUS ET AVANTAGES DE L'AUTORITÉ ECCLÉSIASTIQUE.

[*Tome* 4, *part.* 3. *Dissertatio prima de actorum publicorum
usu*, *page* 299.]

Nous avons jugé à propos d'insérer dans notre Code du
droit des gens, quelques pièces concernant le pape et les
conciles : parce que leur juridiction était autrefois tellement reconnue de tout le monde, que ceux même qui dé-
clinaient le jugement du pape, en appelaient cependant
au concile. Et il faut convenir que la vigilance des papes,
pour l'observation des canons et le maintien de la discipline ecclésiastique, a produit de temps en temps de
très bons effets, et qu'en agissant à temps et à contre-
temps auprès des rois, soit par la voie des remontrances
que l'autorité de leur charge les mettait en droit de faire,
soit par la crainte des censures ecclésiastiques, ils arrê-
taient beaucoup de désordres. Rien alors n'était plus

commun que de voir les rois, dans leurs traités, se soumettre à la censure et à la correction des papes, comme
dans le traité de Bretigni, en 1360, et dans le traité
d'Etaples, en 1492. Mais comme les choses humaines,
sans en excepter les meilleures, sont sujettes à dégénérer,
les papes commencèrent à porter trop haut leurs prétentions et à user de leur autorité avec trop peu de discrétion. Innocent III défendit à Philippe Auguste de faire
la guerre au roi d'Angleterre; et quand ce prince allégua
le jugement rendu par les pairs contre le roi d'Angleterre,
son vassal, le pape répondit qu'il ne prétendait pas connaître du fief, mais du péché. Or qui ne voit que sous
ce prétexte, il aurait soumis à sa révision toutes les sen_
tences de tous les juges. Je ne parlerai point du denier
saint Pierre, en Angleterre, de l'île Mona donnée en fief
à l'Église romaine par le roi Renaud, du royaume de
Sicile, de la succession de la princesse Mathilde, dé-
membrée de l'Empire. Les prétentions du pape en étaient
venues au point qu'il soutenait que l'exercice de tous les
droits de l'Empire lui appartenait pendant la vacance.
C'est sur ce fondement qu'il nomma vicaire de l'Empire,
en Italie, Charles d'Anjou, roi de Sicile, et qu'il crut
pouvoir confirmer à la place de l'empereur, ce que la
reine Jeanne, dans l'adoption de Louis d'Anjou, avait
réglé sur la succession du comté de Provence, qui reconnaissait encore l'Empire. Les officiaux même des
évêques et les autres juges ecclésiastiques, ainsi que nous
l'apprenons par les plaintes de Philippe de Valois et des
barons de France, rappelaient à leur tribunal, non seulement les causes où il s'agissait de parjure et de mariage,
mais encore sous le prétexte général du péché, ils s'im-
misçaient de juger des affaires purement pécuniaires et
débattues entre les laïques: et ils étaient tellement entêtés de leur prétendu droit sur cet article, qu'ils soutenaient qu'en le renversant on renversait tous les droits

de l'Église.... Or qu'est-il arrivé de toutes les entreprises
du clergé? C'est que ceux qui s'arrogeaient des droits qui
ne leur appartenaient pas, ont perdu ceux même qui leur
étaient légitimement acquis, et qu'il aurait été de l'intérêt de la chrétienté qu'ils conservassent toujours.

LA PRIMAUTÉ DU PAPE.

[*Tome* 5, *page* 228. *Epist.* 8, *ad Fabricium.*]

Puisque Dieu est le Dieu de l'ordre, et que le corps de
l'Église une, catholique et apostolique, sous un gouvernement qui soit un et avec une hiérarchie qui comprenne
tous les membres, est de droit divin ; il s'ensuit qu'il y
a aussi de droit divin dans le même corps un souverain
magistrat spirituel, se contenant dans de justes bornes,
pourvu d'une puissance directorale et de la faculté de
faire tout ce qui est nécessaire pour remplir sa charge
par rapport au salut de l'Église ; quoique ce ne soit que
par des considérations humaines * que le siége et le lieu
de cette puissance ont été établis à Rome, métropole du
monde chrétien.... Effectivement il est de plein droit
qu'il y ait dans toute république, et par conséquent dans

* Cela peut être dit en un sens, pourvu qu'on reconnaisse que l'autorité de chef de l'Église appartient de droit
divin aux successeurs de saint Pierre.

l'Eglise chrétienne, un souverain magistrat, soit que toute son autorité réside dans une seule personne, soit qu'elle soit partagée entre plusieurs. Et, dans ce dernier cas même, il est naturel qu'un des membres du collége ait le droit de directeur, ou, ce qui revient au même, de souverain magistrat, quoique avec une autorité limitée.

INFAILLIBILITÉ DU PAPE.

[Tome 5, page 250. Epist. 34, ad Fabricium.]

J'avoue que la réunion des protestants à l'Église romaine est fort difficile; mais je n'oserais pas dire qu'elle est impossible; car enfin le bras de Dieu n'est pas raccourci. Il serait à souhaiter sans doute que le pape, non seulement n'exigeât pas qu'on crût son infaillibilité, mais encore ne la soutînt pas, et même y renonçât expressément. Mais cette renonciation est-elle une condition sans laquelle la réunion ne puisse et ne doive être faite? C'est encore ce que je n'oserais dire.

RÉUNION DE L'ÉGLISE ROMAINE ET DES PROTESTANTS.

[Tome 5, page 259. Epist. 53, ad Fabricium.]

Un Polonais attaché à l'Église romaine, a prétendu
que la réunion de cette Église avec les protestants était
impossible. Il fonde cette impossibilité sur trois points;
le gouvernement de l'Église, les messes privées, le culte
des images et des saints. Mais 1° on peut admettre un
gouvernement monarchique, tempéré par l'aristocratie,
comme l'admettent les catholiques eux-mêmes. 2° On
peut tolérer les messes privées. 3° Le culte des saints et
des images a besoin, il est vrai, d'une grande réforme;
mais cette réforme, les catholiques même la désirent.

CONSTITUTION DE LA RÉPUBLIQUE CHRÉTIENNE.

*[Tome 4. Cæsarini Furstenerii Tractatus de Jure Suprematûs,
part. 3, page 330.]*

Je pense que la dignité d'empereur est un peu plus
élevée qu'on ne pense communément; que l'empereur est
l'avoué ou plutôt le chef, ou, si l'on aime mieux, le bras
séculier de l'Église universelle; que toute la chrétienté

forme une espèce de république, dans laquelle l'empereur a quelque autorité, d'où vient le nom de Saint Empire, qui doit en quelque sorte s'étendre aussi loin que l'Église catholique; que l'empereur est le commandant (*Imperator*), c'est-à-dire le chef né des chrétiens contre les infidèles; que c'est à lui qu'il appartient principalement d'éteindre les schismes, de procurer la célébration des conciles, d'y maintenir le bon ordre, enfin d'agir par l'autorité de sa place, pour que l'Église et la République chrétienne ne souffrent point de dommage. Il est constant que plusieurs princes sont feudataires ou vassaux de l'empire romain, ou du moins de l'Église romaine; qu'une partie des rois et des ducs ont été créés par l'empereur ou par le pape; et que les autres ne sont pas sacrés rois, sans faire en même temps hommage à Jésus-Christ, à l'Église duquel ils promettent fidélité, lorsqu'ils reçoivent l'onction par la main de l'évêque. Et c'est ainsi que se vérifie cette formule, *Christus regnat, vincit, imperat;* puisque toutes les histoires témoignent que la plupart des peuples de l'Occident se sont soumis à l'Église avec autant d'empressement que de piété.

Je n'examine point si toutes ces choses sont de droit divin. Ce qu'il y a de constant, c'est qu'elles ont été faites avec un consentement unanime, qu'elles ont très bien pu se faire, qu'elles ne sont point opposées au bien commun de la chrétienté; car souvent le salut des ames et le bien public sont l'objet du même soin. Et je ne sais pas si, avec leur conscience, les sceptres des rois ne sont pas aussi soumis à l'Église universelle, non pour diminuer la considération qui leur est due, et lier aux princes des mains qui doivent toujours être libres pour administrer la justice et gouverner heureusement les peuples; mais pour contenir, par une plus grande autorité, ces hommes turbulents, qui, sans égard à ce qui est permis ou ne l'est pas, sont disposés à sacrifier à leur ambition

17.

particulière le sang des innocents, et poussent souvent
les princes à des actions criminelles: pour les contenir,
dis-je, par cette autorité que je crois résider en quelque
sorte dans l'Église universelle, ou dans le Saint-Empire,
et ses deux chefs, l'empereur et un pape légitime, usant
légitimement de sa puissance: Ainsi, à considérer le droit,
on ne peut pas refuser à l'empereur quelque autorité dans
une grande partie de l'Europe, et une espèce de primauté
analogue à la primauté ecclésiastique. Et de même que
dans notre empire il y a des réglements généraux qui
concernent le maintien de la paix publique, la levée des
subsides contre les infidèles, l'administration de la justice entre les princes eux-mêmes ; nous savons aussi que
l'Église universelle a souvent jugé les causes des princes,
que les princes ont appelé aux conciles; qu'on a prononcé
dans les conciles sur leur rang et leur préséance ; que des
conciles ont, au nom de toute la chrétienté, déclaré la
guerre aux ennemis. du nom chrétien. Et si le concile
était perpétuel, ou s'il existait un sénat général des chrétiens établi par son autorité, ce qui se fait aujourd'hui
par des traités, et comme on dit, par des méditations et
des garanties, se terminerait alors par l'interposition de
l'autorité publique, émanée des chefs de la chrétienté,
le pape et l'empereur, par amiable composition, il est
vrai, mais avec bien plus de solidité que n'en ont aujourd'hui tous les traités et toutes les garanties.

AUTORITÉ DU PAPE DANS LA RÉPUBLIQUE CHRÉTIENNE.

[*Tome 4, part. 3. Cæsarini Furstenerii Tractatus, page* 401.]

Nos ancêtres regardaient l'Église universelle comme
formant une espèce de république gouvernée par le pape,
vicaire de Dieu dans le spirituel, et l'empereur, vicaire
de Dieu dans le temporel. L'empereur est effectivement
appelé dans la bulle d'or, le chef temporel de l'Église ; et
il n'y a rien de plus connu et de plus fréquemment supposé dans les actes publics et les histoires, que sa qualité
d'avoué de l'Église romaine, c'est-à-dire, de l'Église universelle. Il n'y a rien non plus dans cette qualité qui
puisse révolter les protestants, et leur faire ombrage,
parce que l'avoué de l'Église ne doit sa protection que
pour des choses justes et honnêtes ; et s'il s'est par hasard glissé des abus, on peut toujours y remédier. Au
contraire, il est de son devoir d'empêcher de toutes ses
forces que la véritable Église catholique ne souffre quelque dommage. C'est pourquoi ceux qui s'efforcent d'enlever à l'empereur une si belle prérogative, détruisent ce
qu'il y a de principal dans la puissance impériale. Et les
savants qui font consister la puissance de l'empereur des
Romains dans le droit qu'il a sur la ville de Rome et sur
quelques petites souverainetés contiguës, se trompent
sans doute. Le droit temporel de l'empereur s'étend au
contraire aussi loin que le droit spirituel de l'évêque de
Rome, c'est-à-dire, par toute l'Église, dans laquelle les
anciens même ont reconnu que le pape a quelque primauté, non seulement de rang, mais en quelque sorte de

juridiction *. Peu importe ici que le pape ait cette primauté de droit divin ou de droit humain, pourvu qu'il soit constant que pendant plusieurs siècles il a exercé dans l'Occident, avec le consentement et l'applaudissement universel, une puissance assurément très étendue. Il y a même plusieurs hommes célèbres parmi les protestants qui ont cru qu'on pouvait laisser ce droit au pape, et qu'il était utile à l'Église, si on retranchait quelques abus. Il y a plus : Philippe Melanchton, homme d'une prudence et d'une modération reconnue de tous les partis, lorsqu'il souscrivit aux articles de Smalcade, osa bien y joindre une protestation, dans laquelle il déclarait qu'il était d'avis qu'on pourrait rendre aux évêques leur juridiction spirituelle, s'ils voulaient remédier aux autres maux de l'Église. Tel a été encore le sentiment de George Calixte, cet excellent homme, dont le savoir et le jugement sont au-dessus des éloges. Assurément on ne peut pas nier que l'Église romaine n'ait été longtemps regardée en Occident comme la maîtresse des autres Églises ; ce qui est d'autant moins étonnant, qu'elle a été réellement leur mère : car on sait que ce sont des hommes apostoliques envoyés de Rome en Irlande, en Angleterre, en Gaule et en Germanie, qui ont porté la foi

---

* Le fondement que Leibnitz assigne à l'autorité que les papes ont prétendue sur le temporel des rois, est plus imposant et plus coloré que celui que les ultramontains lui donnent. On ne saurait trop observer que le respect avec lequel Leibnitz a toujours parlé des évêques de Rome, tout protestant qu'il était, le soin qu'il a pris de les disculper, sont une leçon à quelques catholiques qui s'appliquent au contraire à charger ce qu'il y a eu d'odieux dans la conduite ou les entreprises des papes, et qui oublient, en s'expliquant sur cette matière, toutes les règles de cette décence et de cette modération dont on ne doit jamais s'écarter, même lorsqu'on défend la vérité la plus importante.

dans ces régions, et avec elle le respect pour l'Église romaine. C'est à cette Église que les Lombards et les Saxons, les Français, ou, pour parler avec saint Remi, les Sicambres se sont soumis ; et les évêques et les moines ont reconnu d'autant plus volontiers la juridiction du pape, qu'il les délivrait de l'oppression des princes et des rois qui retenaient encore quelque chose de leur première férocité, et qu'il les rendait sacrés et inviolables aux Barbares. Ainsi les Barbares ayant reçu d'eux la foi, qui leur était si avantageuse, il n'est pas surprenant que la puissance de l'Église romaine ait été en même temps reconnue, et l'évêque de Rome regardé comme l'évêque œcuménique. Enfin il est arrivé par la connexion étroite qu'ont entre elles les choses sacrées et les profanes, qu'on a cru que le pape avait reçu quelque autorité sur les rois eux-mêmes. Et l'on peut juger quelle était cette autorité, et jusqu'où elle s'étendait déjà dans les premiers temps, par le trait du pape Zacharie, qui, consulté par l'assemblée générale de la nation française, décida que le roi Childeric était indigne de la couronne, et ordonna qu'elle passât sur la tête de Pepin, avec l'applaudissement de tous les ordres de l'État. Déjà auparavant le roi Clotaire ayant, dans un premier mouvement de colère, massacré au pied des autels, un jour solennel, Vautier, seigneur d'Ivetot, qui lui demandait grâce, il fut excommunié par le pape Agapet, et n'obtint son absolution qu'après avoir déclaré tous les descendants du défunt totalement indépendants du royaume de France. C'est pour une cause à peu près semblable, c'est-à-dire, le meurtre d'Artur duc de Bretagne, que le royaume d'Angleterre, sous le roi Jean, devint tributaire, et même fief de l'Église romaine ; et le cens fut augmenté dans la suite, à l'occasion de l'assassinat de Thomas, archevêque de Cantorberi, exécuté aussi par l'ordre, ou du moins avec l'agrément du roi d'Angleterre. Les papes n'obligèrent-ils pas les souve-

rains de Pologne de quitter le titre de roi, depuis que
l'un d'entre eux eut fait mourir Stanislas, archevêque de
Gnesne ? Et ce ne fut que longtemps après, sous le pon-
tificat de Jean XXII, et par son autorité, qu'ils recou-
vrèrent leur ancien titre. Bodin dit avoir vu la formule
par laquelle Ladislas I, roi de Hongrie, se déclarait vassal ou feudataire de Benoît XII. Ladislas II se constitua
aussi tributaire, à l'occasion de l'excommunication dont
il avait été frappé pour je ne sais quel meurtre. Pierre,
roi d'Arragon, fit encore hommage de son royaume, avec
une redevance annuelle, au pape Innocent III. Quant au
royaume de Naples et de Sicile, il n'y a point de doute
sur leur dépendance. Il paraît même que la Sardaigne,
les Iles Canaries et Hespérides, ont autrefois relevé de
l'Église romaine ; et les rois de Castille et de Portugal ne
se sont-ils pas arrogé, le premier, les Indes Occidentales,
et le second, les Orientales, comme une donation, ou
plutôt comme un fief qu'ils tenaient du pape Alexandre VI ? Je ne cherche point actuellement par quel droit
ces choses se sont faites, mais quelle a été dans les siècles
précédents l'opinion des hommes.

On appliquait là les oracles de l'Écriture qui concernent le royaume de Jésus-Christ ; par exemple, qu'il do-
minera d'une mer à l'autre, et qu'il gouvernera les nations avec un sceptre de fer. Et il est remarquable que
lorsque l'empereur Frédéric I, prosterné à terre, demandait grâce au pape Alexandre III, et que ce pontife ayant
le pied sur sa tête, prononçait ces paroles de l'Écriture :
Vous marcherez sur l'aspic et le basilic ; l'empereur répondit : *Ce n'est pas à vous, mais à Pierre :* comme s'il
avait été persuadé qu'au moins saint Pierre, c'est-à-dire
l'Église universelle, avait reçu quelque autorité sur sa
personne, autorité dont on abusait alors à son égard.
Je sais que plusieurs savants hommes révoquent en doute
cette histoire..., et que le pape Urbain VIII, qui fit effa-

cer la peinture où elle était représentée, était dans le
même sentiment ; mais il est pourtant incontestable
qu'on l'a crue pendant longtemps, ce qui me suffit. Au
moins on ne doute pas que l'empereur Henri IV a fait
pénitence à jeûn et nus pieds au milieu de l'hiver, par
ordre du pape ; que tous les empereurs et les rois qui ont
eu, depuis plusieurs siècles, des entrevues avec les papes,
les ont honorés avec les plus grandes marques de soumission, jusqu'à leur tenir quelquefois l'étrier lorsqu'ils
montaient à cheval, les accompagner à pied dans leur
cavalcade, et leur rendre plusieurs autres services de
même genre. Un doge de Venise désirant faire lever l'interdit jeté sur la ville, et rentrer en grâce avec le pape
Jules II, se mit une corde au cou, et s'avançant en ram-
pant vers le pape, lui demanda pardon, d'où lui vient le
surnom de chien, de la part même de ses compatriotes.
Les Espagnols doivent la Navarre à l'autorité du pape.
C'est sur le même titre que Philippe II tenta de s'empa-
rer à main armée de l'Angleterre, qui lui avait été donnée par Sixte-Quint. Les papes ont entendu les plaintes
des sujets contre leurs souverains. Innocent III défendit
au comte de Toulouse de charger ses sujets d'impositions
trop fortes. Innocent IV donna un curateur à Jean, roi
de Portugal. Urbain V légitima Henri le Bâtard, roi de
Castille, qui depuis, avec le secours des Français, enleva
à son frère Pierre, héritier légitime, la couronne et la vie.
Il y a d'ailleurs deux articles de grande importance, dont
autrefois on n'a pas même douté qu'ils ressortissent au
tribunal du pape ; je veux dire les causes de serments et
celles de mariages. Henri IV ne demanda-t-il pas au pape
et n'en obtint-il pas la cassation de son mariage avec
Marguerite de Valois? Et il n'y a pas bien longtemps
qu'une reine de Portugal a fait aussi déclarer son mariage nul par l'autorité du cardinal de Vendôme, légat
à latere. Mais le pape a-t-il le pouvoir de déposer les

rois, et d'absoudre leurs sujets du serment de fidélité? C'est un point qu'on a souvent mis en question ; et les arguments de Bellarmin, qui, de la supposition que les papes ont la juridiction sur le spirituel, infère qu'ils ont une juridiction au moins indirecte sur le temporel, n'ont pas paru méprisables à Hobbes même. Effectivement il est certain que celui qui a reçu une pleine puissance de Dieu, pour procurer le salut des ames, a le pouvoir de réprimer la tyrannie et l'ambition des grands qui font périr un si grand nombre d'ames. On peut douter, je l'avoue, si le pape a reçu de Dieu une telle puissance ; mais personne ne doute, du moins parmi les catholiques romains, que cette puissance ne réside dans l'Église universelle, à laquelle toutes les consciences sont soumises. Philippe le Bel, roi de France, paraît en avoir été persuadé, lorsqu'il appela de la sentence de Boniface VIII, qui l'excommuniait et le privait de son royaume, au concile général : appel qui a été souvent interjeté par des rois et des empereurs en de semblables circonstances, et auquel les Vénitiens se proposaient de recourir au commencement de ce siècle.

━━●◆●◆●━━

UTILITÉ DE RÉTABLIR L'ANCIENNE AUTORITÉ DU PAPE.

[Tome 5, page 65. Deuxième Lettre à M. Grimarest.]

J'ai vu quelque chose du projet de M. de Saint Pierre, pour maintenir une paix perpétuelle en Europe. Je me souviens de la devise d'un cimetière, avec ce mot : *Pax* *perpetua ;* car les morts ne se battent point : mais les vivants sont d'une autre humeur ; et les plus puissants ne respectent guère les tribunaux. Il faudrait que tous ces messieurs donnassent caution bourgeoise, ou déposassent dans la banque du tribunal, un roi de France, par exemple, cent millions d'écus, et un roi de la Grande-Bretagne à proportion, afin que les sentences du tribunal pussent être exécutées sur leur argent, en cas qu'ils fussent réfractaires.... Je me souviens qu'un prince savant d'autrefois, de ma connaissance, fit un discours approchant, et voulut que Lucérne en Suisse fut le siége du tribunal. Pour moi, je serais d'avis de l'établir à Rome même, et d'en faire le pape président, comme en effet il faisait autrefois figure de juge entre les princes chrétiens. Mais il faudrait en même temps que les ecclésiastiques reprissent leur ancienne autorité, et qu'un interdit et une excommunication fît trembler des rois et des royaumes, comme du temps de Nicolas I ou de Grégoire VII *.

---

* M. Leibnitz parle encore quelquefois du pape Grégoire VII, et il le fait toujours avec les égards convenables ; en cela, bien différent encore de nos écrivains français, même catholiques, qui ne citent presque jamais ce pontife sans charger d'outrages sa mémoire. Ce n'est pas seulement Leibnitz, auteur protestant, dont nous leur proposerions de suivre l'exemple, c'est encore un auteur catholique, infiniment distingué par sa sagesse et son savoir, qui écrivait au milieu de nous, et qui n'a pas craint de rendre à Grégoire VII ce glorieux témoignage ; je parle du père Mabillon.

Gregorium VII magnum virum fuisse, et magnos in exiguo corpore gessisse spiritus, etsi non consentirent omnes, certò satis superque contestarentur præclara facta, quæ pro instauratione ecclesiasticæ disciplinæ aggressus est, et maximâ ex parte perfecit. Quod, si in quibusdam videtur excessisse modum, ut difficile est eum in rebus arduis et

18

Voilà des projets qui réussiront aussi aisément que celui
de M. l'abbé de Saint Pierre * : mais puisqu'il est permis
de faire des romans, pourquoi trouverons-nous mauvaise
la fiction qui nous ramènerait le siècle d'or ?

AUTORITÉ DE L'EMPEREUR DANS LA RÉPUBLIQUE CHRÉTIENNE.

[*Tome 4, part. 3, page* 298. *Dissertatio de auctorum publicorum usu.*]

Les chrétiens, outre le droit des gens commun à toutes
les nations, ont un autre lien qui les unit entre eux, je

*difficillimis semper tenere, excusare eum debent tantorum
factorum merita, quæ in rempublicam christianam redun-
darunt, à nomine jure improbanda. Quid enim probabilius,
quid vero difficilius, quam ecclesiasticarum investiturarum
abusus, tanto temporum decursu, tantâ sæcularium potes-
tatum autoritate obfirmatos, penitùs evellere, simoniam
ferè ubique grassantem extirpare, cœlibatum clericorum
penè ab interitu revocare.... In his porro aliisque ita modum
semper tenere, ut in aliquo non excedatur, impossibile
est.... Sed ad autores illius temporis haud ignobiles remit-
tere præstat, quam de re tritâ et lubricâ plura dicere.*
(Præfatio in sæculum VI, benedictinum, §.VI).

    * M. Leibnitz disait encore dans une lettre à M. Vidou,
sénateur de Hambourg : *Quelques raisons que M. l'abbé
de Saint Pierre apporte, les plus grandes puissances, l'empereur, le roi de la Grande Bretagne, la France, l'Espagne,*

veux dire, *le droit divin positif* qui est contenu dans leurs livres sacrés : à quoi on doit ajouter encore les saints canons reçus dans toute l'Église, et les droits acquis au pape en Occident du consentement des princes et des peuples. Je vois effectivement qu'avant le schisme du siècle précédent, on s'accordait depuis longtemps, et certainement ce n'était pas sans raison, à regarder les nations chrétiennes, comme formant une espèce de république qui avait pour chef le pape dans le spirituel ; et l'empereur dans le temporel : et l'on croyait que le dernier avait, malgré le démembrement de l'ancien empire romain, conservé une espèce d'autorité sur toutes ses parties, relative au bien commun de la chrétienté, sauf le droit des rois et la liberté des princes *. C'est sur

ne seront pas fort disposés à se soumettre à une espèce d'empire nouveau. Si M. l'abbé de Saint Pierre les pouvait rendre tous Romains, et leur faire croire l'infaillibilité du pape, on n'aurait point besoin d'autre empire que de celui de ce vicaire de Jésus-Christ. (Tome 5, page 476).

* Voici sur ce sujet, une note d'un habile jurisconsulte de Turin, qui a fait une préface aux Œuvres de Leibnitz, sur la jurisprudence. « L'empereur, dit-il, a bien une juridiction sur les princes qui sont ses feudataires, quand il s'agit des fiefs auxquels la juridiction est annexée : il a de plus, comme chef de la république germanique, juridiction sur les princes qui sont soumis à la même république ; mais à l'égard des autres princes, il n'a aucune sorte de juridiction, il n'a qu'une prééminence de dignité. Sa qualité d'avoué de l'Eglise romaine, lui donne bien un droit de la protéger dans son propre territoire, que les autres princes ont aussi dans leurs Etats : et hors de son propre territoire, cette qualité suppose encore en lui un droit plus particulier de la protéger par ses armes et ses conseils, mais elle ne lui confère aucune sorte de juridiction sur les nations étrangères qui sont attachées à la même Eglise. Les juris-

ce fondement que le pape Grégoire VIII, écrivant à Henri VI, roi des Romains, sur la concorde du sacerdoce et de l'Empire, l'avertit de prendre garde que *le peuple chrétien ne souffre, par la division de ceux auxquels son gouvernement a été principalement confié;* et l'empereur Sigismond en 1412 accordant une espèce de vicariat de l'Empire au duc de Savoie, déclare que par la disposition du roi éternel, il a été appelé, quoique indigne, *au gouvernement de tout l'univers.* Il est constant que le même empereur a présidé dans deux conciles de tout l'Occident, en ce sens qu'il en a eu, si je peux m'exprimer ainsi, la direction extérieure : et lorsqu'il s'absentait, il nommait un vice-gérant, ou comme on parlait alors, *un protecteur du concile :* tel fut, par exemple, dans le concile de Basle, Jean, comte de Thierstein. C'est encore

consultes allemands disputent si l'empereur conserve encore quelque droit sur la ville de Rome, malgré la prescription acquise aux papes, et la cession de tous les droits que l'Empire pouvait conserver sur cette ville, faite par l'empereur Charles IV. Mais il serait bien difficile de prouver que la juridiction sur tout l'univers catholique est attachée à la domination temporelle de la ville de Rome. Il est certain, suivant ces premiers principes du droit, qu'on n'acquiert de juridiction sur les peuples, que par leur consentement ou le droit de la guerre; et certains faits extraordinaires, par lesquels quelques princes, pour des raisons particulières, auraient jugé à propos de demander à l'empereur la confirmation de quelques actes, n'ont pu lui donner une juridiction perpétuelle sur les mêmes princes, et à plus forte raison sur les autres. Si les empereurs ont été quelquefois créés chefs des armées chrétiennes contre les infidèles, cela prouve seulement ce qu'il convient de faire dans certains cas de nécessité, et non pas qu'ils aient une juridiction universelle sur tous les chrétiens. (*J. B. Bon, tome 4, part. 3, Præfatio ad partem jurisprudentiæ, page* 39). »

sur le même principe que le pape Pie II, préparant une expédition contre les Turcs pour le recouvrement de Constantinople, écrit de Mantoue à l'empereur Frédéric, l'an 1460, que le commandement de toute l'armée chrétienne lui est dévolu *par le droit de l'Empire :* « en cherchant, dit le pape, quel serait le chef de l'entreprise importante que nous méditons, vous vous êtes aussitôt présenté à notre esprit. C'est à vous effectivement à titre d'empereur, qu'est censé appartenir un commandement si glorieux et si important ; c'est à vous, à qui toutes les nations ne dédaigneront pas d'obéir et d'être soumises. » Le pape le déclare donc *chef et capitaine général* des armées générales et particulières, que les rois, les souverains, les princes quelconques enverraient au secours des chrétiens, en sorte que s'il ne peut commander en personne, il choisira pour commander à sa place, celui des princes allemands qu'il en jugera plus digne par sa valeur et ses exploits. L'auteur du traité *de jure suprematûs* a donc été fondé à dire que l'empereur est le *chef né de tous les chrétiens contre les infidèles.* Il est aussi nommé très fréquemment dans les actes publics l'avoué de l'Église romaine et de l'Église universelle. C'est encore, ce semble, par une suite de cette liaison entre les nations chrétiennes qui est un reste de l'ancienne monarchie romaine, qu'il est arrivé que le droit romain a été regardé en quelque manière comme le droit commun des nations. Aussi les Anglais qui ont des lois particulières à leur île, administrent la justice aux étrangers conformément aux lois romaines ; et l'on voit par une multitude d'actes, que des princes souverains dans leurs traités, leurs testaments et les autres actes du droit des gens ou du droit public, observaient les mêmes lois avec une ponctualité qui paraît quelquefois excessive.... Mais je veux que l'insertion de ces causes du droit romain soit une précaution superflue des officiers chargés de rédiger leurs actes ; au

18.

moins on ne peut guère contester que les droits de
l'Église ne fussent alors censés s'étendre à tous.

ALEXANDRE VI, ET CÉSAR DE BORGIA.

[*Tome 4, part 2. Præfatio libro inscripto* Historia
Arcana , *page* 74.]

Je ne crois pas que Rome et l'univers aient jamais rien
vu de plus corrompu que la cour du pape Alexandre VI.
L'impudicité, la perfidie, la cruauté y régnaient à
l'envi ; et l'impiété couverte du manteau de la religion y
mettait le comble. Lucrèce, fille du pape, est encore
plus fameuse par ses débordements, que l'ancienne
Lucrèce par sa continence. César Borgia, duc de Valenti-
nois, coupable de l'inceste de sa sœur et d'un double
fratricide, digne de son père par ses parjures, ses em-
poisonnements et ses assassinats, fournit pourtant un
exemple mémorable de crimes infructueusement commis.
Captif enfin, chassé de sa patrie, victime de la haine
publique, il servira toujours, quoi qu'en dise Machiavel,
à faire détester plutôt qu'à faire rechercher la tyrannie.
On dirait que la Providence nous a donné dans l'histoire de ce fameux personnage, le spectacle d'une scène
tragique, telle que l'imagineraient les poètes.... Au
reste, il y aurait de l'injustice à tirer avantage des crimes d'Alexandre VI contre la papauté ; à moins, peut-
être, que ce ne fût par voie de récrimination, voie dont

j'aime mieux qu'on ne se serve jamais. Les sectateurs les plus zélés de l'Église romaine, conviennent qu'Alexandre était un méchant homme. On peut même dire qu'il est de l'honneur des papes qu'il paraisse combien la face qu'offre actuellement leur cour, est différente de celle que présentait la même cour il y a deux cents ans. Car on doit dire à la gloire du siége de Rome, qu'on n'y élève aujourd'hui que des hommes d'un très grand mérite, et qui à leur tour choisissent des cardinaux dont la plupart ne sont pas moins estimables qu'eux. Mais tant qu'il y aura des hommes, il y aura des vices. Cependant ceux qui sont le moins favorables à la papauté, féliciteront notre siècle d'avoir vu régner dans une place si éminente, au lieu des crimes, les plus éminentes vertus.

<hr>

PAPESSE JEANNE.

[*Tome 2 , page* 284. *Epist. ad patrem Debosses.*]

Je viens de mettre au net une dissertation * composée dans le temps où j'étudiais l'histoire du neuvième siècle, où je m'occupais beaucoup de discussions chronologiques. Je l'ai intitulé : *Flores sparsi in tumulum Joannæ papissæ*, fleurs jetées sur le tombeau de la papesse Jeanne. J'achève de détruire en cet ouvrage la fable de cette papesse, soit en confirmant les preuves déjà

* Cette Dissertation n'a point encore été imprimée.

connues , soit en en fournissant de nouvelles. Je répands
beaucoup de lumière sur la chronologie de ces temps qui
avait très grand besoin d'être éclaircie ; et je réponds
aux derniers argùments de Fréderic Spanheim qui, dans
un livre imprimé en Hollande, il n'y a que quelques années, entreprenait de réhabiliter cette fable. J'y ai inséré quelques traits inconnus aux auteurs modernes. Car
j'ai découvert un certain livre de magie, attribué à cette
papesse, et qui n'a point encore été imprimé. Enfin j'ai
tiré des manuscrits beaucoup d'autres choses dignes de
la curiosité des savants.

⁕

CÉRÉMONIE ET FÊTES DE L'ÉGLISE ROMAINE.

[*Tome 5, page 263. Epist. 59, ad Fabricium.*]

Si l'auteur du livre intitulé, *Arcanum regium ,* met
au rang des abus qu'il faut absolument détruire des rits
et des usages dont on peut réellement douter si ce sont
des abus , ou même qui ont été observés de tout temps
dans l'Église (sans parler des priviléges et des concordats), il se trompe fort, et il ouvrirait la porte à de
plus grands abus que ceux qu'il prétend corriger. Tout
le monde sait , par exemple , que les exorcismes ont été
pratiqués de tout temps dans l'Église , et qu'ils peuvent
souffrir un très bon sens : car, par l'empire des démons
sur les méchants, on n'entend point une sorte de possession corporelle. Rien de plus dur encore et de plus

indécent que les termes dans lesquels il veut insinuer
que les ornements sacrés, les vêtements, les cierges et
les hosties sont des parties du culte de l'Église romaine,
vraiment détestables.... Et si la raison qu'il apporte
pour supprimer les fêtes, tirée des dissolutions qui se
commettent dans ces jours, était péremptoire, il faudrait aussi supprimer le dimanche. Qu'on ôte les abus,
et qu'on laisse subsister les choses, voilà la grande règle :
Tollatur abusus , non res.

CARDINAUX.

[*Tome 6 , page 326 Leibnitziana.*]

Il y avait autrefois des cardinaux, non seulement dans
l'Église de la ville de Rome, mais encore dans les autres
grandes Églises ; et ceux de Ravenne ont maintenu longtemps leur nom, malgré la cour de Rome. C'étaient les
principaux ecclésiastiques du lieu. Le passage du pon-
tifical romain, qui dit que les rois des Romains, avant
la réception de la couronne impériale, doivent être assis
après le doyen des cardinaux, ne sera jamais mis en pratique. Les anecdoctes du pape Alexandre VI, que j'ai fait
publier, marquent comment Charles VIII, roi de France,
fut reçu à Rome; et les cardinaux furent bien éloignés
de former de telles prétentions. Il est vrai que les ambassadeurs donnaient la visite au doyen du sacré collége avant
la reine Christine ; mais en cela ils ne dérogaient point

à la dignité royale, puisque étant proprement destinés au pape, et par conséquent aussi au sacré collége qui est comme de son corps, et que le doyen représente, ils font d'abord cette visite essentielle, qui est comme une partie et une suite de l'audience qu'ils ont eue du pape.

MÉTHODE D'ÉCRIRE L'HISTOIRE, ET CENTURIES DE MAGDEBOURG.

[*Tome 4, part. 2, p. 1. Introductio in Collectionem Scriptorum.*]

Les savants qui, à la renaissance des lettres, s'appliquèrent à composer des histoires, n'accompagnaient leur récit d'aucunes pièces justificatives, à l'exemple des anciens ; comme si l'on était obligé de croire un auteur sur son seul témoignage. Cette manière d'écrire pourrait être tolérée, jusqu'à un certain point, dans des auteurs contemporains, surtout si leur situation particulière les mettait à portée de savoir parfaitement tout ce qu'ils transmettaient à la postérité. Mais lorsque des auteurs ont écrit dans des temps et des lieux éloignés des événements, leur facilité et leur confiance à nous les donner pour vrais, sans les avoir auparavant vérifiés, ont été cause que les faux bruits, la partialité, l'infidélité des témoins leur ont fait commettre des erreurs intolérables, erreurs qu'on a remarquées peu à peu, depuis qu'à la faveur de l'imprimerie, les anciens écrivains ont commencé d'être entre les mains de tout le monde. Et c'est mal à propos qu'on nous oppose l'exemple des anciens, qui étaient moins assujettis que nousdans leur manière d'écrire : car si nous exigeons aujourd'hui d'un historien qu'il fournisse ses preuves, en cela nous sommes plus sages que les anciens. Aussi a-t-on comblé d'éloges le plan sur lequel les centuriateurs de Magdebourg ont composé leur histoire de l'Église, histoire où les intérêts même de la religion demandent qu'on porte la plus rigoureuse exactitude. Il est vrai qu'ils avaient déjà sous les yeux l'illustre exemple d'Eusèbe de Césarée, qui nous a conservé plusieurs fragments d'auteurs, infiniment précieux. Matthias Flaccus Illiricus, à l'imitation de ce grand homme, avait rassemblé un nombre considérable de manuscrits sauvés des bibliothèques de monastères, dispersées ou négligées, comme des débris d'un naufrage. Ce savant s'associa plusieurs hommes de mérite, qui subsistaient des secours qu'on leur envoyait de différents endroits, et qui espéraient écrire à Magdebourg en sûreté et avec liberté, quoique pourtant ils furent obligés quelquefois de changer de domicile. C'est de là que sont venus enfin ces fameuses Centuries, qui ont été fort utiles à l'Église. Rome voulut leur opposer une histoire plus fidèle, justifiée aussi par les monuments. Elle chargea d'y travailler Onuphre de Vérone, moine Augustin. Celui-ci mit la première main à l'œuvre, dont la consommation était réservée à Baronius.

ÉTUDE DE L'HISTOIRE NATURELLE, CONVENABLE DANS LES
MONASTÈRES.

[Tome 5 , page 80. Epist. 2, ad Magliabechium.]

C'est alors que le genre humain fera les plus grands
progrès dans la connaissance des choses naturelles, lorsqu'une sage curiosité aura enfin pénétré dans les cloî-
tres, et qu'on fera consister une partie de la piété à découvrir tous les jours de nouvelles merveilles dans la
nature, pour pouvoir tous les jours chanter à la sagesse
de Dieu de nouveaux cantiques. Car puisque tant de mil-
liers d'hommes sont entretenus aux dépens du public,
dans la seule vue qu'ils s'appliquent entièrement à célébrer les louanges de Dieu, qu'arrivera-t-il lorsque tant
d'excellents esprits, qui jusqu'ici ont consumé toutes
leurs forces dans des disputes inutiles, agiront de con-
cert et travailleront sans relâche à exploiter, pour ainsi
dire, les mines inépuisables de la gloire divine, que contiennent et que nous offrent, presque dans ce seul dessein, toutes les créatures ? Si notre siècle, qui touche à
sa fin, jouissait d'un tel secours, on ferait plus de progrès en dix ans qu'on ne ferait autrement en plusieurs
siècles.

ÉTUDES MONASTIQUES.

[Tome 5, page 98. Epist. 14, ad Magliabechium.]

L'abbé de la Trappe, dont on vante le savoir et la
piété, vient de soutenir un grand paradoxe contre le
P. Mabillon; comme si les moines devaient être totalement ignorants, et que les sciences fussent incompatibles avec le soin du salut et les exercices de piété. Si ce
sentiment avait prévalu autrefois, aujourd'hui nous
n'aurions aucun livre. Car il est constant que les ouvrages des anciens, et les lettres en général, nous ont été
conservés par les moines. Et où prendrait-on les abbés
réguliers, sinon dans les monastères ; à moins qu'on ne
veuille que des abbés commandataires achèvent de dévo-
rer toutes les abbayes ? Le plus souvent, autrefois, on ti-
rait de l'ordre de Saint Benoît, ou des congrégations de
chanoines réguliers, les évêques, les cardinaux et les papes.
La nouvelle Corbie, sur le Veser, nourrissait des religieux
également distingués par leur science et leur piété : et c'est
à leurs missions procurées par les soins des empereurs,
que tout le Nord est redevable de la lumière de l'Évangile.
Mais enfin qu'y a-t-il de plus convenable à la piété, que
la méditation des œuvres admirables de Dieu et de sa
providence, qui n'éclate pas moins dans la nature des
choses, que dans la suite de l'histoire et dans le gouvernement de l'Église et du genre humain ?

SUITE DU MÊME SUJET.

[*Tome 5, page* 400. *Epist. ad Tentzelium.*]

Le P. Mabillon a répondu à l'abbé de la Trappe, qui
avait attaqué son Traité des Études monastiques : Je
crois que l'un et l'autre ont raison. L'abbé de la Trappe
paraît ne parler que des religieux qui veulent vivre à la
manière des anachorètes et des solitaires, ainsi que l'in-
dique l'étymologie du mot *moine :* et le P. Mabillon parle
des religieux qui vivent sous l'institut des ordres modernes, institut qui leur permet, en servant Dieu, de chercher aussi à être utiles aux hommes, surtout à la faveur
de la science.

JÉSUITES.

[*Tome* 5, *page* 400. *Epist.* 2, *ad Tentzelium.*]

Je suis persuadé que très souvent on calomnie les jésuites, et qu'on leur prête des opinions qui ne leur sont
pas seulement venues dans la pensée : tel a été Titus
Oatès, qui a débité sur leur compte je ne sais combien
d'impertinences ; par exemple, que leurs généraux dispo-
saient souverainement de tous les emplois civils et mili-

taires, en Angleterre. Je ne dis rien des inepties que contient le livre intitulé : *l'Empereur et l'Empire trahis.* Il est encore très certain qu'il y a dans leur société beaucoup de sujets qui sont les plus honnêtes gens du monde; il est vrai qu'on en compte aussi quelques-uns d'un caractère bouillant, qui, à quelque prix que ce soit, et même par des moyens peu convenables, travaillent à l'agrandissement de leur ordre. Mais ce dernier mal est commun ; et si on l'a observé plus particulièrement chez les jésuites, c'est qu'eux-mêmes sont plus observés que les autres *.

* On découvre bientôt, en lisant les OEuvres de Leibnitz, que dans tout le cours de sa vie, il a eu les liaisons les plus intimes avec plusieurs jésuites ; et que, sans dissimuler ce que la conduite de quelques-uns d'entre eux pouvait avoir de répréhensible, il faisait en général le plus grand cas de leur société. Nous croyons devoir citer ici en témoignage, une pièce dont les jésuites d'Anvers possédaient l'original, et dont nous avons vu une copie authentique entre les mains de M. l'abbé de Saint-Léger, bibliothécaire de Saint-Géneviève; il ne paraît pas qu'elle ait été encore imprimée. C'est apparemment cette pièce qui a fondé les Bollandistes à dire à l'empereur, dans l'épître dédicatoire du dernier volume des *Acta Sanctorum,* que Leibnitz estimait beaucoup leur travail.

« Nous Jean-Philippe Eugène, comte de Mérode et du
» sainte Empire, et grand d'Espagne, de la première
» classe, chevalier de la Toison d'or, certifions qu'ayant
» fait connaissance et amitié pendant notre séjour de
» Vienne, de l'année XI jusqu'à l'année XIII, avec feu
» M. de Leibnitz, et étant resté en correspondance avec
» lui jusqu'à sa mort ; dans une des lettres de sa correspondance littéraire, lui ayant dit que nous avions acheté
» les *Acta Sanctorum* des révérends pères de la compagnie des jésuites d'Anvers, il nous répondit dans les
» termes de la plus grande estime pour cet ouvrage, cou-

ORDRE DES TEMPLIERS.

[*Tomo 4, part. 2, page 45, Excerpta ex Ordinario Sancti Matthei.*]

On sait que la destruction de l'Ordre si célèbre des Templiers, fut l'ouvrage de Clément V, et de Philippe-

» cluant que si lesdits pères n'avaient fait que ce seul ou-
» vrage, ils mériteraient d'être venus au monde, et d'en
» être souhaités et estimés.

» Nous devons avoir encore quelque part l'originale
» lettre.

» En foi de quoi nous avons signé cette attestation, et y
» fait apposer le sceau de nos armes. Fait à Mérode, ce 8
» juillet 1728. »

Quelque estime que fit Leibnitz des travaux des jésuites, et quoique bien persuadé qu'ils avaient rendu de très grands services à l'éducation de la jeunesse; il croyait qu'ils auraient pu en rendre de bien plus grands encore « J'ai toujours pensé, écrivait-il à Placcius, tome 6, p. 65, qu'on réformerait le genre humain, si l'on réformait l'éducation de la jeunesse. Mais on ne pourra facilement venir à bout de ce dernier point, qu'avec le concours de personnes qui, à la bonne volonté et aux connaissances, joignent encore l'autorité. Les jésuites pouvaient faire de grandes choses, surtout quand je considère que l'éducation des jeunes gens fait en partie l'objet de leur institut religieux. Mais, à en juger par ce que nous voyons aujourd'hui, le succès n'a pas pleinement répondu à l'attente; et je suis bien éloigné de penser sur ce point comme Bacon, qui, lorsqu'il s'agit d'une meilleure éducation, se contente de renvoyer aux écoles des jésuites. »

le-Bel qui en voulait à leurs biens. Les actes de leur procès, publiés par les frères Dupuy, montrent avec quelle

Effectivement le chancelier Bacon, supérieur à tous les
préjugés du parti protestant, et aussi bon juge que Leibnitz
en ces matières, avait conçu la plus haute idée de la capacité des jésuites pour l'éducation de la jeunesse ; il allait
jusqu'à les envier à l'Eglise romaine. Voici comment il s'en
explique dans son livre *de Augmentis Scientiarum :*

« Nobilissima pars priscæ disciplinæ (scilicet *educationis*)
» revocata est aliquatenus, quasi postliminio in jesuitarum
» collegiis, quorum cùm intueor industriam solertiamque,
» tàm in doctrinâ, excolendâ, quàm in moribus informandis,
» illud occurrit Agesilai de Pharnabaso, talis cum sis,
» utinam noster esses ! »

Et dans le sixième livre, chapitre 4, il ajoute : Ad
» pœdagogicum quod attinet, brevissimum foret dictu :
» *consule scholas jesuitarum ;* nihil enim quod in usum
» venit, his meliùs. Nos tamen pauca more nostro monebi-
» mus, tanquam spicas legentes. »

Leibnitz n'a pas fait attention que le magnifique éloge
que Bacon fait des jésuites, porte principalement, non sur
l'ordre et l'objet des études, en quoi il est possible que les
jésuites laissassent quelque chose à désirer, mais sur leur
méthode pratique, sur leur zèle et leur habileté à former le
cœur aussi bien que l'esprit de leurs élèves : il est impossible que sur ce dernier point, Leibnitz ne leur eût pas
rendu, comme Bacon, une pleine justice.

Au reste, l'événement a parlé plus haut que le chancelier d'Angleterre, et n'a que trop fortement confirmé son
témoignage. On a expulsé les jésuites, on a rejeté leur
méthode; que leur a-t-on substitué? Qu'est-il résulté de
tant de nouveaux systèmes d'éducation ? Les jeunes gens
ont-ils été mieux instruits? Leurs mœurs sont-elles deve-
nues plus pures? Hélas! leur ignorance présomptueuse, la
corruption de leurs mœurs portée à son comble, forcent
la plupart des hommes honnêtes à regretter bien vivement
et la personne et la méthode des anciens maîtres.

violence et quel mépris des formes du droit on procéda
contre eux. Ils furent, il est vrai., dépouillés de leurs
biens en Allemagne par l'autorité du pape ; mais ils y es-
suyèrent peu de procédures criminelles. On comptait
alors parmi les commandeurs de cet ordre Otton, fils
d'Albert I, duc de Brunswick..... Il se qualifiait ainsi :
Otton, par la grâce de Dieu, frère de la maison de la
Milice du Temple, commandeur de Supplinburg. Personne n'a jamais pensé à lui imputer ces crimes ridicules qu'en France et ailleurs on reprochait à tous les Templiers.

----•?••----

SENTIMENT DE LEIBNITZ SUR LA FAMEUSE PROCÉDURE SUIVIE DANS
L'AFFAIRE DE LA CONSPIRATION CONTRE LE ROI D'ANGLETERRE,
EN 1678, DONT ON ACCUSAIT LES CATHOLIQUES, ET PRINCIPALE-
MENT LES JÉSUITES ; — SUR LA RÉGALE ET LES PROCÉDÉS DES
PARLEMENTS DE FRANCE DANS CETTE AFFAIRE *.

[*OEuvres de M. Arnaud, tome 4, page 186.*]

Il me semble que je reconnais M. Arnaud dans le livre
de l'Apologie pour les catholiques. Il n'y a que l'amour
de la vérité qui peut l'avoir porté à écrire contre la pré-

* En 1678, on accusa les Anglais catholiques d'avoir
conspiré contre la vie du roi Charles II, dans le dessein
d'établir la religion catholique en Angleterre. C'est un

tendue conspiration d'Angleterre : car il n'appartenait
pas aux nommés jansénistes de justifier les jésuites.

Je ne crois pas qu'on puisse trouver hors de l'Angleterre
un jurisconsulte savant sans passion , qui puisse approuver la forme du procès criminel dont on s'y est servi au
sujet de la conspiration. S'il est conforme aux lois d'Angleterre, c'est ce que je ne sais point. Je crois avoir entendu dire que la cour de l'amirauté en Angleterre se
sert du droit, commun, parce que les étrangers y ont
souvent affaire. Il me semble que dans cette affaire qui
touche la réputation de tant d'étrangers de grande considération, on aurait mieux fait d'en user de même. La
cause pourquoi on donne tant de croyance en Angleterre
aux dépositions des témoins, c'est parce que la torture
n'y est point en usage; cela les oblige de se contenter de
preuves pour condamner, dont en quelques autres endroits, on ne se servirait que pour venir à la question ;
particulièrement en Allemagne, où l'on ne condamne
ordinairement les criminels qu'après leur aveu. Cependant les témoins devaient être, sinon *omni exceptione
majores*, au moins sans reproche, et déposer d'un même
fait ; et la considération de ce qu'on appelle *corpus de-
licti*, ne doit pas être négligée : car elle est, en quelque
façon, de droit naturel et de la bonne logique. Mais hors
la déposition assez mal concertée, ici les témoins sont
suspects. On n'a pas trouvé la moindre chose qui confirme

nommé *Titus Oatès* qui fut le dénonciateur de cette prétendue conspiration.

La régale est, selon les jurisconsultes français, un droit
par lequel le roi jouit du revenu des évêchés du royaume,
et confère les bénéfices simples pendant la vacance du siége,
jusqu'à ce que le pourvu ait prêté serment de fidélité. Ce
droit ne s'exerçait pas dans un grand nombre de diocèses
de France ; le parlement de Paris voulut l'étendre à tous, et
prétendit que ce droit était inhérent à la couronne.

le dessein d'assassiner le roi, de faire un massacre général
et de bouleverser le gouvernement, choses qui demandent
des préparatifs qui ne se cachent pas aisément, et ne sont
pas *facti transeuntis*. Il aurait fallu aussi dresser des articles pour interroger là-dessus les témoins.... Plusieurs
remarques que M. Arnaud fait sur cette matière, me sont
venues dans l'esprit quand je lisais ces procédures : et il
y en avait encore dont il ne fait pas mention ; entre autres je crois d'avoir lu que le chevalier Vaheman qu'*Oatès*
avait accusé d'avoir voulu empoisonner le roi, sortit
d'affaire et fut absous, ce qui ne se pouvait qu'en con-
vainquant Oatès de faux témoignage.....: Cependant je
n'oserais pas accuser le grand sénéchal et le lord chef de
la justice, de malice et de collusion avec les témoins.
Car, quand je considère ce que peut la passion sur des
hommes prévenus, j'aime mieux lui attribuer ce qui paraît si déraisonnable....... M. Arnaud aurait pû joindre
aux monarchomathées, ou ennemis de la monarchie,
qu'il nomme, le livre assez célèbre du siècle passé, qui
parut sous le nom d'*Anti-Machiavel* et qui fut fait par
Innocentius Gentilotus ; docte huguenot, estimé pour son
savoir ; et il faut avouer que la plupart des auteurs de
la religion (réformée), qui ont fait en Allemagne des
systèmes de la science politique, ont suivi les principes
de Buchanan, de Stephanus Junius Brutus, qu'on croit
être Hubertus Langustrus, autre ministre huguenot, de
l'Anti-Machiavel de David Pareus, et de leurs semblables.... Mais les luthériens leur ont fait la guerre pour
cela, particulièrement l'université d'Helmstadt, qui a
toujours suivi d'autres maximes, et Henniny Arniseus,
qui a écrit assez amplement de la guerre politique, a fait
un livre exprès pour prouver que la majesté des princes
doit être toujours inviolable.

Quant à la régale, un habile homme de Paris m'écrivant, me demanda un jour mon sentiment sur la matière

de la régale. Je ne pouvais lui répondre autre chose, sinon que je tenais que la présomption était pour la liberté des Églises, où la régale n'avait pas encore été introduite, et que je ne croyais pas qu'on puisse prouver aisément que ce qu'on appelle *Régale*, soit une suite naturelle de la puissance royale, ni qu'elle appartienne aux rois, *ipso jure*, ou de plein droit, là où ils ne l'ont pas acquise exprès. C'est pourtant sur quoi roule le raisonnement des Français qui ont écrit pour le roi en cette matière.... Les procédures des parlements de France et autres officiers royaux, sont même fort étranges et fort précipitées. Quand il est question des droits de leur roi, ils agissent en avocats et non pas en juges, sans même sauver les apparences, et sans avoir égard à la moindre ombre de justice; de sorte qu'on n'a rien à reprocher là-dessus aux juges anglais. 27 avril 1683.

SÉCULARISATION DE L'ÉVÊCHÉ D'UTRECHT, ET CONCESSION DE LA PUISSANCE SPIRITUELLE AU DUC DE CLÈVES.

[*Tome 4, page* 320. *Dissertatio prima de Actorum publicorum usu.*]

Le pape Clément VII fit à l'empereur Charles-Quint une concession qui nous offre un exemple remarquable. Il lui donna et à ses héritiers ducs de Brabant et comtes de Hollande, toutes les terres et tous les droits temporels de l'évêché d'Utrecht. C'est précisément ce que nous appelons séculariser des biens ecclésiastiques. Les raisons que le pape déclare l'avoir déterminé, ne sont pas fort concluantes ; car elles ne sont tirées ni du rétablissement de la paix et dans l'unité de l'Église (ainsi que les offres de ce genre qu'on prétend avoir été faites à Élisabeth, reine d'Angleterre), ni d'une expédition contre les-infidèles (titre sur lequel les papes ont abandonné aux Vénitiens les biens de quelques ordres religieux) ; elles sont uniquement fondées sur ce que l'Église d'Utrecht n'était point en état de défendre ses terres contre le duc de Clèves. Cette considération paraissait bien suffisante pour engager le pape à avertir l'empereur de son devoir, et non pour donner à ce prince une souveraineté, qu'en sa qualité d'avoué il était obligé de défendre ; car le remède paraissait pire que le mal. Mais ce trait montre combien un pape, qui a pu tant pour son avantage et l'avantage de sa famille, pouvait aussi pour le bien de l'Église, de l'aveu des plus puissants princes....

Je remarquerai à l'occasion du duc de Clèves, que le pape Eugène IV le soustrait à la juridiction de l'évêque de Munster et de l'archevêque de Cologne : le premier était son évêque, et le second son métropolitain. La puissance qui résulte de ce privilége est assez semblable à ce qu'on nomme la monarchie de Sicile, contre laquelle le cardinal Baronius s'est élevé dans un ouvrage prohibé par cette raison en Espagne ; et quoique l'origine de cette dernière puissance soit assez incertaine, un célèbre jurisconsulte se prévalait, il n'y a pas longtemps, de son exemple, pour montrer qu'il fallait accorder aux princes protestants d'Allemagne, non seulement les droits des évêques, mais encore ceux du pape.

LES SAINTS PÈRES NE DOIVENT PAS ÊTRE SI FACILEMENT BLAMÉS.

[*Tome 5, page 480. Troisième Lettre à M. Veissière la Croze.*]

L'on peut dire, sur l'usure, que s'il est permis de partager le gain avec ceux à qui on prête pour les faire gagner, il n'est point juste d'accabler des personnes misérables qui empruntent pour vivre. Je suis de la partie contre ceux qui s'émancipent de maltraiter les Pères en toute occasion, et particulièrement au sujet de leurs invectives contre l'usure. Le mépris des Pères poussé à outrance, rejaillit sur la religion chrétienne; et si elle n'a jamais eu de propagateurs véritablement pieux et éclairés, quelle opinion doit-on en avoir?

SCOLASTIQUES.

[*Tome 5, page 355. Epist. ad Bierlingium.*]

Je conviens que les théologiens scolastiques ont agité bien des questions impertinentes; mais il y a de l'or dans ce fumier, et Grotius l'a bien su. Je conviens encore qu'un politique peut impunément en négliger la lecture; mais non pas celui qui voudra parfaitement instruire les autres dans la science du droit et des mœurs.

ÉLOGE DES SCOLASTIQUES.

[*Nouveaux Essais sur l'Entendement humain, p.* 397.]

Les abrégés de métaphysique et les autres livres de
cette trempe qui se voient communément, n'apprennent
que des mots. Dire, par exemple, que la métaphysique
est la science de l'être en général, qui en explique les
principes et les affections qui en émanent ; que les principes de l'être sont l'essence et l'existence ; et que les
affections sont ou primitives, savoir l'un, le vrai, le bon ;
ou dérivatives, savoir le même et le divers, le simple et
le composé, etc. Et en parlant de chacun de ces termes,
ne donner que des notions vagues et des distinctions de
mots, c'est bien abuser du nom de science. Cependant il
faut rendre cette justice aux scolastiques plus profonds,
comme Suarez (dont Grotius faisait si grand cas), de reconnaître qu'il y a quelquefois chez eux des discussions
considérables, comme sur le *continuum,* sur l'infini, sur la
contingence, sur la réalité des abstraits, sur le principe
de l'individuation, sur l'origine et le vide des formes,
sur l'ame et sur ses facultés, sur le concours de Dieu
avec les créatures, etc., et même en morale, sur la nature
de la volonté et sur les principes de la justice. En un
mot, il faut avouer qu'il y a encore de l'or dans ces sco-
ries ; mais il n'y a que des personnes éclairées qui en puissent profiter ; et charger la jeunesse d'un fatras d'inuti-
lités, parce qu'il y a quelque chose de bon par-ci par-là,
ce serait mal ménager la plus précieuse de toutes les
choses, qui est le temps.

SUPÉRIORITÉ DES THÉOLOGIENS ANCIENS SUR LES MODERNES : ÉLOGE
DES NOMINAUX.

[*Tome 4, page 53. Dissertatio de Stylo Philosophico Nizolii.*]

Les modernes qui censurent avec tant d'aigreur les
fautes échappées aux auteurs du moyen âge, sont bien
injustes. S'ils avaient vécu dans ces malheureux siècles,
ils penseraient bien différemment. Quand on considère
que l'histoire des peuples et de la philosophie était ensevelie dans les ténèbres ; qu'on n'avait que de très mauvaises traductions des meilleurs écrivains ; qu'on ne pouvait, avant la découverte de l'imprimerie, acquérir des
livres qu'à très grands frais, ou les transcrire soi-même
qu'avec des peines infinies ; que les découvertes et les
actions des uns ne parvenaient que rarement et toujours
tard à la connaissance des autres (ce qui fait qu'en con-
férant aujourd'hui les anciens écrivains, souvent nous
apprenons des faits que les contemporains même ont
ignorés) quand on considère encore une fois toutes ces
circonstances, loin d'être étonné que les anciens soient
tombés dans de grandes et de fréquentes erreurs, on
doit plutôt regarder comme un prodige qu'ils aient acquis quelque connaissance médiocre des belles-lettres et
de la vraie philosophie.... J'ose même dire que les plus
anciens scolastiques sont fort au-dessus de quelques modernes, en pénétration, en solidité, en modestie, et agi-
tent beaucoup moins de questions inutiles. Car il est des
modernes, qui ne pouvant rien ajouter de considérable
à ce qu'ont dit les anciens, ne font rien autre chose que
rapporter les différentes opinions, imaginer une foule de

questions frivoles, partager un argument en plusieurs
autres, changer l'ordre, tourner et retourner les termes.
C'est par ce moyen qu'ils enfantent sans peine tant et de
si gros volumes.

Pour montrer combien les plus anciens scolastiques
sont supérieurs en pénétration aux scolastiques des deux
derniers siècles, je citerai en exemple la secte des nominaux, la plus profonde des sectes de l'école, la plus analogue à la manière de philosopher introduite aujourd'hui
dans les écoles, et qui ayant été autrefois très floris-
sante, est aujourd'hui totalement éteinte parmi les scolastiques.... On appelle nominaux ceux qui pensent qu'à
l'exception des substances singulières, toutes les choses
ne sont que des purs noms, et qui conséquemment soutiennent que les abstraits et les universaux n'ont aucune
réalité. On donne pour premier auteur de cette secte un
certain Roscelin Breton, et à l'occasion duquel il s'éleva
dans l'Université de Paris des disputes véritablement
sanglantes..... La secte était tombée depuis longtemps
dans l'obscurité, quand elle en fut tout à coup tirée par
un homme d'un grand génie et d'une érudition prodigieuse pour le temps, Guillaume Okam, Anglais de nation, d'abord disciple de Scot, et bientôt après son plus
grand adversaire; Grégoire de Rimini, Gabriel Biel et la
plupart des Augustins embrassèrent cette doctrine : et
voilà pourquoi dans les premiers écrits de Luther on re-
marque des égards et du penchant pour les nominaux,
jusqu'à ce qu'enfin il eut commencé à se déchaîner sans
distinction contre tous les moines. Le grand principe des
nominaux, c'est qu'il ne faut point multiplier les êtres
sans nécessité. Leurs adversaires attaquent ce principe
comme injurieux à la fécondité de Dieu, qui tend plus à la
profusion qu'à l'épargne, et qui se plaît dans l'abondance
et la variété des choses. Mais ceux qui font cette objection
ne paraissent pas avoir assez bien saisi le sentiment des

nominaux, qui, proposé d'une façon plus claire, revient à dire qu'une hypothèse est d'autant meilleure qu'elle est plus simple, et que dans l'explication des phénomènes, ceux-là se conduisent mieux, qui font le moins de suppositions gratuites qu'il est possible. Effectivement en procédant d'une autre sorte, on mettrait sur le compte de la nature, ou, pour mieux-dire, de l'auteur de la nature, une superfluité vraiment inexcusable. Si un astronome peut rendre raison des phénomènes célestes avec un petit nombre de suppositions, en ne supposant, par exemple, que quelques mouvements circulaires très simples, son hypothèse sera sans doute préférable à celle d'un autre astronome qui, pour expliquer les mêmes phénomènes, supposerait une multitude de cercles diversement entrelacés les uns dans les autres. Les nominaux ont donc conclu de leur principe, qu'on pouvait expliquer tous les phénomènes de la nature, quoiqu'on ne suppose rien de réel dans les universaux et les formalités. Et certainement il n'y a rien de plus véritable que ce sentiment, rien de plus digne d'un philosophe de notre siècle.

UTILITÉ DE L'ÉTUDE DES ANCIENS PHILOSOPHES ET DES SCOLASTIQUES.

[*Tome 5, p.* 13. *Troisième lettre à M. Remond de Montmort.*]

La vérité est plus répandue qu'on ne pense ; mais elle est très souvent fardée, et très souvent aussi enveloppée, et même affaiblie, mutilée, corrompue par des additions qui la gâtent ou la rendent moins utile. En faisant remarquer ces traces de la vérité dans les anciens, ou pour parler plus généralement, dans les *antérieurs*, on tirerait l'or de la boue, le diamant de sa mine, et la lumière des ténèbres ; et ce serait en effet *perennis quædam Philosophia*. On peut même dire qu'on y remarquerait quelque progrès dans les connaissances. Les Orientaux ont de belles et de grandes idées de la divinité. Les Grecs y ont ajouté le raisonnement et une forme de science. Les Pères de l'Église ont rejeté ce qu'il y avait de mauvais dans la philosophie des Grecs ; mais les scolastiques ont tâché d'employer utilement pour le christianisme, ce qu'il y avait de passable dans la philosophie des païens. J'ai dit souvent, *aurum latere in stercore illo Scholastico barbarici ;* et je souhaiterais qu'on pût trouver quelque habile homme versé dans cette philosophie hibernoise et espagnole, qui eût de l'inclination et de la capacité pour en tirer le bon. Je suis sûr qu'il trouverait sa peine payée par plusieurs belles et importantes vérités. Il y a eu autrefois un Suisse qui avait mathématisé dans la scolastique. Ses ouvrages sont peu connus ; mais ce que j'ai vu m'a paru profond et considérable.

COMPARAISON EN UN POINT, DE LA THÉOLOGIE ET DE LA MÉDECINE.

[Tome 2. Lettre au P. Bouvet , page 262.]

La médecine est la plus nécessaire des sciences naturelles ; car, de même que la théologie est le plus haut point de la connaissance des choses qui regardent l'esprit, et qu'elle renferme la bonne morale et la bonne politique, on peut dire que la médecine aussi est le plus haut point, et comme le fruit principal des connaissances du corps par rapport au nôtre. Mais toute la science physique, et la médecine même a pour dernier but la gloire de Dieu et le bonheur suprême des hommes ; car en les conservant, elle leur donne le moyen de travailler à la gloire de Dieu.

MYSTIQUES.

[Tome 6, page 211. Lettre à M. Bourguet.]

Je ne méprise presque rien, excepté l'astrologie judiciaire et tromperies semblables. Je ne méprise pas même les mystiques : leurs pensées sont le plus souvent confuses ; mais comme ils se servent ordinairement de belles

20.

allégoriés ou images qui touchent, cela peut servir à
rendre les vérités plus recevables, pourvu qu'on donne
un bon sens à ces pensées confuses.

THÉOLOGIE MYSTIQUE.

[Tome 5, page 355. Epist. ad Bierlingium.]

On a très bien dit que la véritable piété n'ôte point
l'usage de la raison, et qu'au contraire elle la perfectionne.
Mais je ne conclurais point de là, qu'il faille rejeter toute
la théologie mystique. Cette dernière théologie est à la
théologie ordinaire à peu près ce qu'est la poésie à l'élo-
quence, c'est-à-dire, elle émeut davantage : mais il faut
des bornes et de la modération en tout.

CANON DES SAMARITAINS.

[Tome 5, page 449. Epist. ad Christoph. Wolfium]

J'ai souvent remarqué avec étonnement que les sama-
ritains ne reçoivent que le Pentateuque. Si la haine pour
la race de David leur a fait rejeter le livre de Ruth, les

livres de Samuel et des Rois , la même raison n'a pas lieu pour le livre des Juges , que pourtant ils ne reconnaissent pas. Quoi donc ! les livres qu'ils ne reconnaissent point n'auraient-ils été composés qu'après le chisme des dix Tribus ou le règne de Jéroboam ?

FAUX ÉVANGILE DE L'ENFANCE DE JÉSUS.

[*Tome 5, p.* 123. *Epist.* 28, *ad Magliabechium.*]

Le faux Évangile de l'enfance de Jésus , cité par les anciens , mais qu'on croyait perdu , vient de paraître. Il a été traduit de l'arabe par Sikius, jeune homme de Brême, très savant surtout dans les langues orientales. Cette traduction est accompagnée du texte et enrichie de notes. Lorsque ces sortes d'ouvrages apocryphes sont anciens, ils fournissent toujours des lumières , et quelquefois ils nous montrent au doigt, pour ainsi dire , ou les sources ou les différentes branches des hérésies.

ÉTUDE DES ANCIENS LIVRES, ET UTILITÉ DE LA CRITIQUE , POUR L'INTELLIGENCE DE L'ÉCRITURE SAINTE.

[*Nouveaux Essais sur l'Entendement humain , p.* 298.]

Comme nous avons besoin d'entendre la sainte Écriture surtout , et que les lois romaines encore sont de grand usage dans une bonne partie de l'Europe, cela même nous engage à consulter quantité d'autres anciens livres, les Rabbins, les Pères de l'Église, et même les Historiens profanes.

Quand les Latins, les Grecs, les Hébreux et les Arabes seront épuisés un jour, les Chinois, pourvus encore d'anciens livres, se mettront sur les rangs, et fourniront de la matière à la curiosité de nos critiques. Sans parler de quelques vieux livres des Persans, des Arméniens, des Cophtes et des Bramines, qu'on déterrera avec le temps, pour ne négliger aucune des lumières que l'antiquité pourrait donner par la tradition des doctrines et par l'histoire des faits : et quand il n'y aura plus de livre ancien à examiner, les langues tiendront lieu de livres ; et ce sont les plus anciens monuments du genre humain.

———◦◦◦◦———

HÉRÉSIE DES ANTIPODES.

[*Nouveaux Essais sur l'Entendement humain*, p. 356.]

Au sujet de l'hérésie prétendue des Antipodes, je dirai en passant, qu'il est vrai que Boniface, archevêque de Mayence, a accusé Vigile de Salzbourg, dans une lettre qu'il a écrite au pape contre lui sur ce sujet, et que le pape y répond d'une manière qui fait paraître qu'il donnait assez dans le sens de Boniface ; mais on ne trouve point que cette accusation ait eu de suites. Vigile s'est toujours maintenu. Les deux antagonistes passent pour saints, et les savants de Bavière, qui regardent Vigile comme un apôtre de la Carinthie et des pays voisins, en ont justifié la mémoire.

SUPERSTITION DES SCLAVES.

[*Tome 4, part. 2, page 278. Observatio de superstitionibus Sclavorum.*]

Les coutumes que les Sclaves originaires de la Samarie, observaient encore dans le neuvième siècle, forment une espèce de tableau où nous voyons les mœurs anciennes des Germains ; comme nous voyons dans les Abyssins de nos jours, les rits et les usages de l'Église dans le cinquième siècle. Les Sclaves ont été convertis assez tard au Christianisme ; et voilà pourquoi ils ont conservé plus longtemps les mœurs anciennes. Leur conversion fût l'ouvrage d'Otton de Bamberg. Sifride, qui accompagna le saint évêque dans sa mission en Poméranie, et qui a écrit sa vie, rapporte deux traits de la superstition de ces peuples, qui nous aident à mieux entendre deux superstitions semblables que Tacite a remarquées dans les mœurs des Germains ; ce sont les augures des chevaux et les sorts des bois. Les Poméraniens avaient un cheval noir, gras, d'une grande vivacité et d'une hauteur surprenante ; il ne travaillait jamais, ne souffrait pas d'être monté par personne ; et c'était un des quatre prêtres des temples qui était préposé pour le garder avec le plus grand soin. Lorsque le peuple délibérait sur une guerre ou une course dans le pays des ennemis, si l'expédition devait se faire par terre, le cheval servait à faire connaître l'événement en cette sorte. On couchait à terre neuf lances, à une coudée de distance l'une de l'autre : on enharnachait et on bridait le cheval ; alors le prêtre, à qui la garde en était confiée, le prenait par la bride, le menait et le ramenait trois fois à travers les lances. Si le cheval passait sans se blesser et sans déranger les lances, c'était un signe de succès, et ils marchaient avec confiance. L'évêque Otton réussit enfin avec le secours de Dieu, malgré les plus violentes oppositions de quelques particuliers, à abolir totalement ce genre de superstition, et toutes les divinations par le bois qui étaient en usage chez ces peuples pour présager le succès d'un pillage ou d'un combat naval. Quant au cheval dont nous avons parlé, dans la crainte qu'il ne fût un scandale aux faibles, le saint ordonna qu'on le vendît dans une terre étrangère, assurant qu'il était plus propre aux charrettes qu'aux prophéties. On rapporte dans la même vie, que les Sclaves, sur cet article, différaient donc des Germains, qui ne connaissaient point la polygamie.

— ◆◆◆ —

BAGUETTE DIVINATOIRE.

[*Tomo 5, page 106. Epist. ad Magliabechium.*]

Les philosophes disputent en France à l'occasion de la baguette divinatoire d'un certain paysan qu'on a fait

venir à Paris de Lyon, où l'on assurait qu'il avait, au
moyen de sa baguette, découvert de la manière la plus
surprenante des assassins et des voleurs. Plusieurs ont
cru ce fait, même parmi les cartésiens : et ils en ont cher-
ché les raisons dans les effluences de la matière subtile ;
mais enfin la fraude a été reconnue. Pour moi, sur le premier bruit de cette prétendue merveille, j'avais écrit que je
n'y ajoutais point de foi. Un savant a composé en France un
ouvrage sur ce sujet, où il avance qu'il est moins indubitable qu'on peut découvrir les mines de métaux par le
moyen de cette baguette : et j'avoue que la plupart des
auteurs ont adopté ou favorisé, par leur silence, cette
erreur populaire. Mais il est aujourd'hui bien avéré,
même dans toutes les mines de Bohême, que c'est une
erreur. On y banda les yeux à un de ces prétendus devins, et on lui fit chercher la mine qu'il avait auparavant
indiquée avec sa baguette ; mais il la chercha en vain,
quoiqu'on le ramenât plus d'une fois sur le lieu. Sa baguette ne fit aucun mouvement dans le temps où, suivant
les principes de son art, elle aurait dû tourner avec plus
de force.

J'ajoute à ce que je vous avais écrit en français, sur
la baguette divinatoire *, ce que j'en ai appris depuis
ce temps de la propre bouche de la duchesse, veuve de
l'illustre prince Jean Frédéric, revenue de France en Allemagne, il y a peu de temps, qui elle-même a fait venir
dans son palais Jacque Aimar, ce fameux maître de
rhabdomancie, et qui s'est assurée, après un examen at-
tentif, que tout son art n'était qu'une illusion. Le prince
de Condé son beau-frère, s'est très curieusement occupé
de la même recherche, partie en sa présence. Il avait fait
venir Aimar de Lyon, dans le dessein d'approfondir les
merveilles qu'on en débitait : après l'avoir tourné de dif-

* Epist. ad Tentzelium, tome 5, page 402.

férentes façon , et l'avoir confondu , ils l'obligèrent enfin
de confesser sa supercherie. Ce pauvre homme craignant
de n'en être pas quitte pour être convaincu, supplia
qu'on lui fît grâce , rejetant sa faute moins sur sa propre hardiesse que sur la crédulité de plusieurs personnes
qui avaient voulu être trompées , qui l'avaient en quelque sorte contraint à des choses que lui-même, d'ailleurs ; n'aurait jamais osé promettre, enfin qui l'avaient
poussé si loin, qu'il lui avait été comme impossible de
reculer. Le prince lui pardonna volontiers : mais quelques personnes lui conseillaient de ne point divulguer la
tromperie et de sauver la réputation du personnage ou
de son art, parce qu'il était constant, disaient-elles,
que les voleurs et d'autres scélérats étaient dans les plus
vives alarmes, et que, sur le bruit de son arrivée dans
quelques lieux, des restitutions avaient été faites. Mais ce
grand prince et notre duchesse jugèrent que l'intérêt de
la vérité devait l'emporter sur cette considération et l'u-
tilité publique. J'ai été moi-même intéressé à publier la
supercherie, car mes amis me taxaient presque d'opiniâtreté sur ce que je refusais constamment de céder à l'autorité de tant de personnes graves qui se donnaient pour
avoir été témoins oculaires. Mais j'aurais cru, en y cé-
dant, trahir la cause de la nature aux lois de laquelle les
faits qu'on racontait, paraissaient évidemment contraires. Et il n'y a pas longtemps que j'écrivais à *Parasius*
que ce problème moral ou logique, *comment à Lyon tant
d'insignes personnages avaient été induits en erreur,* me
paraissait plus important et plus digne d'examen, que
ce faux problème physique auquel il est à regretter que
Vallemont ait consacré une partie de ses veilles, *comment
une baguette de noisetier opère tant de merveilles.* Car
cette question morale , approfondie avec le soin que mérite son importance, nous découvrirait l'origine souvent
spécieuse d'un grand nombre d'erreurs populaires. Ce fait,

que je vous ai rapporté étant constant par l'autorité d'une grande et très judicieuse princesse , je consens volontiers que vous le rendiez public sur mon témoignage, afin qu'un exemple si récent nous rende dorénavant plus circonspects à croire des narrations merveilleuses. Car il est certain que si le prince de Condé n'eût fait autant de dépense , et n'eût pris autant de soin pour éclaircir la chose , nous serions encore dans l'embarras , et nous aurions encore à disputer avec certains esprits qui aiment mieux être trompés par des fables merveilleuses qu'acquiescer à la vérité toute nue.

CROYANCE AUX MIRACLES.

[*Tome* 5, *page* 401. *Epist.* 2 , *ad Tentzelium.*]

Je pense sur les prodiges de la chimie , comme sur les miracles de la théologie, c'est-à-dire , qu'il ne faut ni les croire trop facilement, ni les rejeter trop légèrement, quoique, grâce à Dieu, les véritables miracles de la théologie soient plus certains que ceux de la chimie, et soient aussi d'une tout autre conséquence.

SORCIERS.

[*Tome 4, part. 3, page* 284.]

Le père Spée, jésuite, qui était un excellent homme, est auteur d'un livre qui a fait beaucoup de bruit dans le monde, sans qu'on ait su d'où il était venu; car il fallait se ménager pour parler comme il fait : c'est *Cautio criminalis circa processus contra sagas.* Je sais de la bouche même de l'électeur de Mayence, Jean-Philippe, que ce père en est auteur. Ce livre a été traduit en plusieurs langues ; il a été loué et réfuté. M. Bekœr en parle fort dans son *Monde enchanté;* mais personne n'a su à qui il devait être attribué. L'électeur me conta que ce bon père lui avait avoué d'avoir accompagné au feu un nombre grandissime de prétendus criminels, en qualité de confesseur, qu'il les avait tournés de toutes les manières pour découvrir la vérité; mais qu'il ne pouvait pas dire en avoir trouvé aucun dont il eût sujet de croire qu'il eût été véritablement sorcier.

L'HÉRÉSIE EST-ELLE UN CRIME?

[*Tome* 5, *page* 413. *Epist.* 9, *ad Lœflerum.*]

L'hérésie est-elle un crime? Je crois que cette question peut être facilement résolue. D'abord on doit convenir

qu'un sentiment, quoiqu'en lui-même très mauvais, n'est
pourtant pas un crime s'il est involontaire. Mais on ne
doit pas douter non plus que la négligence volontaire de
ce qui est nécessaire pour découvrir la vérité à l'égard
des choses que nous devons savoir, ne soit un péché, et
même un péché grief suivant l'importance de la matière.
C'est ce qu'on appelle opiniâtreté dans les hérétiques
formels. Au reste, une erreur dangereuse, fût-elle totalement involontaire et exempte de tout crime, peut être
pourtant très légitimement réprimée, dans la crainte
qu'elle ne nuise, précisément par la même raison qu'on
enchaîne un furieux, quoiqu'il ne soit pas coupable.

HOBBES, LOCKE, PUFFENDORF.

[*Tome* 5, *page* 304. *Epist.* 3, *ad Kortholtum.*]

Je déclare volontiers que je ne suis pas fort content
ni de Locke, ni de Puffendorff. Leurs écrits méritent
sans doute d'être lus ; et comme ils réunissent des connaissances prises en différents lieux, de jeunes gens
peuvent s'y instruire jusqu'à un certain point des sciences qui en font l'objet ; mais leurs auteurs pénètrent rarement jusqu'au fond de leur matière. C'est tout le contraire pour Hobbes. J'en crois la lecture pernicieuse à
ceux qui commencent, et très avantageuse à ceux qui
sont avancés, parce qu'on y trouve en abondance et mê-
lées ensemble des vérités d'une grande profondeur, et

des erreurs de la plus dangereuse conséquence. Ce n'est
pas qu'on ne rencontre aussi dans Locke et dans Puffendorff des principes contre lesquels il est nécessaire de
précautionner des commençants ; car ce que dit Puffendorff sur l'origine des vérités morales, qu'il soutient
arbitraires..., est très faux : et Locke a tort de fronder
les idées et les vérités innées. Sa philosophie sur la nature de l'ame humaine est très mince ; et il ne tend à rien
moins qu'à renverser les principes sur lesquels on fonde
son immortalité, lorsqu'il conjecture que la matière peut
penser.

VANINI.

[*Tomo 5, page 321. Epist. 22 , ad Kortholtum.*]

Je n'ai pas encore vu l'apologie de Vanini ; je ne pense
pas qu'elle mérite fort d'être lue. Les écrits de ce personnage sont bien peu de chose. Mais un imbécile comme
lui, ou pour mieux dire, un fou ne méritait pas d'être
brûlé ; on était seulement en droit de l'enfermer, afin
qu'il ne séduisît personne.

PRINCIPES

MÉTAPHYSIQUES ET RELIGIEUX

DE

LA PHILOSOPHIE DE LEIBNITZ.

EXPOSÉ DE SES PRINCIPES,

ENVOYÉ PAR LEIBNITZ A M. ARNAULD, LE 23 MARS 1690.

[*Tome 2, page 46.*]

Le corps est un aggrégé de substances, à proprement parler. Il faut par conséquent que partout dans le corps, il se trouve des substances indivisibles, ingénérables et incorruptibles, ayant quelque chose de répondant aux ames; que toutes ces substances ont toujours été et seront toujours unies à des corps organiques, diverse-

21.

ment transformables ; que chacune de ces substances contient dans sa nature, *legem continuationis serici suarum operationum*, et tout ce qui lui est arrivé et arrivera ; que toutes ses actions viennent de son propre fonds, excepté la dépendance de Dieu ; que chaque substance exprime l'univers tout entier, mais l'une plus distinctement que l'autre surtout chacune à l'égard de certaines choses, et selon son point de vue ; que l'union de l'ame avec le corps, et même l'opération d'une substance sur l'autre, ne consiste que dans ce parfait accord mutuel, établi exprès par l'ordre de la première création, en vertu duquel chaque substance, suivant ses propres lois, se rencontre dans ce que demandent les autres ; et les opérations de l'une suivent ou accompagnent ainsi l'opération ou le changemeut de l'autre. Que les intelligences ou ames capables de réflexion, et de la connaissance des vérités éternelles et de Dieu, ont bien des priviléges qui les exemptent des révolutions des corps ; que pour elles il faut joindre les lois morales aux physiques. Que toutes les choses sont faites pour elles principalement. Qu'elles forment ensemble la république de l'univers, dont Dieu est le monarque, qu'il y a une parfaite justice et police observée dans la cité de Dieu, et qu'il n'y a point de mauvaise action sans châtiment, ni de bonne sans récompense proportionnée. Que plus on connaîtra les choses, plus on les trouvera belles et conformes aux souhaits qu'un sage pourrait former. Qu'il faut toujours être content de l'ordre du passé, parce qu'il est conforme à la volonté de Dieu absolue, qu'on connaît par l'événement ; mais *qu'il faut tâcher de rendre l'avenir, autant qu'il dépend de nous, conforme à la volonté de Dieu présomptive ou à ses commandements ;* orner notre *Sparte* et travailler à faire du bien, sans se chagriner pourtant lorsque le succès y manque, dans la ferme créance que Dieu saura trouver le temps le plus propre

aux changements en mieux. Que ceux qui ne sont pas
contents de l'ordre des choses, ne sauraient se vanter
d'aimer Dieu comme il faut. Que la justice n'est autre
chose que la charité du sage. Que la charité est une
bienveillance universelle, dont le sage dispense l'exécution, conformément aux mesures de la raison, afin d'obtenir le plus grand bien. Et que la sagesse est la science
de la félicité, ou des moyens de parvenir au contentement
durable, qui consiste dans un acheminement continuel à
une plus grande perfection, ou au moins dans la variation d'une même degré de perfection *.

* Quatre ans auparavant, M. Leibnitz avait envoyé au
Landgrave de Hesse-Rhindfelds, ses pensées métaphysiques,
en priant ce prince de les faire parvenir à M. Arnaud;
mais celui-ci les jugea alors très sévèrement, apparemment parce qu'elles n'étaient pas assez développées.

« Je trouve, écrit M. Arnaud au prince, le 13 mars
» 1680, dans ces pensées, tant de choses qui m'effraient,
» que presque tous les hommes, si je ne me trompe,
» trouveront si choquantes, que je ne vois pas de quelle
» utilité pouvait être un écrit qui apparemment sera re-
» jeté de tout le monde; je n'en donnerai pour exemple
» que ce qu'il dit en l'article 13, que *la notion individuelle*
» *de chaque personne enferme une fois pour toutes, ce*
» *qui lui arrivera à jamais.* Et si cela est, Dieu a été
» libre de créer ou de ne pas créer Adam; mais, suppo-
» sant qu'il l'ait voulu créer, tout ce qui est depuis arrivé
» au genre humain, et qui lui arrivera à jamais a dû et
» doit arriver par une nécessité plus que fatale, etc. »
Leibnitz fut très choqué de ce jugement de M. Arnaud.
Il écrivait le 12 avril 1686 au prince qui le lui avait communiqué : « J'ai reçu le jugement de M. Arnaud, et je
» trouve à propos de le désabuser par le papier ci-joint, en
» forme de lettre, à S. A. S.; mais j'avoue que j'avais
» beaucoup de peine de supprimer l'envie que j'avais,
» tantôt de rire, tantôt de témoigner de la compassion,

EXPOSITION FAITE PAR M. LEIBNITZ A M. BOSSUET, DES PRINCIPES
DE SA PHILOSOPHIE.

[*Tome 1, page* 530. *Lettre à Bossuet,* 8 *avril* 1692.]

Je suis persuadé que tout est plein, et je crois néanmoins que l'idée de la matière demande quelque autre

» voyant que ce bonhomme paraît en effet avoir perdu
» une partie de ses lumières, et ne se peut empêcher d'ou-
» trer toutes choses, comme font les mélancoliques, à qui
» tout ce qu'ils voient ou songent paraît noir.... »
Dans une autre lettre de même date, écrite encore au
prince, il ajoute : « Je ne sais que dire de la lettre de
» M. Arnaud, et je n'aurais jamais cru qu'une personne dont
» nous avons de si belles réflexions de morale et de logique,
» irait si vite dans ses jugements. Après cela, je ne m'é-
» tonne plus si quelques-uns se sont emportés contre
» lui.... »
Il paraît que l'écrit dont parle Leibnitz, fit impression
sur M. Arnaud. Ce docteur parut satisfait des explications du philosophe ; et l'on voit par la suite de la correspondance, que Leibnitz reprit à son égard ses premiers
sentiments d'estime et de confiance, et n'en parla plus
comme d'un *bon homme.*
Nous croyons devoir joindre ici un fragment de la lettre
qu'écrivit M. Leibnitz à M. Arnaud, le 14 juillet 1686,
aussitôt qu'il fut instruit que ce docteur ne pensait plus si
désavantageusement de son système, parce qu'on y voit
la solution de l'objection que lui faisait M. Arnaud, objection qu'on répète encore tous les jours.
« Comme je défère beaucoup à votre jugement, j'ai été
» réjoui de voir que vous ayez modéré votre censure,

chose que l'étendue, et que c'est plutôt l'idée de la force
qui fait celle de la substance corporelle, et qui la rend
capable d'agir et de résister. C'est pourquoi je crois
qu'un parfait repos ne se trouve nulle part ; que tout
corps agit sur tous les autres à proportion de la distance ;
qu'il n'y a point de dureté ni de fluidité parfaite ; qu'il
n'y a point de portion de matière si petite dans laquelle
il n'y ait un monde infini de créatures Je ne doute point
du système de Copernic ; je crois avoir démontré que la
même quantité de mouvement ne se conserve point,

» après avoir vu mon explication sur cette proposition,
» que je crois importante, et qui vous avait paru étrange,
» que *la notion individuelle de chaque personne en-*
» *ferme une fois pour toutes, ce qu'il arrivera à jamais.*
» Vous aviez tiré d'abord cette conséquence, que de cette
» seule opposition, que Dieu ait résolu de créer Adam,
» tout le reste des événements humains arrivés à Adam et à
» sa postérité, s'en seraient suivis par une nécessité fatale,
» sans que Dieu eût plus en de liberté d'en disposer, non
» plus qu'il peut ne pas créer une nature capable de pen-
» ser, après avoir pris la résolution de me créer.

» A quòi j'ai répondu que les desseins de Dieu, tou-
» chant tout cet univers, étant liés entre eux, conformé-
» ment à sa souveraine sagesse, il n'a pris aucune résolu-
» tion à l'égard d'Adam, sans en prendre à l'égard de tout
» ce qui a quelque liaison avec lui. Ce n'est donc pas à
» cause de la résolution prise à l'égard d'Adam, mais à
» cause de la résolution prise en même temps à l'égard de
» tout le reste, (à quoi celle qui est prise à l'égard
» d'Adam, enveloppe un parfait rapport), que Dieu s'est
» déterminé sur tous les événements humains ; en quoi il me
» semblait qu'il n'y avait point de nécessité fatale, ni rien
» de contraire à la liberté de Dieu, non plus que dans
» cette nécessité hypothétique, généralement approuvée,
» qu'il y a à l'égard de Dieu même, d'exécuter ce qu'il a
» résolu. (*OEuvres de M. Arnaud, tome 4, p.* 190.)»

mais bien la même quantité de force. Je tiens aussi que
jamais changement ne se fait par saut (par exemple, du
mouvement au repos, ou au mouvement contraire) : et
qu'il faut toujours passer par une infinité de degrés
moyens, bien qu'ils ne soient pas sensibles ; et j'ai quantité d'autres maximes semblables, et bien de nouvelles
définitions qui pourraient servir de fondement à des démonstrations.... Je demeure d'accord que tout se fait
mécaniquement dans la nature ; mais je crois que les
principes même de la mécanique, c'est-à-dire, les lois
de la nature, à l'égard de la force mouvante, viennent
de raisons supérieures et d'une cause immatérielle, qui
fait tout de la manière la plus parfaite ; et c'est à cause
de cela, aussi bien que de l'infini enveloppé en toutes
choses, que je ne suis pas du sentiment d'un habile
homme, auteur des Entretiens sur la pluralité des mondes... qui croit, à la cartésienne, que toute la machine
de la nature peut s'expliquer par certains ressorts ou
éléments. Mais il n'en est pas ainsi, et ce n'est pas
comme dans les montres, où l'analyse étant poussée
jusques aux dents des roues, il n'y a plus rien à considérer. Les machines de la nature, sont machines partout,
quelque petite partie qu'on y prenne ; ou plutôt la moindre partie est un monde infini à son tour, et qui exprime
même à sa façon tout ce qu'il y a dans le reste de l'univers. Cela passe notre imagination, cependant on sait
que cela doit être ; et toute cette variété infiniment infinie, est animée dans toutes les parties par une sagesse
architectonique, plus qu'infinie. On peut dire qu'il y a
de l'harmonie, de la géométrie, de la métaphysique, et
pour parler ainsi, de la morale partout ; et ce qui est
surprenant, à prendre les choses dans un sens, chaque
substance agit spontanément, comme indépendante de
toutes les autres, bien que dans un autre sens toutes les
autres l'obligent à s'accommoder avec elles ; de sorte qu'on

peut dire que toute la nature est pleine de miracles,
mais de miracles de raison, et qui deviennent miracles
à force d'être raisonnables, d'une manière qui nous
étonne ; car les raisons s'y poussent à un progrès infini,
où notre esprit, bien qu'il voie que cela se doit, ne peut
suivre par sa compréhension. Autrefois on admirait la
nature, sans y rien entendre, et on trouvait cela beau.
Dernièrement on a commencé à la croire si aisée, que
cela est allé au mépris, et jusqu'à nourrir la fainéantise
de quelques nouveaux philosophes, qui s'imaginèrent en
savoir déjà assez. Mais le véritable tempérament, est
d'admirer la nature avec connaissance, et d'y reconnaître que plus on y avance, plus on y découvre de merveilles ; et que la grandeur et la beauté des raisons même,
est ce qu'il y a de plus étonnant et de moins compréhen-
sible à la nôtre.

----000----

PRINCIPES DE LA PHILOSOPHIE DE LEIBNITZ, RÉDIGÉS POUR LE
PRINCE EUGÈNE.

[*Principia Philosophiæ, seu Theses, in gratiam Principis
Eugenii* *, tome 2, page 20.*]

I.

La monade dont nous parlerons, n'est autre chose
qu'une substance simple qui entre dans les composés.

* Cet écrit fut imprimé en 1720, quatre ans après la
mort de Leibnitz, dans le supplément des Actes de Leip-

On appelle substance simple celle qui n'a point de parties.

II.

Or il est nécessaire qu'il y ait des substances simples, puisqu'il y a des composés; car un composé n'est qu'un assemblage de simples.

III.

Où il n'y a point de parties, il n'y a ni étendue, ni figure, ni divisibilité ; et les monades dont il s'agit, sont les vrais atomes de la nature, et pour tout dire en un mot, les éléments des choses.

IV.

Il n'y a point aussi de dissolution à craindre pour

zig, tome 7, page 500, sous ce simple titre, et sans aucune indication, *Principia Philosophiæ, auctore G. G. Leibnitzio.* M. Dutens, qui l'a fait entrer dans sa collection, suppose que Leibnitz le composa pour le prince Eugène de Savoie, en 1714. On ne doit point le confondre, ainsi qu'il est arrivé à plusieurs auteurs, avec *les Principes de la nature et de la grâce, fondés en raison,* qu'on dit aussi avoir été rédigés en faveur du prince Eugène. Si l'un ou l'autre seulement de ces écrits était destiné à ce prince, il est plus vraisemblable que c'est le dernier, parce que M. Leibnitz, dans une lettre à M. de Montmort, tome 5, page 27, parle de ce qu'il a fait pour le prince Eugène, comme d'un *discours.* Or le dernier écrit ressemble assez à un discours, au lieu que le premier est sous la forme de *thèses de métaphysique,* et n'est même le plus souvent cité que sous ce titre.

elles ; et on ne peut concevoir aucune manière dont une substance simple puisse naturellement finir.

V.

Par la même raison il n'y a point de manière dont une substance simple puisse naturellement commencer, puisqu'elle ne pourrait être formée que par la composition.

VI.

On peut même assurer que les monades ne peuvent ni commencer ni finir que dans un instant ; c'est-à-dire, une monade ne peut commencer que par la création, ni finir que par l'annihilation, tandis qu'au contraire les composés commencent et finissent par parties.

VII.

On ne peut aussi en aucune manière expliquer comment une monade peut être altérée, ou changée dans son intérieur par une autre créature quelconque ; puisqu'on ne peut concevoir en elle ni transposition, ni aucun mouvement intérieur qui puisse être excité, dirigé, diminué ou augmenté, comme il arrive dans les composés, où la pluralité des parties donne lieu au changement. Les monades n'ont point de *fenêtres* par où quelque chose puisse entrer ou sortir. Les accidents ne sortent pas des substances, ainsi que les scolastiques avaient imaginé qu'en sortaient les espèces sensibles : et par conséquent ni substance, ni accident ne peut de dehors pénétrer dans la monade.

22

VIII.

Il faut pourtant que les monades aient quelques qualités, autrement elles ne seraient point des êtres.

IX.

Il faut même que chaque monade diffère d'une autre monade quelconque; car dans la nature il n'existe pas deux êtres parfaitement semblables, et entre lesquels il soit impossible de remarquer quelque différence interne, ou fondée dans une dénomination interne; et si les substances simples ne différaient point par les qualités, on ne pourrait conséquemment observer aucun changement dans les choses; puisque tout ce qui se trouve dans le composé, ne peut résulter d'ailleurs que des substances simples, dont il est l'assemblage. Il y a plus, si les monades étaient destituées de qualités, l'une ne pourrait être distinguée de l'autre, puisque ces mêmes monades ne diffèrent point à raison de la quantité. Donc si nous raisonnons dans la supposition du plein, chaque lieu, quelque mouvement qui se fasse, ne recevrait qu'une masse qui équivaudrait parfaitement à celle qu'elle remplace : ainsi aucun état des choses ne serait discernable d'un autre.

X.

Je suppose encore, comme ne pouvant m'être contesté, que tout être créé, et par conséquent les monades créées sont sujettes au changement, et même que le changement dans chacune d'entre elles est continuel.

XI.

Il suit de ce que nous avons dit jusqu'à présent, que

les changements naturels des monades partent d'un principe interne; puisque aucune cause extérieure ne peut influer dans leur intérieur. Et en général on peut avancer que la *force* n'est autre chose que le principe des changements.

XII.

Il faut aussi qu'outre le principe des changements, il y ait quelque *schema* de ce qui est changé, qui fasse, pour ainsi dire, la spécification et la variété des substances simples.

XIII.

Cette espèce de *schema* doit envelopper la multitude dans l'unité ou dans le simple : car dans tout changement naturel, puisqu'il arrive par degré, quelque chose est changé, et quelque chose reste : donc il faut reconnaître dans une substance simple une certaine pluralité d'affections et de relations, quoique cette substance manque de parties.

XIV.

Cet état passager qui enveloppe et représente la multitude dans l'unité, ou la substance simple, n'est autre chose que ce que nous appelons *perception*, et que nous devons soigneusement distinguer de l'aperception ou de la conscience, ainsi, qu'il paraîtra dans la suite : et c'est pour n'avoir point fait cette distinction, que les chrétiens se sont trompés, en comptant pour rien les perceptions dont nous n'avons pas la conscience. C'est encore ce qui a fait penser aux mêmes cartésiens que les

seuls esprits sont des monades, qu'il n'y a point d'ames
des bêtes, et encore moins d'autres principes de vie. C'est
ce qui leur a fait aussi confondre, avec le vulgaire, un
long étourdissement avec une mort *à la rigueur*. C'est enfin ce qui les a fait tomber dans le faux préjugé des scolastiques sur les ames totalement séparées des corps ;
préjugé qui a fourni de nouvelles armes à de prétendus
esprits forts, qui combattent l'immortalité de l'ame.

XV.

L'action du principe interne, en conséquence de laquelle arrive le changement ou le passage d'une perception à une autre, peut être appelée *appétit, appetitus.*
Il est bien vrai que l'*appétit* ne peut pas toujours parvenir entièrement à toute la perception, vers laquelle il a
une tendance : il en obtient pourtant toujours une partie, et parvient ainsi à de nouvelles perceptions.

XVI.

Nous expérimentons nous-mêmes qu'il y a une multitude dans une substance simple, puisque nous aperce-
vons que la plus petite pensée dont nous avons conscience,
renferme une variété dans son objet. Ainsi tous ceux qui
reconnaissent que l'ame est une substance simple, doivent admettre cette multitude dans la monade : et M. Bayle
n'aurait point dû faire de difficulté sur ce point dans son
Dictionnaire, article *Rorarius.*

XVII.

On ne peut pourtant nier que la perception, et ce qui
en dépend, ne peuvent être expliqués par des raisons
mécaniques, c'est-à-dire, à l'aide des figures et des mou-

vements. Car supposons une machine qui pense, sente et perçoive en vertu de sa structure, rien n'empêche qu'on ne conçoive cette machine construite sous de plus grandes dimensions, les mêmes proportions gardées, en sorte que nous puissions entrer dans cette machine, comme on entre dans un moulin. Cette supposition faite, nous ne découvrirons rien au dedans, que des parties qui se poussent réciproquement, et jamais rien qui rende la perception explicable. Il faut donc chercher ce qui rend raison de la perception, non dans une substance composée ou une machine, mais dans une substance simple : et même dans une substance simple nous ne trouverons rien de plus que cela, c'est-à-dire, qu'elle ne renferme que des perceptions et des changements de perceptions ; et c'est en cela seul que doivent consister toutes les *actions intérieures* des substances simples.

XVIII.

On pourrait donner le nom d'*entéléchies* à toutes les substances simples, ou aux monades créées ; car elles ont en elles-mêmes une certaine perfection (ἔχουσι τὸ ἐντελές) une *suffisance* (αὐτάρκεια), en vertu de laquelle elles sont les sources de leurs actions intérieures, comme des automates incorporels.

XIX.

Si l'on veut appeler *ame* tout ce qui a la perception et l'*appétition* dans le sens général que nous avons expliqué, on pourrait appeler *ames* toutes les substances simples, ou les monades créées. Mais comme l'*aperception* emporte quelque chose de plus qu'une certaine simple perception, il est plus convenable de conserver le

nom général de monades et d'entéléchies aux substances
simples qui n'ont que la simple perception, et de donner
le nom d'ames à celles seulement dont la perception est
plus distincte et jointe avec la mémoire.

XX.

Effectivement nous éprouvons quelquefois en nous-
mêmes un certain état, dans lequel nous ne nous souve-
nons de rien, et nous n'avons aucune perception distincte : tel est notre état dans un évanouissement ou un
profond sommeil, qui n'est point accompagné de rêves.
L'ame dans cet état ne diffère point, quant au sentiment,
d'une simple monade ; mais comme cet état ne dure pas
longtemps, il faut bien reconnaître en elle quelque chose
de plus.

XXI.

Il ne s'en suit pas de là qu'une substance simple soit
alors sans aucune perception : cela est impossible, par
les raisons que nous venons d'exposer. Car une substance
simple ne saurait périr ; et d'un autre côté elle ne peut
subsister sans quelque variation, qui ne peut être autre
chose que sa perception ; mais quand une grande multitude de petites perceptions qui n'offrent rien de distinct,
sont présentes à la fois, l'ame est dans la *stupeur*, c'est-
à-dire, dans un état semblable à celui que nous éprouvons, lorsqu'après avoir tourné rapidement en rond
autour de nous-mêmes, nous tombons dans un étourdissement qui fait évanouir en nous toute attention, et
nous met dans l'impossibilité de rien distinguer. La mort
peut procurer aux animaux pour un temps un état de la
sorte.

XXII.

Et comme tout état présent de la substance simple
suit naturellement de l'état qui a précédé, on peut dire
que le présent est gros de l'avenir.

XXIII.

Donc, puisque nous avons la conscience de nos perceptions, lorsque nous revenons de cet état de stupeur,
il est absolument nécessaire que nous ayons eu auparavant et immédiatement quelques perceptions, quoique
nous n'en ayons pas eu la conscience ; car la perception
ne naît naturellement que d'une autre perception, comme
un mouvement n'est produit naturellement que par un
autre mouvement.

XXIV.

Il paraît de là que, si nous n'avions dans nos perceptions rien de distinct, de sublime et d'un goût plus relevé, s'il est permis de parler de la sorte, notre *stupeur*
serait perpétuelle : et tel est l'état des pures monades.

XXV.

Nous voyons aussi que la nature a donné aux animaux
des perceptions d'un ordre sublime, en leur accordant
des organes qui, rassemblant un très grand nombre de
rayons de lumières ou d'ondulations de l'air, les rendent
par cette réunion plus efficaces. Il se passe quelque chose
de semblable dans l'odeur, la saveur, le tact, et peut-
être aussi dans beaucoup d'autres sensations que nous
ne connaissons point. Et j'expliquerai bientôt comment

ce qui se passe dans l'ame, représente ce qui est dans les organes.

XXVI.

La mémoire fournit aux ames une espèce de *consécution*, qui imite la raison, mais qui doit en être distinguée. Nous voyons en effet que les animaux, lorsqu'ils perçoivent un objet qui les frappent, et dont ils ont eu auparavant une perception semblable, attendent, en conséquence de la représentation de la mémoire, ce qui était joint à cette perception dans la perception précédente, et sont portés à des sensations semblables à celles qu'ils avaient auparavant éprouvées. Par exemple, si l'on montre aux chiens un bâton, ils se souviennent aussitôt de la douleur qu'il leur a causée, ils crient et prennent la fuite.

XXVII.

Et l'imagination forte qui les frappe et les met en mouvement, a son principe dans la grandeur ou dans la multitude des perceptions précédentes. Car il arrive quelquefois qu'une forte impression, faite d'un seul coup, produit le même effet qu'une longue habitude, ou plusieurs perceptions médiocres souvent répétées.

XXVIII.

Les hommes agissent à l'instar des bêtes, lorsque les consécutions de leurs perceptions ne dépendent que du principe de la mémoire, semblables alors aux médecins empiriques, qui n'ont qu'une simple pratique sans théorie ; et dans le vrai nous ne sommes que des empiriques dans les trois quarts de nos actions. Par exemple, si nous attendons demain le lever du soleil, notre unique fondement, c'est que le soleil s'est constamment levé tous les jours : il n'y a que les astronomes qui le prévoient par le raisonnement.

XXIX.

Mais ce qui nous distingue des purs animaux, et nous rend vraiment raisonnables et capables des sciences , c'est la connaissance des vérités éternelles et nécessaires, parce que cette connaissance nous élève à la connaissance de Dieu et de nous-mêmes : et voilà précisément ce qu'on appelle en nous *ame raisonnable*, ou esprit.

XXX.

C'est encore à la connaissance des vérités nécessaires et de leurs abstractions , que nous sommes redevables de la capacité de faire des actes réfléchis , en vertu desquels nous nous formons l'idée de ce qu'on appelle *moi*, et nous considérons en nous tantôt un point et tantôt un autre ; et c'est aussi par là, qu'en pensant à nous-mêmes , nous acquérons l'idée de l'être, de la substance simple, de la substance composée, de l'immatériel, et même l'idée de Dieu, en concevant que ce qui est limité dans nous, est en lui sans limites; et ce sont ces actes réfléchis qui fournissent les principaux objets de nos raisonnements.

XXXI.

Nos raisonnements sont fondés sur deux grands principes : le premier est *le principe de la contradiction*, en vertu duquel nous jugeons *faux* ce qui implique contradiction; et *véritable*, ce qui est opposé au faux, ou qui le contredit.

XXXII.

Le second est le *principe de la raison suffisante*, en vertu duquel nous voyons qu'aucun fait, aucune énonciation ne peuvent être véritables, à moins qu'il n'y ait une raison suffisante pourquoi la chose est ainsi et non autrement, quoique ces raisons puissent le plus souvent nous être inconnues.

XXXIII.

Quand une vérité est nécessaire, on peut en découvrir la raison par l'analyse, c'est-à-dire, en la décomposant en idées et en vérités plus simples, jusqu'à ce qu'on soit parvenu à des vérités primitives.

XXXIV.

C'est ainsi que chez les mathématiciens les *théorèmes* de spéculation et les *règles* de pratique, se réduisent par l'analyse à des définitions, des axiomes, des demandes.

XXXV.

Il est enfin des idées simples dont il n'est pas possible de donner de définition. Il est aussi des axiomes, des demandes, en un mot des premiers principes qui ne peuvent être prouvés, et n'ont pas aussi besoin de preuves, puisqu'ils ne sont en effet que des énonciations identiques.

XXXVI.

Mais l'on doit encore trouver une raison suffisante dans les vérités contingentes ou les vérités de fait, c'est-à-dire, dans la suite des choses qui composent l'univers des créatures, et où la décomposition en raisons particulières, pourrait être poussée à l'infini à cause de l'immense variété des choses naturelles, et de la division des corps à l'infini. Il y a une infinité de figures et de mouvements présents et passés, qui entrent dans la cause efficiente de mon écriture actuelle, et une infinité de petites inclinations et de dispositions de mon ame présentes et passées, qui entrent dans sa cause finale.

XXXVII.

Et comme toute cette suite n'enveloppe que d'autres contingents antérieurs, dont chacun exige une semblable analyse, il est évident que lorsqu'il s'agira de rendre raison de cette suite, en suivant cette route, on n'arrivera jamais au bout. Il est donc nécessaire que cette raison suffisante ou dernière, se trouve hors de la suite des contingents, quelque infinie qu'on suppose cette suite.

XXXVIII.

C'est aussi pourquoi la dernière raison des choses doit être contenue dans quelque substance nécessaire qui ne renferme qu'éminemment, comme dans sa source, la suite de tous ces changements : et cette substance est l'être que nous appelons *Dieu*.

XXXIX.

Or comme cette substance est la raison suffisante de

toute cette suite dont tous les termes sont parfaitement liés entre eux, il n'existe donc qu'un seul Dieu, et ce seul Dieu suffit.

XL.

On doit aussi juger que cette substance suprême, qui est unique, universelle et nécessaire, ne saurait être limitée, et doit contenir toutes les réalités possibles, puisqu'elle n'a rien hors d'elle-même qui n'en dépende et qui ne soit une simple suite de choses possibles.

XLI.

Il suit de là que Dieu est absolument parfait, puisque la perfection n'est autre chose que la grandeur d'une réalité positive précisément prise, abstraction faite de toutes limites.

XLII.

De là on doit aussi conclure que les créatures reçoivent leurs perfections de Dieu, mais qu'elles ont leurs imperfections de leur propre nature incapable d'une essence illimitée; car c'est en cela qu'elles sont distinguées de Dieu.

XLIII.

Il est vrai que Dieu est la source, non seulement des existences, mais encore des essences en tant qu'elles sont réelles, ou, ce qui revient au même, la source de ce qu'il y a de réel dans leur possibilité. Voilà pourquoi l'entendement divin est la région des vérités éternelles ou des idées dont elles sont dépendantes; et sans lui, il n'y aurait aucune réalité dans les possibilités; et rien non seulement n'existerait, mais encore ne serait possible.

XLIV.

Car s'il y a eu quelque réalité dans les essences ou les possibilités, ou plutôt les vérités éternelles, cette réalité n'a pu être fondée que dans une chose existante et actuelle; et conséquemment dans l'existence d'un être nécessaire dont l'essence renferme l'existence, ou à qui il suffit d'être possible pour être actuel.

XLV.

Ainsi Dieu seul (ou l'être nécessaire) a ce privilége, qu'il existe nécessairement, s'il est possible; et comme rien ne s'oppose à sa possibilité, puisque étant sans limites, il n'est susceptible d'aucune négation, et conséquemment d'aucune contradiction, cela seul est suffisant pour démontrer *à priori*, l'existence de Dieu. Nous l'avons aussi démontré par la réalité des vérités éternelles.

XLVI.

Mais nous le démontrerons encore *à posteriori*, parce qu'il existe des êtres contingents qui ne peuvent avoir la raison dernière et suffisante de leur existence, que dans un être nécessaire qui ait en lui-même la raison de sa propre existence.

XLVII.

Nous ne devons pourtant pas nous imaginer que les vé-

rités éternelles , parce qu'elles dépendent de Dieu, sont·
arbitraires et soumises à sa volonté , ainsi que le prétend
M. Poïret après M. Descartes. Cela n'est vrai qu'à l'égard
des vérités contingentes ; les vérités nécessaires ne dépendent au contraire que de l'entendement de Dieu, et
en sont l'objet interne.

XLVIII.

Ainsi Dieu seul est l'unité primitive , ou la substance
simple féconde , qui a produit toutes les monades créées
ou dérivées, et dont celles-ci émanent , pour ainsi dire ,
par de continuelles *fulgurations* * de la divinité , limitées
par la *réceptivité* de la créature , à laquelle il est essentiel d'avoir des limites.

XLIX.

Il existe en Dieu une *puissance* qui est la source de
toutes choses, ensuite une connaissance qui contient le
tableau (schema) des idées , enfin une volonté qui opère
les changements ou les productions , suivant le principe
du meilleur.

L.

Ces attributs répondent à ce qui fait dans les monades
créées le sujet ou la base de la faculté perceptive et de

---

* M. Bailli , auteur d'un éloge de Leibnitz , couronné par
l'Académie de Berlin, emploie cette expression et la développe, en exposant le fameux système des Monades ; et
parce qu'elle est d'une énergie et d'une beauté frappantes ,
sa candeur l'oblige d'avertir en même temps qu'il l'em-
prunte de l'Encyclopédie , article LEIBNITZ : mais l'auteur de
cet article l'avait lui-même emprunté de Leibnitz, qui en
est le créateur incontestable.

la faculté appétitive; mais en Dieu, ces attributs sont absolument infinis ou parfaits, au lieu que dans les monades ou les entéléchies, qu'Hermolaüs Barbarus appelait en latin *perfectihabia*, ils ne sont que des imitations des attributs divins, plus ou moins parfaites, suivant la mesure de perfection qui leur a été départie.

LI.

Une créature est dite *agir* hors d'elle-même, en tant qu'elle a quelque perfection ; et *pâtir* d'une autre, en tant qu'elle est imparfaite. Ainsi nous donnons l'*action* à la créature, en tant que ses perceptions sont distinctes, et des *passions*, en tant qu'elles sont confuses.

LII.

Et une créature est plus parfaite qu'une autre, en ce que nous trouvons dans la première de quoi rendre raison de ce qui se passe dans la seconde : et voilà ce qui nous fonde à dire que la première agit sur la seconde.

LIII.

Mais dans les substances simples, l'influence d'une monade sur une autre n'est qu'idéale, et ne peut avoir d'effet que par l'intervention de Dieu, en tant que dans les idées de Dieu, une monade demande avec raison que Dieu, combinant toutes les autres monades dans l'origine des choses, tienne compte d'elle ; car, puisqu'une monade ne peut influer physiquement sur l'intérieur d'une autre monade, il n'y a pas d'autre moyen de concevoir comment l'une peut dépendre de l'autre.

LIV.

Ainsi les actions et les passions des créatures sont mutuelles ; effectivement Dieu , comparant deux substances simples entre elles, découvre dans chacune des raisons qui l'obligent d'adapter l'une à l'autre, et par conséquent ce qui est actif , en tant qu'à certains égards il est aussi passif, suivant une autre manière de l'envisager ; c'est-à-dire , l'actif , en tant que ce que nous connaissons distinctement dans une monade , sert à rendre raison de ce qui se passe dans l'autre , et le passif en tant que la raison de ce qui se passe dans la première se rencontre dans ce que nous connaissons distinctement de la seconde.

LV.

Or comme il est dans l'entendement divin une infinité d'univers possibles , et que pourtant un seul d'entre eux peut exister, il faut nécessairement qu'il y ait une raison suffisante du choix de Dieu , une raison qui détermine Dieu à créer l'un plutôt que l'autre.

LVI.

Et cette raison , on ne peut la trouver que dans les degrés de perfection propres à chacun de ces mondes, puisque tout être possible a un droit de prétendre à l'existence , proportionné à la mesure de perfection qu'il enveloppe.

LVII.

Et voilà la véritable cause de l'existence du meilleur que Dieu connaît en vertu de sa sagesse, choisit en vertu de sa bonté , et produit en vertu de sa puissance.

LVIII.

Cette adaptation de toutes les créatures, à chacune d'entre elles, et de chacune d'entre elles à toutes les autres, fait que chaque substance simple a des rapports qui expriment toutes les autres, et devient par conséquent un miroir vivant et perpétuel de l'univers.

LIX.

Or comme la même ville aperçue de différents lieux ne paraît pas la même, et se multiplie, pour ainsi dire, avec les différents points de vue, il arrive aussi qu'à cause de la multitude infinie des substances simples, il existe en quelque manière autant d'univers différents qui ne sont pourtant que des représentations scénographiques du même univers, suivant les différents points de vue de chaque monade.

LX.

C'est aussi le moyen d'obtenir autant de variété qu'il est possible, mais avec le plus grand ordre possible, c'est-à-dire, le moyen d'obtenir la plus grande somme possible de perfection.

LXI.

Cette hypothèse, que j'ose dire démontrée, est la seule qui donne une assez haute idée de la grandeur de Dieu. M. Bayle, qui a proposé dans son Dictionnaire, article *Rorarius,* quelque objection contre elle, en est convenu. Il a même cru que je donnais trop à Dieu, et au delà de ce qui est possible. Mais il n'a jamais pu fournir de rai-

son, pourquoi cette harmonie, en vertu de laquelle
chaque substance exprime exactement toutes les autres,
par les rapports qu'elle soutient avec elles, serait pourtant impossible.

LXII.

Au reste, les raisons *à priori*, que j'ai données il n'y
a qu'un moment, nous montrent pourquoi les choses ne
peuvent être autrement; c'est que Dieu, en ordonnant
le tout, a eu égard à chaque partie, et surtout à chaque
monade : et la monade étant représentative par sa nature,
il n'y avait rien qui pût la borner à représenter seulement
une portion des choses; quoiqu'il soit vrai que cette représentation ne soit que confuse, par rapport à l'univers entier, et qu'elle ne puisse être distincte que par rapport à
un petit nombre de ses parties, c'est-à-dire, de celles qui
lui tiennent de plus près, et qui sont plus importantes,
relativement à chaque monade; autrement toute monade
serait une espèce de divinité. Les monades ne sont donc
pas limitées dans leur objet, mais seulement dans la
modification de la connaissance de cet objet. Toutes
tendent confusément à l'infini; mais elles sont limitées
et distinguées par les degrés de leurs perceptions distinctes.

LXIII.

Les substances composées ne diffèrent pas en ce point
des substances simples; car puisque tout est plein dans
l'univers, et qu'ainsi toutes les parties de la matière sont
liées entre elles : et, comme dans le plein, le plus petit
mouvement produit quelque effet sur les corps distants,
à proportion de leur distance; en sorte qu'un corps quelconque, non seulement est modifié par les corps qui le
touchent, et perçoit en quelque sorte ce qui leur arrive,

mais perçoit encore, par leur moyen, ce qui se passe
dans les corps qui touchent ceux dont il est immédiatement touché, il suit donc de là que cette communication
s'étend à toute sorte de distance : par conséquent il n'est
point de corps qui ne soit affecté de tout ce qui arrive
dans l'univers, de manière que l'être qui voit tout, peut
lire dans chacun d'eux ce qui se passe dans tous les autres, et même ce qui s'est passé ou qui se passera encore,
et qu'il aperçoit dans le présent tout ce qui s'en éloigne,
tant à raison du temps qu'à raison de l'espace; Σύμπνοια
πάντα, disait *Hippocrate*. Mais l'ame ne peut lire dans
elle-même que ce qui s'y trouve représenté distinctement ; elle ne peut développer à la fois toutes ses perfections, parce qu'elles tendent à l'infini.

LXIV.

Ainsi, quoique chaque nomade créée représente tout
l'univers, elle représente cependant beaucoup plus distinctement le corps auquel elle est unie d'une façon
particulière, et dont elle est l'entéléchie ; et parce que ce
corps représente tout l'univers par la connexion qu'ont
entre elles toutes les parties de la matière dans le plein ,
l'ame représente aussi tout l'univers, en représentant le
corps auquel elle tient d'une manière spéciale.

LXV.

Le corps appartenant à une monade qui en est l'ame
ou l'entéléchie, constitue avec l'entéléchie ce que nous
appelons *vivant*, et avec l'ame ce que nous appelons
animal.

LXVI.

Le corps d'un vivant ou d'un animal est toujours or-

ganique. Car, puisque chaque monade est, à sa manière,
un miroir de l'univers, et qu'il règne dans l'univers un
ordre parfait, cet ordre doit régner encore dans ce qui
le représente, c'est-à-dire dans les perceptions de l'âme,
et par conséquent dans les corps, d'après lesquels elles
représentent l'univers.

<h3 style="text-align:center">LXVII.</h3>

Ainsi, tout corps organique d'un être *vivant* est une
espèce de machine divine ou d'automate naturel, qui surpasse d'une infinité de manières les automates artificiels :
parce qu'une machine faite par l'art des hommes, n'est
pas machine dans chacune de ses parties : par exemple
les dents d'une roue ont des parties ou des morceaux qui
ne sont point l'ouvrage de l'art, et n'ont rien qui soit
machine, relativement à l'usage auquel la roue est des-
tinée. Mais les machines de la nature, c'est-à-dire, les
corps vivants, sont encore machines dans les plus petites
parties, la division fût-elle poussée à l'infini; et c'est
en cela que consiste la différence entre la nature et l'art,
c'est-à-dire, entre l'art de Dieu et l'art des hommes.

<h3 style="text-align:center">LXVIII.</h3>

Rien ne pouvait empêcher l'auteur de la nature de
mettre en œuvre cet admirable et divin artifice, parce
que chaque partie de matière non seulement est divisible
à l'infini, vérité que les anciens ont reconnue, mais encore actuellement subdivisée à l'infini, chaque partie de
matière ayant un mouvement qui lui est propre, autrement il serait impossible que chaque particule de matière
exprimât tout l'univers.

LXIX.

Il suit de là que la plus petite portion de matière renferme un monde de créatures vivantes, d'animaux, d'entéléchies, d'ames.

LXX.

Chaque portion de matière peut être conçue comme un jardin rempli de plantes, ou un réservoir plein de poissons. Mais chaque brin de plante, chaque membre d'un animal, chaque goutte de ses fluides est, à son tour et de la même manière, un jardin ou un réservoir de même espèce.

LXXI.

Et quoique l'air et la terre contenus entre les plantes du jardin, l'eau placée entre les poissons du réservoir, ne soient ni plante, ni poissons, ils contiennent pourtant des plantes et des poissons, mais que leur petitesse extrême dérobe le plus souvent à notre vue.

LXXII.

Ainsi, dans l'univers, il n'est rien d'inculte, rien de stérile, rien de mort; point de chaos, point de confusion, si ce n'est en apparence, et semblable à celle qu'offrirait à quelque distance un réservoir, où l'on aperçoit un mouvement confus de poissons, sans qu'on puisse distinguer les poissons eux-mêmes.

LXXIII.

Nous voyons par-là, que tout corps vivant a une entéléchie dominante, qui est l'ame dans les animaux ; mais les membres de ce corps vivant sont pleins d'autres corps vivants, plantes, animaux, dont chacun possède encore une entéléchie ou une ame dominante.

LXXIV.

Il ne faut pourtant pas s'imaginer, avec quelques personnes qui n'ont pas assez bien saisi ma pensée, que chaque ame ait une certaine masse ou portion de matière propre, et par conséquent possède d'autres êtres vivants, qui eux-mêmes en possèdent d'autres à leur tour, et qui soient destinés à son service ; car tous les corps, ainsi que les rivières, sont dans un flux continuel : les anciennes parties s'échappant sans cesse, sans cesse sont remplacées par de nouvelles parties.

LXXV.

Ainsi l'ame ne change de corps qu'insensiblement et par degrés, en sorte qu'elle n'est jamais privée tout à coup de tous ses organes ; les animaux subissent souvent des métamorphoses ; mais la métempsycose ou la transmigration des ames n'a jamais lieu ; et même il n'y a point d'ames qui soient entièrement séparées de tout corps.

LXXVI.

D'où l'on doit conclure qu'à parler à la rigueur, il n'y

a point de génération, ni de mort parfaite : car ce que nous appelons génération, n'est que développement et accroissement, comme ce que nous appelons mort n'est qu'enveloppement et diminution.

LXXVII.

Les philosophes ont été très embarrassés sur l'origine des formes, des entéléchies ou des ames ; mais aujourd'hui que des observations exactes sur les plantes, les insectes et les animaux, nous ont appris que ces corps organiques de la nature ne sont point engendrés du chaos ou de la putréfaction, mais proviennent constamment de semences dans lesquelles sans doute il faut admettre quelque préformation, on doit conclure que non seulement le corps organique préexistait avant la conception, mais encore que l'ame existait dans ce corps, c'est-à-dire, qu'on doit en conclure la préexistence de l'animal ; et la conception n'a fait que disposer cet animal à subir une sorte de grande transformation qui l'a rendu animal d'une autre espèce : hors même de la génération, nous voyons quelque chose de semblable dans les vers, par exemple, et les chenilles, dont les premiers se transforment en mouches, et les dernières en papillons.

LXXVIII.

On peut appeler *spermatiques,* les animaux parmi lesquels il en est que la conception fait monter au degré le plus élevé dans l'échelle de l'animalité. Mais ceux d'entre eux qui ne changent point d'espèce, naissent, se multiplient, périssent comme les grands animaux ; il n'en est qu'un très petit nombre entre tous, qui soient appelés à paraître sur un plus grand théâtre.

LXXIX.

Mais ceci n'est encore que la moitié de la vérité; j'ai
donc pensé que, si un animal ne commence jamais naturellement, il ne doit non plus finir jamais naturellement;
et que non seulement il n'y a point de génération, mais
encore il n'y a point de destruction totale ou de mort
prise à la rigueur, et les raisonnements *à posteriori*
s'accordent parfaitement avec mes principes, tels que je
viens de les déduire *à priori*.

LXXX.

On peut donc soutenir avec confiance, non seulement
l'indestructibilité de l'ame (miroir du monde indestruc-
tible), mais encore l'indestructibilité de l'animal même;
quoique sa machine le plus souvent périsse en partie, et
dépouille ses enveloppes organiques ou en revêtisse d'autres.

LXXXI.

Ces principes m'ont fourni le moyen d'expliquer naturellement l'union ou plutôt la conformité de l'ame et du
corps organique. L'ame suit ses lois, et le corps suit
aussi les siennes; mais ils s'accordent ensemble en vertu
de l'harmonie préétablie entre toutes les substances, puisque toutes représentent le même univers.

LXXXII.

Les ames agissent suivant les lois des causes finales,
par des appétits, des fins et des moyens. Les corps agis-

sent suivant les lois des causes efficientes ou des mouvements ; et ces deux règnes, l'un des causes efficientes,
l'autre des causes finales, sont harmoniques entre eux.

LXXXIII.

Descartes a compris que l'ame ne pouvait donner de
force aux corps, parce que la même quantité de forces se
conserve toujours dans la matière; il a poürtant cru
qu'elle pouvait changer leur direction. Mais il n'a donné
dans cette erreur, que parce qu'on ignorait de son temps
cette loi de la nature, qui veut que la même direction
totale subsiste toujours dans l'ensemble de la matière. Si
cette loi lui eût été connue, il serait tombé dans mon
système de l'harmonie préétablie.

LXXXIV.

Dans ce système, les corps agissent comme si, par impossible, il n'y avait point d'ame, et les ames agissent
comme s'il n'y avait point de corps ; et tous les deux
agissent comme s'ils influaient réciproquement l'un sur
l'autre.

LXXXV.

Quant à ce qui concerne les esprits ou les ames raisonnables, quoique je trouve que mes principes s'appliquent également à tous les vivants et à tous les animaux,
c'est-à-dire, que l'animal et l'ame ne commencent qu'avec
le monde, et ne finissent qu'avec lui : il y a pourtant cela
de particulier dans les animaux raisonnables, que leurs
animalcules spermatiques, en tant que tels, ont seulement
des ames ordinaires ou sensitives ; mais dans ceux qui

sont élus pour ainsi dire, et qui par la voie de la conception actuelle, parviennent à la nature humaine ; les ames
sensitives s'élèvent au grade de la raison et à la prérogative des esprits.

LXXXVI.

Outre les autres différences qui se rencontrent entre les
ames ordinaires et les esprits, et dont j'ai déjà exposé
une partie, il en est encore une, c'est que les ames en
général sont les miroirs des *vivants ;* ou les images de
l'univers des créatures ; mais les esprits sont de plus les
images de la divinité même, ou de l'auteur de la nature ;
images qui peuvent connaître le système de l'univers, et
à la faveur d'une faible lumière d'architecture, en imiter
quelques parties, puisque chaque esprit est une sorte de
divinité dans son genre.

LXXXVII.

C'est par-là que les esprits sont capables d'entrer en
quelque société avec Dieu, et que Dieu, par rapport à
eux, non seulement est auteur comme il l'est par rapport à toutes les autres créatures, mais qu'il est encore
de plus à leur égard et monarque et père, c'est-à-dire,
qu'il a de plus avec eux la relation d'un monarque à ses
sujets, et d'un père à ses enfants.

LXXXVIII.

D'où l'on conclut facilement que la collection de tous
les esprits constitue la cité de Dieu, c'est-à-dire l'état le
plus parfait sous le plus parfait des monarques.

LXXXIX.

Cette cité de Dieu, cette monarchie vraiment universelle, c'est le monde moral dans le monde naturel : rien dans les œuvres de Dieu de plus sublime et de plus divin ; c'est d'elle véritablement que Dieu tire sa gloire ; car comment concevoir cette gloire existante, s'il n'était pas des esprits qui connussent et qui admirassent sa grandeur et sa bonté. Ce n'est même qu'à l'égard de cette divine cité, que se manifeste et s'exerce la bonté de Dieu proprement dite, tandis que sa sagesse et sa puissance éclatent dans toutes les autres parties de ses œuvres.

XC.

Il existe une harmonie parfaite entre les deux règnes naturels, celui des causes efficientes et celui des causes finales, ainsi que nous l'avons établi plus haut : mais il existe encore une autre harmonie entre le règne physique de la nature et le règne moral de la grâce, c'est-à-dire, entre Dieu considéré comme l'architecte de la machine du monde, et le même Dieu considéré comme le monarque de la divine cité des esprits.

XCI.

C'est en conséquence de cette harmonie, que les choses mènent à la grâce par les voies de la nature, èt que ce globe, par exemple, doit être détruit et réparé par des moyens naturels, dans les moments où le gouvernement des esprits l'exigera, pour le châtiment de quelques-uns et la récompense des autres.

XCII.

On peut même assurer que Dieu, en tant qu'architecte,
satisfait parfaitement à Dieu en tant que législateur ;
qu'ainsi les punitions doivent suivre les fautes, en vertu
de l'ordre de la nature et de la structure mécanique de
l'univers, et que les bonnes actions entraînent aussi leurs
récompenses avec elles, par des moyens qui sont mécaniques à l'égard des corps, quoique ces punitions et ces
récompenses ne puissent pas et ne doivent pas même
toujours s'exécuter sur-le-champ.

XCIII.

Enfin sous ce gouvernement le plus parfait de tous, il
n'y a point de bonne action sans récompense, ni de mauvaise action sans châtiment ; et tout doit tendre au salut des bons, c'est-à-dire, de ceux qui dans ce grand
royaume sont contents du gouvernement de Dieu, se con-
fient dans sa providence, aiment, imitent, comme il convient, l'auteur de tout bien, et tirent leur bonheur de
la vue de ses perfections, suivant la nature de l'amour
pur et véritable, dont l'essence est de faire goûter du
plaisir dans la félicité de l'objet qu'on aime. Ainsi les
personnes sages et vertueuses s'efforcent d'exécuter tout
ce qui paraît conforme à la volonté de Dieu, antécédente
et présomptive ; et néanmoins acquiescent pleinement à
tout ce qui arrive par sa volonté secrète, conséquente et
décisive ; parce qu'elles ne doutent point que si l'ordre de
la nature était suffisamment dévoilé à nos yeux, nous
verrions que tout est infiniment au-dessus de ce que pourrait désirer l'homme le plus sage, et qu'il est impossible
de concevoir rien de meilleur par rapport à l'univers en

général, et même par rapport à nous en particulier;
pourvu toutefois que nous adhérions, comme il est juste,
à l'auteur de toutes choses, non seulement comme à l'architecte et la cause efficiente de notre essence, mais
encore comme à notre maître et à notre cause finale,
comme à l'être qui seul peut remplir nos vœux, seul
peut nous rendre heureux.

NOUVEAUX CHOIX

DE PENSÉES

DE LEIBNITZ.

PRÉFACE

DE M. ÉMERY.

Nous publiâmes en 1803 une seconde édition de l'*Esprit* ou des *Pensées de Leibnitz sur la Religion, l'Église et la Morale* * Depuis cette époque, en 1805, M. Feder, savant bibliothécaire d'Hanovre, et par conséquent dépositaire des monuments de Leibnitz, que possède la bibliothèque de cette ville, a donné au public un volume de lettres inédites de cet auteur, sous ce titre : *Commercii epistolici Leibnitziani typis nondum vulgati selecta specimina, etc.* Nous l'avons lu avec empressement, et nous avons reconnu avec satisfaction qu'il offrait bien des pensées favorables au but que nous nous sommes proposé dans notre travail.

Il nous est aussi tombé entre les mains plusieurs lettres de M. Leibnitz à M. Arnauld qui n'ont jamais été imprimées, et qui fournissent aussi beaucoup de traits sur la religion, encore plus intéressants que les premiers.

* La première édition parut à Lyon en 1772.

L'éditeur des œuvres de M. Arnauld avait entre les mains
les originaux de ces lettres, mais il crut ne devoir point
les insérer dans sa collection, sur ce fondement qu'il aurait convenu de leur joindre les réponses que M. Arnauld
y avait faites, réponses qui n'étaient point en sa possession. Cette raison n'était point satisfaisante ; aussi,
M. Anquetil Duperron a-t-il hautement blâmé l'éditeur,
et l'a traité d'homme *bien peu philosophe.* Ces lettres cependant sont venues à notre connaissance ; des copies en
avaient été faites par les ordres de M. le maréchal Mor-
tier, commandant alors dans l'électorat d'Hanovre, à la
prière d'un sénateur qui a bien voulu nous les communiquer. Il y a plus, M. Feder, le bibliothécaire, nous a
obligeamment envoyé les copies de quelques lettres inédites de Leibnitz écrites à d'autres personnages que
M. Arnauld, et qu'il a cru pouvoir servir à notre pieux
dessein. Cette attention mérite toute notre reconnaissance.

Enfin nous avons fouillé, une seconde fois, avec encore plus de soin, dans la grande collection des œuvres
de Leibnitz, et nous y avons découvert bien des pensées
qui allaient à notre but (qui ont trait à la religion) et
qui avaient échappé à nos premières recherches.

Notre dessein était d'abord de donner une troisième
édition que nous aurions enrichie de pensées de Leibnitz, dans laquelle nous aurions fait entrer toutes les
pensées nouvellement découvertes : ce dessein paraissait
d'autant plus raisonnable, qu'il ne reste plus qu'un
assez petit nombre d'exemplaires de la dernière édition.
Cependant, après y avoir réfléchi, nous avons cru plus
convenable et plus honnête de publier toutes ces nouvel-

les pensées, en forme de continuation ou de supplément. Par là nous n'obligerons point les possesseurs des éditions précédentes, qui voudraient connaître toutes les pensées de Leibnitz sur la religion, d'acquérir ce qu'ils possèdent déjà ; et nous avons pris d'autant plus volontiers ce parti, que le but que nous nous sommes proposé dans notre travail sera toujours par cette voie également rempli : ce but c'est de faire connaître de plus en plus, combien sincère, constante et profonde était la religion de Leibnitz, et par là de fortifier un témoignage en faveur de la religion aussi précieux et aussi imposant aux yeux de nos incrédules modernes que celui de ce grand philosophe. Nous savons effectivement que notre ouvrage a fait sur plusieurs de ces messieurs une impression salutaire. Et un ministre protestant, plus zélé pour la défense de la religion, que ne le sont aujourd'hui plusieurs de ses confrères en Allemagne, a cru servir avantageusement la religion contre les impies, en le traduisant dans la langue de ses compatriotes *.

Nous avons donné, dans la seconde édition des Pensées de Leibnitz, une analyse exacte de la correspondance de M. Bossuet et de Leibnitz, sur le projet de réunion entre les catholiques et les protestants ; et pour faire place à ce morceau si intéressant, nous avons éliminé toutes les pensées de notre philosophe, qui avaient pour objet la littérature et les sciences profanes.

L'éditeur des œuvres posthumes de M. Bossuet avait, dans sa préface, accusé M. Leibnitz, *d'être la cause que*

---

* Ce traducteur est M. Brung, premier prédicateur et consulteur du consistoire calviniste de Stettin, 4 parties in-8°, à Vittemberg, 1774 et 1777.

le plan de réunion avait été sans succès , et d'avoir tra-
versé la conciliation. Nous avons cru cette accusation
injuste , et nous nous en sommes expliqué nettement
dans notre ouvrage (t. 2, p. 101). L'auteur d'un ouvrage
récent sur la réunion des communions chrétiennes,
imprimé en 1808 , a renouvelé cette accusation. Il
semble même aller plus loin que l'éditeur. Car il va jusqu'à dire que M. Leibnitz a été plus occupé de tendre des
piéges , pour faire échouer la négociation , que d'en fa-
voriser le succès, p. 178. Il paraît aussi improuver la
manière dont nous avons énoncé notre sentiment sur ce
point. Cela nous a donné lieu d'examiner encore plu
attentivement la question. Mais nous sommes demeurés
convaincus que nous n'avions à retrancher, ni même
à adoucir aucun trait de notre défense de Leibnitz. Et
au fond, cet auteur et moi, différons moins qu'il ne le
donne à entendre , dans notre opinion à ce sujet ; car si
je nie formellement que Leibnitz ait procédé avec peu de
bonne foi et dans l'intention de faire échouer la négo-
acition, si j'en attribue le non-succès aux guerres qui
survinrent entre les princes , je conviens cependant que
M. Leibnitz n'allait pas aussi droit au but que son coo-
pérateur l'abbé Molanus, et qu'il fit dégénérer sa correspondance avec M. Bossuet en discussions purement
théologiques. Je conviens encore que M. Leibnitz s'est
plaint souvent que l'évêque de Meaux n'avait point eu
pour lui les égards et les ménagements qu'il avait éprou-
vés de la part de M. Pelisson ; que M. Bossuet avait trop
pris avec lui le ton de docteur. Mais j'ai reconnu hautement que les plaintes n'étaient pas fondées, et que
M. Bossuet avait constamment observé avec son anta-

goniste Leibnitz tous les égards que prescrivent la politesse et l'honnêteté. J'ai dit , il est vrai , que le prélat avait les formes graves et austères , et qu'il ne connaissait point les raffinements de délicatesse dans les procédés qu'avait pu employer M. Pelisson dans sa correspondance ; mais en cela je crois avoir fait son éloge : car ses raffinements n'auraient convenu effectivement ni à son caractère, ni à sa dignité, ni même à l'importance de l'affaire qui se traitait.

Quand on eut cessé de part et d'autre de s'occuper de la réunion des catholiques et des protestants, Leibnitz travailla à réunir les protestants entre eux. Le roi de Prusse établit un comité, *collegium irenicum,* qui avait cette réunion pour objet unique ; mais toutes les tentatives furent inutiles, et Leibnitz rebuté écrivait à Fabricius, en 1708, qu'il n'espérait plus de succès *.

Leibnitz qui avait la plus haute estime pour Grotius , et qui l'appelle souvent l'*incomparable,* aurait vraisemblablement renoncé à tout essai et à toute espérance de réunir les protestants entre eux, s'il avait eu sous les yeux le témoignage suivant de cet auteur: Ceux qui me connaissent, dit Grotius **, savent bien que j'ai toujours desiré voir les chrétiens réunis en un même corps : j'ai pensé dans un temps que la chose pouvait commencer par une union des protestants entre eux-mêmes. Mais depuis je me suis aperçu que la chose était absolument impossible, non pas seulement parce que l'esprit de la

* A negotio irenico , ut nunc est rerum habitus , nil amplius expecto.

** Ce jugement de Grotius se lit à la fin de *Rivetiani Apologetici discussio,* t. 4 *Operum,* p. 744.

plupart des calvinistes est très opposé à toute espèce de
conciliation, mais encore parce que les protestants ne
sont liés entre eux par aucune forme de gouvernement
ecclésiastique, qu'ils ne peuvent conséquemment faire
un seul corps, et qu'ils doivent même se diviser en d'autres sectes nouvelles. Ainsi je vois aujourd'hui très clairement, et beaucoup d'autres le voient comme moi, que
cette union des protestants ne peut avoir lieu, à moins
qu'ils ne se réunissent en même temps à ceux qui adhè-
rent au siége de Rome, sans lequel siége, il ne peut exister de gouvernement commun dans l'Église. C'est ce qui
me fait désirer que la séparation qui s'est faite cesse avec
les causes qui l'ont occasionnée : mais on ne peut pas
mettre au rang de ces causes la primauté de l'évêque de
Rome, réglée par les canons, selon les canons, de l'aveu
même de Mélancthon, qui croit de plus que cette primauté est nécessaire pour maintenir et conserver l'unité:
et cela n'est point soumettre l'Église aux caprices de
l'évêque de Rome, mais rétablir un ordre qui avait été
sagèment établi.

Grotius y parle à la troisième personne. Nous croyons
devoir mettre sous les yeux du lecteur le texte latin de
Grotius.

*Restitutionem christianorum in unum idemque corpus
semper optatam a Grotio, sciunt qui eum norunt. Exis-
timant autem aliquando incipi posse a protestantium inter se conjunctione. Postea vidit id plane fieri nequire;
quia præterquam quod calvinistarum ingenia ferme omnium ab omni pace sunt alienissima, protestantes inter
se nullo communi ecclesiastico regimine sociantur: quæ
causæ sunt, cur factæ partes in unum protestantium*

*corpus colligi nequeant, imo et cur partes aliæ, atque aliæ
sunt exsurrecturæ. Quare nunc plane ita sentit Grotius et
multi cum ipso, non posse protestantes inter se jungi, nisi
simul jungatur cum iis qui romanæ sedi cohærent; sine qua
nullum sperari potest in Ecclesia commune regimen: ideo
optat ut ea divulsio quæ evenit et causæ divulsionis tol-
lantur. Inter eas causas non est primatus episcopi romani
secundum canones, fatente Melancthone, qui eum pri-
matum etiam necessarium putat ad retinendam unitatem.
Neque enim hoc est Ecclesiam subjicere pontificis libidini,
sed reponere ordinem sapienter institutum.*

    Grotii Opera, t. 4, p. 244.

EXTRAITS

DE LA COLLECTION DE DUTENS.

———◆◆◆◆———

LES TROIS GRANDS PRINCIPES ET LES SOURCES DU DROIT NATUREL.

[*Dissert. prævia codici gent. diplom. t.* 4 , *collec. p.* 287.]

J'ai cru devoir placer à la tête de mon code diplomatique des notions un peu étendues du droit de la nature et du droit des gens. La doctrine du droit est renfermée par la nature dans des bornes étroites ; mais l'esprit des hommes lui a donné une étendue immense.

Quoique tant d'excellents écrivains s'en soient occupés, je ne sais si nous avons des notions assez claires du droit et de la justice.

Le droit est une certaine puissance morale, et l'*obligation* une nécessité morale. J'entends, au reste, par

25.

morale, ce qui, pour un homme de bien, équivaut au naturel. Car, comme dit très bien un jurisconsulte romain : Ce qui est contre les bonnes mœurs, nous ne devons pas même croire qu'il nous soit possible que nous le puissions faire : *Quæ sunt contra bonos mores ea nec facere nos posse, credendum est.*

L'homme de bien (*vir bonus*) est celui qui aime tous les hommes autant que la raison le permet.

La justice est donc la vertu qui dirige cette affection. Les Grecs l'appellent *philantropie :* nous la définirons très convenablement *la charité du sage,* c'est-à-dire la charité qui suit les conseils de la sagesse.

Ainsi quand Carnéade disait, à ce qu'on rapporte, que la justice était une souveraine folie, parce qu'elle nous ordonnait de procurer l'utilité des autres, en négligeant notre propre utilité, son erreur venait de ce qu'il ignorait la définition de la justice.

La charité est la bienveillance universelle; et la *bienveillance* est l'habitude d'aimer : et aimer, c'est tirer son plaisir de la félicité d'un autre *.

De cette source dérive le droit de la nature, dans lequel on peut compter trois degrés : *le droit strict, l'équité* (ou dans un sens plus restreint, *la charité*) *la piété* (ou la probité.)

Le droit strict a rapport à la justice commutative, l'équité à la justice distributive, la piété à la justice universelle : de là découlent ces trois préceptes très généraux et bien connus *du droit;* ne léser personne, rendre à chacun ce qui lui appartient, vivre honnêtement, ou pour mieux dire, pieusement. Je m'étais déjà expliqué ainsi dans ma *méthode du droit,* ouvrage de ma jeunesse.

* Ce qui suit dans Leibnitz, et qui regarde l'amour pur, se trouve Pensées de Leibnitz, 5.

Le droit pur ou étroit nous prescrit de ne léser personne, *neminem lœdere*, pour ne pas donner lieu, dans l'état de société civile, à l'action dans les tribunaux, et hors de cet état, au droit de guerre.

De la naît la justice que les philosophes appellent *commutative*, et le droit que Grotius appelle, *de faculté*.

Le degré du droit de nature, supérieur à celui de droit étroit, je l'appelle *équité*, ou si on aime mieux, en le prenant dans un sens plus restreint, *charité*. Je l'étends, au delà de la rigueur du droit étroit, à ces obligations qui ne donnent point aux parties intéressées d'action pour contraindre, comme à l'obligation de la reconnaissance, de l'aumône, auxquelles Grotius nous dit qu'elles donnent de l'*aptitude*, et non pas de la faculté ; et comme le degré inférieur prescrivait de ne léser personne, le dégré qui tient le milieu ou qui est immédiatement au-dessus, prescrit d'être utile à tous, mais autant qu'il convient à chacun, ou autant que chacun le mérite, quand on ne peut pas être utile à tous. C'est donc ici qu'a lieu la justice *distributive*, et le précepte du droit qui prescrit de donner à chacun ce qui lui appartient, *suum cuique tribui*. C'est encore là (à ce point, ce degré) que se rapportent dans la république ou dans l'état, les lois de la politique qui ont pour objet la félicité des sujets, et qui font communément que ceux qui n'ont que l'*aptitude*, acquièrent la *faculté* ; c'est-à-dire, peuvent demander ce qu'il est juste (*œquum*) aux autres de leur accorder : dans le degré inférieur du droit, on n'aurait aucun égard aux différences qui sont entre les hommes, à l'exception seulement de celles qui naissent de l'affaire même ; et tous les hommes sont réputés égaux. Dans le degré supérieur dont nous parlons, on pèse les mérites : et c'est ce qui donne lieu aux privilèges, aux récompenses et aux punitions.

Xénophon nous a fort bien fait sentir cette différence

des degrés du droit dans la personne de Cyrus encore enfant. Cyrus avait été choisi pour juge d'un démêlé entre
deux autres enfants. L'un de ces enfants plus robuste
que l'autre, lui avait enlevé de force sa robe pour se
l'approprier et lui avait donné en échange la sienne, sur
le fondement qu'il avait trouvé que la robe de son cama-
rade lui irait mieux, et que la sienne irait mieux à son ca-
marade. Cyrus prononça en faveur du voleur, mais son
gouverneur lui fit observer qu'il ne s'agissait pas dans ce
moment de savoir à qui la robe enlevée convenait mieux,
mais à qui elle appartenait, qu'il userait dans la suite
de cette forme de juger, quand il serait chargé lui-même
de distribuer les robes. L'équité veut effectivement que,
dans les affaires, on suive le droit étroit sans aucun
égard aux personnes, à moins que la considération d'un
bien majeur n'oblige d'en agir autrement. Mais ce qu'on
appelle *acception de personnes* a lieu, non quand il s'agit
de régler le partage ou la possession des biens qui ne
nous appartiennent pas, mais quand il s'agit de distribuer nos propres biens ou ceux de la république.

J'ai donné au plus haut degré du droit le nom de probité ou plutôt de *piété*. Car tout ce que j'ai dit jusqu'à
présent peut être entendu, comme n'ayant rapport qu'à
cette vie immortelle. Effectivement le droit pur, ou le
droit *étroit* est fondé sur ce principe qu'il faut conserver
la paix : l'équité ou la charité tend, il est vrai, à quelque chose de plus grand, c'est-à-dire, tend à ce qu'en
procurant l'utilité des autres, autant que nous le pouvons, nous trouvions l'augmentation de notre félicité
dans leur félicité : et pour tout dire, en un mot, le droit
étroit a pour fin de faire éviter la misère ; et le droit qui
est au-dessus, à procurer la félicité, mais la félicité
seulement qui peut avoir lieu dans cette vie mortelle.

Or s'agit-il de prouver que nous devons préférer à notre propre vie et à tout ce qui peut nous la rendre chère

un grand avantage des autres, jusqu'à souffrir pour eux les plus cruelles douleurs ? Les philosophes disent à ce sujet, j'en conviens, de belles choses, mais plus belles que solides. Car il est bien vrai que l'honneur, la gloire et le sentiment de l'ame jouissant de sa vertu, que nous recommandent les philosophes, et qu'ils nous présentent sous le nom de l'honnêteté, sont des biens de l'esprit ou de la pensée, grands sans doute, mais ils ne sont pas grands à l'égard de tout le monde, et dans la concurrence, ils ne prévaudraient pas sur de grands tourments : car les hommes n'ont pas tous une imagination également susceptible d'être vivement affectée, surtout ceux qu'une éducation *libérale*, un genre de vie ou une profession honnête, n'ont point formés, de bonne heure, à faire un grand cas de l'honneur ni à estimer autant qu'ils le méritent, les biens de l'esprit.

Donc, pour démontrer généralement que tout ce qui est honnête est utile, et tout ce qui est honteux (*turpe*) est dommageable, il faut aller plus loin, il faut supposer que notre ame est immortelle, et qu'un Dieu gouverne l'univers. On conçoit alors que nous vivons tous dans une cité très parfaite, sous un monarque dont on ne peut ni surprendre la sagesse, ni décliner la puissance, et en même temps si aimable, qu'on est heureux en le servant. L'homme donc qui lui sacrifie sa vie, la gagne, ainsi que Jésus-Christ nous l'apprend : et il arrive par la Providence et la sagesse de ce divin monarque, que tout le droit passe en fait, que personne n'est blessé si ce n'est par lui-même, qu'aucune bonne action ne demeure sans récompense, ni aucun délit sans châtiment : et puisque tous nos cheveux sont comptés ; que même un verre d'eau froide donné à un homme qui a soif, n'est point sans récompense, ainsi que Notre-Seigneur l'enseigne divinement, rien n'est donc négligé dans la république de l'univers.

Il suit de cette considération qu'il existe une *justice* très proprement appelée *universelle*, et sous la notion de laquelle toutes les vertus sont comprises. Car ce qui paraît d'ailleurs ne point intéresser les autres, comme l'abus que nous ferions de notre corps ou de ce qui nous appartient, est, indépendamment des lois humaines, défendu par la loi naturelle, c'est-à-dire par les lois éternelles de la monarchie divine, puisque nous et tout ce que nous avons, appartient à Dieu. En effet, s'il importe à la république particulière, il importe beaucoup plus à la république de l'univers, que nous n'abusions pas de ce qui est à nous : c'est de là donc que tire sa force le grand précepte de droit, qui nous ordonne de vivre conformément aux règles de l'honnêteté, c'est-à-dire, de la piété; et c'est en ce sens que de savants hommes ont témoigné désirer qu'on donnât un traité du droit de la nature et des gens d'après la discipline des chrétiens, c'est-à-dire, de ces hommes qui, formés à l'école de Jésus-Christ, n'ont rien dans leurs sentiments que de sublime et de divin.

Je crois avoir, dans ce qui précède, expliqué très convenablement les trois préceptes du droit, ou les trois degrés de la justice, et avoir indiqué fidèlement les sources du droit naturel.

LA NOTION LA PLUS GÉNÉRALE DE LA JUSTICE.

[*T.* 4, § 3, *epist. ad Kestenerum* 7, *p.* 261.]

Je mets la justice au rang des perfections divines, et
je la distingue de la puissance, puisqu'elle est réglée par
la sagesse et la bonté : d'où il paraît que la justice n'a
pas sa source et son principe dans le commandement de
Dieu, à moins qu'on ne pense que Dieu, dont la puissance
est souveraine et qui en conséquence n'a point de supérieur qui puisse le corriger et le ramener à l'ordre, fera
bien par là même tout ce qu'il fera, et pourrait en conséquence damner un innocent.

Il suit de là manifestement que la science universelle
du droit, non seulement ne se borne pas aux choses de
cette vie mortelle, mais n'est pas même restreinte au
genre humain, puisqu'elle doit être exercée par toutes
les substances intelligentes, et principalement par Dieu,
source de la justice ainsi que de la bonté, et règle générale de tout ce qui existe hors de lui. La justice est donc
la perfection conforme à la sagesse, dans le rapport qu'a
chaque personne aux biens et aux maux des autres personnes *.

Il est permis à chacun de restreindre sa jurisprudence
aux choses humaines et à la seule considération de cette
vie, parce que je n'empêche personne de s'attacher à une
partie seulement de la science universelle. La partie pra-

---

* Est ergo justitia perfectio sapientiæ conformis, quatenus
persona se habet erga bona malaque aliarum personarum

tique de la théologie naturelle qui enseigne l'existence de Dieu et l'immortalité de l'ame (je ne parle pas du christianisme, de la révélation et du ju„ement dernier) n'est-elle pas au fond une sorte de jurisprudence divine ?

Il n'est pas douteux que toutes nos vertus, en tant qu'elles ont rapport aux autres, appartiennent à la jurisprudence, comme il paraît par la définition que j'ai donnée de la justice, définition que je crois la plus *efficace* (exacte) qu'il soit possible de donner. C'est à la morale qu'il appartient d'enseigner la vertu, et à la jurisprudence d'en montrer l'usage que je viens d'indiquer.

LES VERTUS DES PAÏENS N'ONT PAS TOUJOURS ÉTÉ FAUSSES.

[*T. 2, collect. de philosophia platonica, p.* 224.]

Les platoniciens et les anciens stoïciens ont dit de belles choses sur les vertus : et saint Augustin paraît trop sévère, lorsque, non content de chercher perpétuellement des péchés dans leurs vertus, ce que nous ne croyons pas bien fondé, il soutient que tous les préceptes des philosophes sont mauvais, dans ce sens que, sous le nom d'honnêteté, ils rapportaient tout à l'orgueil et à la vaine gloire. Car il est constant que ces philosophes ont souvent prescrit à leurs sages de faire certaines choses honnêtes non par l'espoir de la récompense ou la crainte du châtiment, mais par l'amour de la vertu, et que cet

amour de la vertu ne différait pas de l'amour de la justice, qu'inculque sans cesse saint Augustin, et qu'il
rapporte à la justice essentielle, c'est-à-dire, à Dieu lui-
même, dans lequel se trouve la source du vrai et du bon :
ce que Platon n'a pas entièrement ignoré, puisque le vrai
est toujours le point qu'il a en vue, mais saint Augustin
objecte, et peut-être avec un peu trop de subtilité, que
les philosophes ont rapporté tout à eux-mêmes, et ont
ainsi préféré la créature au Créateur.

AMOUR DES ENNEMIS PRESCRIT PAR LE DROIT NATUREL.

[*T.* 5, *epist. ad Seb. Kostothum* 27, *p.* 328.]

Le précepte d'aimer ses ennemis que Jésus-Christ nous
donne dans l'Évangile, et qui est ainsi de droit divin, m'a
toujours paru être aussi de droit naturel. Hé! comment
ne pas le reconnaître, si l'on admet une Providence et
l'immortalité de l'ame? Il suffit seulement d'observer
qu'il y a différents degrés dans l'amour, et que l'image
des perfections divines, qui se trouve dans les autres
hommes et qui est le motif de les aimer, se trouve aussi
dans nos ennemis.

SENTIMENT DES ANCIENS SUR LE SUICIDE ET LA FATALITÉ.

[T. 2, epist. ad Hanschium, 1707, p. 22.]

On peut dire dans un bon sens, que l'ame est dans le corps comme dans une prison, pourvu qu'on rejette l'opinion de ces anciens philosophes qui pensaient que les ames avaient été jetées dans les corps, comme dans une prison, en punition des péchés dont elles s'étaient précédemment rendues coupables. Mais les anciens ont très bien dit que l'ame était dans le corps comme dans un poste, une station d'où elle ne devait point sortir sans l'ordre du souverain général.

On a bien dit encore que nous étions régis par la Providence, lorsque nous suivions les conseils de la raison, et que nous étions régis par le destin, et comme des machines, lorsque nous suivions le mouvement des passions. Car, d'après le système de l'harmonie préétablie, on voit clairement aujourd'hui que Dieu a si admirablement combiné toutes choses, que les machines corporelles sont subordonnées aux esprits, et que ce qui dans les esprits est providence, est destin dans les corps.

ANECDOTES SUR BAYLE, ET SOUHAITS DE LEIBNITZ SUR L'EMPLOI
QU'IL EUT DU FAIRE DE SES TALENTS.

[*Prima epist. ad Bierlingium, t. 5, colloct. p. 354.*]

Vous me demandez (*il répond à Bierlingius*) quelques
éclaircissements sur les premiers temps de la vie de
M. Bayle. Je sais de M. le comte de Nona, grand-maître de
la maison du roi de Prusse, que Bayle a vécu dans sa
maison pendant le séjour que ce seigneur a fait en Suisse
ou dans le voisinage : de là il fut appelé à Sédan pour y
professer la philosophie. Lorsque les affaires des réformés
prirent en France une mauvaise tournure, il se retira à
Rotterdam, et il y occupa encore une chaire de philosophie. Je crois que c'est M. Jurieu qui la lui procura,
mais c'est aussi M. Jurieu qui la lui fit perdre, lorsque
M. Bayle eut donné lieu d'être soupçonné, non seulement
de penser mal sur la religion, mais encore de n'être point
attaché à la république des Provinces-Unies. Il a toujours
désavoué le livre qui a pour titre : *Avis aux Réfugiés*,
dont on prétendait qu'il était auteur, et en cela il a fait
sagement ; mais il y avait contre lui de graves soupçons.
M. de Larrey, auteur d'une assez bonne histoire d'Angleterre écrite en français, vient de réfuter l'ouvrage ; et
il incline fortement à croire que M. Bayle en était véritablement auteur. Voilà ce que je peux vous dire sur la vie
de M. Bayle. Je l'estimais, et il était mon ami : mais
j'aurais bien désiré qu'il eût employé ses grands talents
à établir des vérités utiles, plutôt qu'à capter les applau-
dissements de gens trop hardis dans leur façon de penser. Ses livres se seraient moins bien vendus, il est vrai,

mais ils lui auraient valu plus de gloire solide, et lui-
même aurait joui d'une plus grande tranquillité.

LES SAGES LÉGISLATEURS PRENNENT EN GRANDE CONSIDÉRATION
LA VERTU, ET Y CONDUISENT L'HOMME DÈS SON ENFANCE.

[*Resp. Leibnitii ad epist. 2*, *Bierlingii*, *t. 5, coll. 359.*]

Quoique dans la morale on considère la vertu, et qu'on
en traite dans ses rapports avec notre propre bonheur,
il n'en est pas moins vrai que toutes les vertus considérées dans nos rapports avec les autres sont comprises
dans la notion de la justice universelle et en font partie.
Et en général l'homme agit justement et se conforme à
l'ordre de la justice, lorsque, dans tout ce qui a rapport
aux autres personnes, il obéit à ce que lui dicte la droite
raison. Aussi les sages législateurs ne négligent rien pour
conduire l'homme dès son enfance à la vertu, persuadés
que par là il se rendra très utile non seulement à lui-
même, mais encore à tous les autres : et puisque la droite
raison nous enseigne que tout est gouverné par un être
souverainement parfait ; que nous devons l'obéissance à
cet être, et que cet être nous commande la vertu : il est
de là manifeste que l'empire des justes lois s'étend jusqu'à
nos actions intérieures.

JUGEMENT SUR LOCKE.

[*Ex epist. 2, ad Bierlingium , 5, coll. p.* 358.]

Je pense que la logique, si on l'enseigne bien, et si on l'applique à la pratique, est un art estimable. Je crois même qu'on ne pourrait rien faire de plus utile pour les hommes, que de leur procurer une logique plus parfaite que celle que nous possédons. On trouve dans l'ouvrage de Locke quelques points particuliers assez bien traités : mais on peut dire en général qu'il s'est fort écarté de la porte qui conduit à la connaissance de l'ame et de la vérité, et qu'il n'a pas bien saisi la nature de l'une et de l'autre. S'il avait fait assez d'attention à la différence qui se trouve entre les vérités nécessaires ou qu'on perçoit par la démonstration, et les autres vérités qu'on ne connaît que par induction, il aurait remarqué qu'on ne peut prouver les vérités nécessaires que par des principes intrinsèques à l'ame, parce que les sens nous apprennent bien ce qui se fait, mais non pas ce qui se fait nécessairement. Il n'a pas non plus assez remarqué que les idées de l'être d'une seule et même substance du vrai, du bon et beaucoup d'autres, ne sont innées à notre ame que parce que notre ame est innée à elle-même, et qu'elle découvre en elle-même toutes ces choses. Il est bien vrai que rien n'est dans l'entendement qui n'ait été auparavant dans les sens, mais il faut excepter l'entendement lui-même : *Nihil est in intellectu, quod non fuerit in sensu, nisi ipse intellectus.*

On pourrait faire bien d'autres observations critiques

26.

sur Locke : car il va même jusqu'à attaquer sourdement
l'immatérialité de l'ame. Il inclinait vers les sociniens,
ainsi que son ami M. Le Clerc : et l'on sait que la philosophie des sociniens sur Dieu et sur l'ame a toujours été
une bien pauvre philosophie.

LEIBNITZ ACCUSE NEWTON DE N'AVOIR PAS UNE ASSEZ HAUTE IDÉE DE LA SAGESSE DE DIEU *.

[*T. 2 de la coll. p.* 110 *et* 115. — *Lettre française à madame
la princesse de Galles*, 1715.]

M. Newton et ses sectateurs ont une fort plaisante
opinion de l'ouvrage de Dieu. Selon eux, Dieu a besoin
de temps en temps de remonter sa montre : autrement
elle cesserait d'agir ; il n'a pas assez de force pour en
faire un mouvement perpétuel. Cette machine de Dieu
est même si imparfaite selon eux, qu'il est obligé de la
décrasser de temps en temps par un concours extraordinaire, et même de la raccommoder comme un horlo-

* M. Newton avait dit dans la dernière question de son
optique : « Il est vraisemblable que quelques irrégularités
» que nous observons dans le cours des planètes devien-
» dront au bout d'un certain temps assez considérables pour
» que ce monde ait enfin besoin d'une main réparatrice :
» *Verisimile est fore ut planetarum irregularitates quædam*
» *longinquitate temporis majores usque evadant, donec hæc*
» *naturæ compages manum emendatricem tandem sit desi-*
» *deratura.*

ger raccommode son ouvrage , qui sera d'autant plus
mauvais maître qu'il sera plus souvent obligé d'y retoucher et d'y corriger. Selon mon sentiment, la même force
et la même vigueur y subsistent toujours , et passent seulement de matière en matière, suivant les lois de la nature
et le bel ordre préétabli ; et je tiens, *quand Dieu fait des
miracles, que ce n'est pas pour soutenir les besoins de la
nature, mais pour ceux de la grâce :* en juger autrement,
ce serait avoir une idée fort basse de la sagesse et de la
puissance de Dieu.

Leibnitz dit encore dans sa deuxième lettre à M. Clarke :
Je ne dis point que le monde corporel est une machine
ou une montre qui va sans l'interposition de Dieu : et
j'inculque assez que les créatures ont besoin de son influence continuelle ; mais je soutiens que c'est une montre qui va sans avoir besoin de sa correction, autrement
il faudrait dire que Dieu se ravise. Dieu a tout prévu , il
a remédié à tout par avance. Il y a dans ses ouvrages
une harmonie, une beauté déjà préétablie. Ce sentiment
n'exclut point la providence ou le gouvernement de
Dieu : au contraire, cela le rend parfait. Une véritable
providence de Dieu demande une parfaite prévoyance ;
mais de plus , elle demande aussi , non seulement qu'il
ait pourvu à tout par des remèdes convenables, préor-
donnés : autrement il manquera ou de sagesse pour le
prévoir, ou de puissance pour y pourvoir. Il ressemblera
à un Dieu socinien qui vit du jour à la journée , comme
disait M. Jurieu. Il est vrai que Dieu , selon les sociniens,
manque même de prévoir les inconvénients ; au lieu que
selon ces messieurs (Newton et ses sectateurs) qui l'obligent à se corriger, il manque d'y pourvoir. Mais il me
semble que c'est encore un manquement bien grand ; il
faudrait qu'il manquât de pouvoir ou de bonne volonté.

LA PRÉDESTINATION DE LA PART DE DIEU TOUJOURS FONDÉE
EN RAISON.

[*Epist.* 17 , *ad Fabricium* , *t.* 5 , *collect.* 236.] ·

Nos bonnes qualités, soit que par là on entende la foi,
comme l'entendent les évangéliques , soit qu'on entende
les œuvres , ainsi que font les catholiques, ne sont pas
proprement méritoires , mais sont des conditions auxquelles il a plu généreusement à Dieu d'attacher le *salut.*
Il reste cependant une difficulté à l'égard de cette dis-
pensation secrète des moyens du salut , de laquelle il résulte que les uns par les diverses circonstances de leur
vie , sont disposés , et doucement , c'est-à-dire sans aucune violence faite à leur liberté , conduits à obtenir de
Dieu la condition à laquelle il a attaché leur salut, et
les autres n'y sont pas conduits. Ici il faut nécessairement recourir à l'exclamation de saint Paul, ô hauteur !
ô altitudo ! Non que Dieu ait résolu de conduire les uns
à la foi et à la pénitence finale et de n'y pas conduire les
autres , par un décret tellement absolu qu'il ne soit déterminé par aucune cause impulsive , ce qui répugnerait
à sa sagesse, mais parce que les raisons qu'il a d'en agir
ainsi , raisons qui sont sans doute très dignes de Dieu ,
et très conformes à sa justice et à sa bonté, nous sont
inconnues.

SENTIMENT DE LEIBNITZ SUR L'AMOUR DÉSINTÉRESSÉ *.

[*T. 4 de la coll., p. 295.*]

Aimer, c'est se plaire dans la félicité d'un autre, ou
ce qui revient au même, c'est faire de la félicité d'un
autre notre propre félicité. On lève par cette définition
une difficulté considérable en théologie : et on conçoit
par là comment il existe un amour non intéressé, c'est-
à-dire qui fasse abstraction de la crainte, de l'espérance
et de toute considération d'utilité. C'est que la félicité
des autres entre dans la nôtre, quand leur félicité nous
fait plaisir ; car les choses qui nous font plaisir sont dé-
sirables par elles-mêmes. Et comme la vue des belles
choses est par elle-même agréable, et qu'un tableau de
Raphaël, par exemple, affecte agréablement une personne qui en sent la beauté, quoiqu'il ne lui rapporte
aucun profit ; de manière qu'elle le contemple avec satisfaction, et conçoit pour lui une sorte d'amour. Ainsi

* Nous avons cru intéressant de rechercher et de réunir
tout ce que Leibnitz a écrit sur l'amour pur. Il est vrai que
nous vivons dans un temps où les excès et les raffinements
en matière de spiritualité ne sont pas à craindre. Mais la
controverse de M. Bossuet et de M. de Fénelon sur l'amour
pur et la manière dont ces deux athlètes ont combattu l'un
contre l'autre, seront dans tous les temps un objet digne
d'attention : et il est très curieux de savoir ce que Leibnitz
a pensé du fond de cette controverse. Nous invitons nos
lecteurs à revoir ce que nous avons déjà rapporté de Leibnitz
à ce sujet.

quand la chose belle est en même temps capable de félicité, l'affection qu'on a pour elle, devient un amour proprement dit. Or l'amour de Dieu surpasse tous les autres amours, parce que Dieu est l'objet que nous pouvons aimer avec plus de profit; la raison en est qu'il n'est rien de plus beau que Dieu, rien de plus heureux que Dieu et de plus digne de l'être : et parce que sa puissance et sa sagesse sont en lui dans un souverain degré, sa félicité n'entre pas seulement dans la nôtre, mais elle la produit encore.

CONTINUATION DU MÊME SUJET.

[*T. 2, diss. de phil. platonica, p. 224, epist. ad Hanschium, an. 1707.*]

Quelques personnes ont enseigné, il n'y a pas long-temps, que nous devions aimer Dieu sans aucun rapport à nous-mêmes. Il entre trop de subtilité dans ce sentiment : car il est contre la nature des choses que quelqu'un n'ait aucun égard à son bonheur. Mais dans ceux qui aiment Dieu, leur bonheur propre vient de cet amour-là même : ainsi avant que la controverse sur la différence de l'amour mercenaire et du véritable amour s'élevât, j'avais vu le nœud de la difficulté, et dans la préface du code du droit des gens, je l'avais tranché par une définition que j'avais donnée de l'amour, qui a été reçue avec un grand applaudissement par les personnes

intelligentes en cette partie et leur a paru décider la
controverse. Effectivement *le véritable amour,* qui est
opposé au *mercenaire,* est ce sentiment de l'ame qui
nous fait trouver du plaisir dans le bonheur d'un autre :
car les choses dans lesquelles nous prenons plaisir, nous
les désirons par elles-mêmes. Or comme la félicité divine
est la réunion de toutes les perfections, et que le plaisir
est le sentiment de la perfection, il s'ensuit que la véritable félicité de l'esprit créé se trouve dans le sentiment
de la félicité divine. Ainsi ceux qui cherchent le droit,
le vrai, le bon, le juste, plus pour le plaisir qu'il leur
donne que pour le profit qu'ils en tirent, quoique dans
la réalité il leur en revienne un très grand, ceux-là,
dis-je, ont la plus grande disposition à l'amour de Dieu,
suivant le sentiment de saint Augustin, qui montre très
bien que les bons veulent *jouir de Dieu,* et que les méchants veulent en *user,* et qui prouve, ce qui est aussi
le sentiment des platoniciens, que la chute des ames a eu
pour cause la substitution de l'amour des choses péris-
sables à l'amour de Dieu. La conséquence de la doctrine
précédente est que notre félicité est une suite inséparable
de l'amour de Dieu.

De là suit la réfutation complète des quiétistes ou des
faux mystiques qui ôtent à l'ame bienheureuse toute propriété et toute action, comme si la souveraine perfection
consistait dans une espèce d'état passif : eh ! comment
peuvent-ils ignorer que l'amour et la connaissance sont
des opérations de l'esprit et de la volonté?

La béatitude de l'ame consiste sans doute dans l'union
avec Dieu : mais il ne faut pas croire que par cette union
l'ame soit absorbée en Dieu, en perdant sa propriété, et
son action qui seule fait sa substance propre, ni que
cette union avec Dieu soit une espèce de déification. Il
en est effectivement parmi les anciens et les modernes,
qui ont cru que Dieu est un esprit répandu dans tout

l'univers, et qui lorsqu'un corps est organisé, le remplit et l'animé, ainsi que l'air, quand il entre dans des tuyaux d'orgue, les anime en quelque sorte, et produit des sons harmonieux. Les stoïciens n'étaient peut-être pas bien éloignés de penser ainsi : et c'est dans ce sentiment que retombent les averroistes et peut-être Aristote lui-même, quand ils admettent une intelligence active, qui est la même dans tous les hommes ; en sorte qu'à la mort, toutes les ames retombent en Dieu, comme les rivières retombent dans l'océan.

Je voudrais bien que Valentin Vegelius, en expliquant dans un traité particulier la vie bienheureuse par la transformation en Dieu et en préconisant souvent une mort et un repos de ce genre, n'eût pas donné lieu de soupçonner que lui et d'autres quiétistes donnaient dans un semblable sentiment. C'est là aussi que tend Spinosa, mais par une autre route : il n'admet qu'une seule substance, qui est *Dieu*. Les créatures sont les modifications de cette substance, comme les figures que le mouvement fait naître et périr continuellement dans la cire molle en sont les modifications. Il suit de là ainsi que de l'opinion d'Alméric, que l'ame ne subsiste (après la mort) que par son être idéal en Dieu, comme elle y a subsisté de toute éternité.

Mais je ne trouve rien dans Platon qui donne lieu de croire qu'il ait pensé que les esprits ne conservent pas leur propre substance. Cette doctrine est incontestable aux yeux de tous ceux qui raisonnent sagement en philosophie : et on ne peut pas même se former une idée du sentiment contraire, à moins qu'on ne se figure que Dieu et l'ame sont des êtres corporels ; car autrement les ames ne pourraient pas être tirées de Dieu, comme on tire des particules. Mais il est absurde de se former une semblable idée de Dieu et de l'ame.

L'AME N'EST PAS UNE PARTIE DE DIEU, MAIS UNE IMAGE DE
DIEU, REPRÉSENTATIVE DE L'UNIVERS, ET UN CITOYEN DE
LA DIVINE MONARCHIE.

[*T. 4, dissert. 2 in codicen, p.* 313.]

Il est des savants qui n'ont point goûté quelques pensées que j'avais insérées dans la préface du premier tome
du droit des gens : mais il n'est pas possible de contenter
tout le monde. Je crois cependant devoir répondre à une
objection qu'on a faite au sujet d'une controverse que
j'avais touchée en passant avant qu'elle fût publiquement
agitée, controverse qui a excité en France, il n'y a pas
bien longtemps, de grands mouvements dans les esprits, et qui n'a cessé que par l'autorité du roi, et le
jugement du souverain pontife. Il s'agit de l'amour non
mercenaire ou non intéressé, amour ayant pour objet le
bien du sujet aimé, mais dépendant cependant de l'im-
pulsion du propre bien du sujet qui aime. Je m'explique
dans la préface du code du droit des gens. J'avais recherché les sources du droit ; et je les avais trouvées dans la
charité : ce qui est bien naturel, puisque la justice n'est
autre chose que la charité du sage. Il me vint alors en
pensée d'examiner s'il pouvait y avoir un amour qui
cherchât par lui-même le bien de l'objet aimé, puisque
nous ne voulons rien que pour notre propre bien. J'avais
répondu que tout ce qui est agréable, est désirable par
lui-même, et était distingué par là de choses utiles,
c'est-à-dire qui sont bonnes, parce qu'elles produisent
un autre bien. Or j'avais remarqué que tel était l'objet
du véritable amour, puisqu'aimer était prendre plaisir

dans le bonheur et les perfections de l'objet aimé.

Quelques personnes m'ont objecté qu'il était plus parfait de s'abandonner tellement à Dieu, qu'on se déterminât toujours par la seule considération de la volonté de Dieu, et non par la considération de son propre plaisir. Mais il faut savoir que cela répugne à la nature des choses : car tout effort pour agir vient de la tendance à la perfection : et le sentiment de cette perfection constitue le plaisir ; il ne peut y avoir autrement d'action ni de volonté. Et même quand nous prenons un mauvais parti, nous n'y sommes déterminés que par une certaine apparence de bien ou de perfection, quoique nous n'atteignions pas notre but, et que nous achètions un petit bien par la perte d'un bien plus considérable. Et il n'est personne qui puisse renoncer au mouvement qui le porte à chercher son propre bien à moins qu'il ne puisse renoncer à sa propre nature. Il est donc à craindre que l'abnégation de son propre bien que recommandent ces faux mystiques, et cette suspension de toute pensée et de toute action par laquelle ils prétendent qu'on est plus parfaitement uni à Dieu, n'aboutissent enfin à la doctrine de la mortalité de l'ame, telle que l'enseignaient les averroistes et même quelques anciens philosophes qui croyaient qu'après la mort de l'homme, les ames ne subsistaient plus que dans l'océan de la Divinité dont elles étaient sorties autrefois comme des gouttes. J'ai cru remarquer autrefois des semences de cette doctrine dans Valentin Vegelius, dans un certain Ange (Angel) silésien et dans Molinos : peut-être ces auteurs eux-mêmes n'ont-ils pas assez aperçu où aboutissait leur doctrine. C'est donc bien justement qu'on rejette la doctrine de ces hommes lâches et paresseux, qui mettent la perfection dans le repos, c'est-à-dire dans la cessation de toute action et de toute pensée, et qui en cela sont bien éloignés du véritable amour et de la véritable tranquillité, et bien éloignés encore des vrais sentiments de l'auteur du Télémaque.

CONSEILS SUR LA MISSION DE LA CHINE ET DU MALABAR.

[*T. 5, collect. op. p.* 328.—*Ex epist. ad Kortholtum ,
t.* 1 *, p.* 330.]

M. Holstenius croit, avec quelque fondement, que la propagation de la foi chrétienne chez les Chinois devrait être renvoyée à de meilleurs temps. Cependant j'ai pour maxime que, quand il s'agit de choses utiles, il faut, quand on le peut, faire l'un et ne point omettre l'autre : on doit considérer encore qu'il est plus facile de gagner par la voie du raisonnement et de la discussion des hommes philosophes et capables de méditation, tels que les Chinois, que les habitants du Malabar où règne une grossière ignorance.

Au reste, pour mieux assurer le succès de la mission du Malabar, je pense qu'il faudrait faire venir en Europe des naturels du pays, et leur faire ouvrir une école de langue malabare en faveur des jeunes gens qui se proposeraient d'aller travailler dans cette mission. Ce moyen me paraît en général le plus efficace de tous pour le succès des missions.

ÉVÊQUES, CARDINAUX ET PAPES POÈTES.

[*T. 5, collect. op. Leib. p.* 329 *et* 330.—*Ex epist. ad Korthol-*
tum, 1715.]

Vous vous proposez (il écrit à Kortholt) de donner une
notice des évêques qui ont été poètes : vous feriez bien
d'y joindre les cardinaux qui se sont distingués dans cette
partie. Il en est un qui vit encore, c'est M. le cardinal
de Polignac. M. le comte de Sinzendorf, grand chancelier
de la cour, m'a dit avoir lu un très beau poème latin de
ce cardinal dans lequel il réfute Lucrèce. J'espère qu'il
ne tardera pas de le donner au public. Vous ne devez pas
oublier les anciens papes qui ont cultivé la poésie, tels
que Sylvestre II ou Gerbert, dont j'ai toujours fait un
très grand cas et que je préfère à tous les autres en ce
genre ; les ignorants croient communément qu'il a été
magicien. On a de ce pape un poème sur Boèce, court ;
il est vrai, mais qui, eu égard au temps où il écrivait,
mérite l'attention des gens de lettres.

CORRESPONDANCE DE LEIBNITZ ET DE BIERLINGIUS SUR LE DROIT
NATUREL ET L'IMMORTALITÉ DE L'AME.

[*Traduite du latin, t.* 5 *de la collect., p.* 384.]

BIERLINGIUS.

Je goûte beaucoup ce que vous dites dans votre *nou-*

velle méthode d'apprendre et d'enseigner la jurisprudence, sur les trois degrés du droit naturel. Et il me semble qu'en ce point, vous ne vous écartez pas beaucoup de ce qu'a enseigné Thomasius dans ses fondements du droit naturel et du droit des gens, sur le juste, le décent et l'honnête. Mais, je vous en conjure, donnez quelques développements à ces paroles qui sont dignes d'être gravées sur le cèdre : *l'utilité du genre humain, et de plus la beauté et l'harmonie du monde coïncident avec la volonté de Dieu.*

On n'aperçoit pas facilement la connexion des préceptes du droit naturel avec l'utilité des hommes, connexion qu'on doit cependant défendre contre l'indifférence des actions en elles-mêmes, telle que l'établit Puffendorf ; à moins qu'on ne veuille admettre que Dieu nous a donné les lois de la nature d'après sa pure volonté, et qu'en les donnant, il a pu dire comme on dit communément : *Sic volo, sic jubeo, stat pro ratione voluntas.* Je laisse à d'autres à examiner si ce procédé s'accorderait avec la nature des créatures raisonnables, et surtout avec la nature de Dieu qui est la raison infinie.

15 juin 1712.

LEIBNITZ.

Je ne sais pas trop comment M. Thomasius distingue le juste, le décent (*decorum*), l'honnête, car je suis peu versé dans les écrits des modernes ; je vous serais obligé si vous vouliez bien me l'apprendre dans un moment de loisir. Vous avez très sagement remarqué que les lois de la nature découlent de la droite raison, et que c'est en conséquence de cette origine qu'elles ont l'assentiment et la ratification de Dieu. J'ai été surpris que Ch. Buddée, dans la réfutation qu'il a entreprise de mon petit

écrit, ait voulu soutenir cet étrange paradoxe, que les
lois naturelles n'ont point d'autre fondement que la pure
volonté de Dieu. Car il faut savoir que dans tout être
intelligent les actes de la volonté sont de leur nature
postérieurs aux actes de l'entendement, et que nous ne
nous déterminons à vouloir que d'après les perceptions
d'un bien, soit véritable, soit imaginaire; mais dans le
sage parfait, c'est-à-dire dans Dieu, la volonté ne se porte
jamais que vers le bien véritable. M. Kestner, un peu
imbu des sentiments de Puffendorf, m'objecte que si
Dieu suivait les raisons éternelles, il y aurait donc quelque chose qui serait avant Dieu. Mais il faut répondre
que les raisons éternelles sont dans l'entendement divin;
et qu'il ne suit pas de là qu'il y ait quelque chose avant
Dieu, mais seulement que les actes de l'entendement
divin précèdent de leur nature les actes de la volonté
divine.

20 juin 1712.

BIERLINGIUS.

Vous désirez savoir comment M. Thomasius distingue
le juste, le décent et l'honnête. Voici ses principes réduits en abrégé, tels qu'il les expose dans *les fondements
du droit de la nature et des gens.*

Il commence par établir qu'il y a deux classes d'hommes, les insensés et les sages, et que les uns et les autres
le sont plus ou moins; mais il ne croit pas qu'il existe un
seul homme parfaitement sage.

De là deux règles, l'une *coactive*, qu'il appelle la règle
du commandement, l'autre directive ou persuasive qu'il
appelle la règle du conseil.

Ceux qui sont les plus insensés, qui ne peuvent garder
la paix ni avec eux-mêmes, ni avec les plus sages, doi-

vent être réduits à l'ordre par le commandement. Il faut, avec ceux qui commencent à être sages, employer le commandement et le conseil, dans un juste tempérament. Ceux qui ont fait quelques progrès dans la sagesse n'ont plus aucun besoin qu'on use à leur égard de commandement : mais ils peuvent être régis par le conseil.

Voici, selon M. Thomasius, quel est le premier principe, le principe universel du droit naturel, ou de toute la divine morale ; car c'est ainsi que Thomasius appelle le droit naturel : Faites tout ce qui rend la vie des hommes et la plus longue et la plus heureuse : Évitez tout ce qui la rend malheureuse et en accélère la fin.

La paix extérieure est conservée par les règles du juste et favorisée par les règles du décent (du *decorum*) : l'intérieur s'acquiert en observant les règles de l'honnête.

De là suit le principe des règles du juste : Ce que vous ne voulez pas qu'on vous fasse, ne le faites pas aux autres : ou en deux mots, n'offensez personne, *neminem læde*.

Le principe des règles du décent (*decorum*) est celui-ci : Faites aux autres ce que vous voulez qu'on vous fasse, c'est-à-dire rendez-leur les devoirs d'humanité et tous les services auxquels vous ne pouvez être forcé par le droit.

Voici le principe des règles de l'honnête : Faites pour vous ce que vous voulez que les autres fassent pour eux, c'est-à-dire réprimez les passions qui tendent à l'excès, excitez celles qui languissent : et ainsi autant que vous le pouvez, tenez toutes vos affections en équilibre *.

27 juillet 1712.

---

* Bierlingius rapporte encore en propres termes le sentiment de Thomasius sur la question : Y a-t-il des actions qui, par elles-mêmes et de leur nature, soient honnêtes ou honteuses ? Il expose le sien dans sa lettre suivante ; mais

LEIBNITZ.

Je vous rends grâces de ce que vous avez bien voulu m'exposer le sentiment de Thomasius. J'y trouve beaucoup de bon. Cependant j'ai des observations à faire sur quelques endroits :

1° J'approuve la différence que Thomasius met entre les insensés, et les divers degrés de ceux qui ont fait plus ou moins de progrès dans la sagesse. Je conviens que les insensés doivent être contraints par le commandement ; et c'est ce qu'Aristote a voulu dire quand il a dit que quelques hommes étaient de leur nature esclaves. J'ajoute encore que moins un individu a de sagesse, plus à son égard on doit user de commandement. Mais quant à ce qu'ajoute, ainsi que vous le dites, cet excellent homme, que ceux qui ont fait quelques progrès dans la sagesse n'ont plus besoin absolument qu'on leur commande, mais qu'ils peuvent être régis par le conseil, je n'oserais admettre le principe. Il faudrait supposer une bien grande sagesse, pour qu'on pût lui confier tout avec sûreté : il y a très peu de tels sages dans le monde : et s'il en existe, on ne les connaît pas. Je pense donc que la prudence exige absolument qu'on fasse en sorte qu'aucun délit, autant qu'il est possible, ne demeure impuni.

Au reste, cette discussion regarde moins la question du droit que celle de l'utilité : et il ne s'agit point ici de ce qui est juste et raisonnable, mais de la meilleure manière de procurer l'exécution de la loi qui prescrit ce qui est raisonnable.

2° Thomasius donne pour premier principe, pour le

nous avons exposé celui de Leibnitz, Esprit de Leibnitz, t. 1 ch. 4.

principe général du droit naturel, de faire tout ce qui rend la vie des hommes et la plus longue et la plus heureuse, d'éviter tout ce qui la rendrait malheureuse et en abrégerait la durée. Je n'admets point ce premier principe, parce qu'il restreint tout à cette vie courte et qui doit finir dans peu, sans aucun égard à la vie éternelle ; car en supposant la divine Providence et l'immortalité de l'ame humaine, deux points qui peuvent être connus par la raison naturelle, et qui par conséquent sont le fondement du droit de la nature, il peut se faire que le sage, en considérant des biens éternels, puisse et doive renoncer à la vie présente et à tous ses avantages : mais de plus, en supposant qu'il n'y a point d'immortalité, la mort paraîtra quelquefois au sage préférable à la vie présente.

Au reste, nous rectifierons le principe, si nous disons en général qu'il faut chercher la vie heureuse et éviter la vie malheureuse : mais il faut alors expliquer plus amplement en quoi la véritable félicité consiste. Ainsi je poursuis avec vous : Thomasius dit que la félicité *consiste dans la paix de l'homme extérieure et intérieure ;* que la paix extérieure se conserve par les règles du juste, et s'accroît (*promovetur*) par les règles du décent (*decorum*) quand on se conforme aux unes et aux autres, et que la paix intérieure s'obtient par l'observation des règles de l'honnête.

J'aurais désiré qu'il eût fait connaître clairement quelle différence il met entre conserver la paix et promouvoir la paix, *conservare et promovere.*

Il est certain qu'il est bien des gens dans l'esprit desquels on se fait plus de tort par la violation du décent (*decorum*) que par la violation du juste. Car les hommes redoutent ceux qui violent les règles du juste, mais ils méprisent ceux qui violent les règles du décent : et ils offensent plus facilement l'homme qu'ils méprisent, que l'homme qu'ils craignent.

Je crois encore (contre le sentiment de Thomasius) que l'observation des règles de la justice et de la décence est nécessaire pour la paix intérieure : car celui qui blesse les règles de la décence en est ordinairement honteux, et se le reproche à lui-même : et celui qui viole les règles du juste, s'il lui reste encore quelques sentiments de piété, est souvent tourmenté par les reproches et les remords de la mauvaise conscience ; sans parler encore dè la peine présente qu'il a à craindre, soit de la part de celui qu'il a offensé, soit de la part du magistrat.

3° L'explication que donne Thomasius des différences qui sont entre le juste, le décent et l'honnête, ou la définition de ces trois termes, est véritablement ingénieuse. La règle du juste, dit-il, est celle-ci : Ce que vous ne voulez pas qu'on vous fasse, ne le faites pas aux autres : la règle du décent, ce que vous voulez qu'on vous fasse, faites-le aux autres : la règle de l'honnête, ce que vous voulez que les autres se fassent, faites-le aussi à vous-même. On doit des éloges à cette explication des trois règles du droit : N'offensez personne, rendez à chacun ce qui lui appartient, vivez honnêtement. J'en ai traité dans ma méthode et dans la préface du code diplomatique. Cependant il y a encore ici quelque difficulté : car dans la seconde règle, on dit qu'on entend les bons offices auxquels personne ne peut être contraint par le droit : mais les termes de la règle ne portent pas cela. Car les hommes sont souvent contraints par le droit, non seulement à ne pas faire certaines choses, mais encore à en faire certaines autres : sans parler des autres difficultés que souffre encore l'une et l'autre règle : car il y a beaucoup de choses que nous voulons, sans être assez fondés en raison. En est-ce alors assez pour que nous les exigions raisonnablement des autres ? Il faudrait donc une autre règle pour déterminer ce qu'il faut vouloir. De plus, il y a tant de dissemblance et d'inégalité entre les hommes, que nous n'exigerions pas toujours raisonnablement des autres ce que ceux-ci exigent raisonnablement de nous : et par conséquent je ne me dois pas toujours à moi-même ce que les autres se doivent. Ainsi, quoiqu'il y ait quelque chose de beau dans ces règles, cependant elles ne font pas assez pleinement connaître les fondements du juste, du décent, de l'honnête : et ma volonté spontanée n'est pas une mesure assez sûre de ce qui m'est dû par la volonté des autres.

20 octobre 1712.

BIERLINGIUS.

J'ai lu avec bien du plaisir les observations qu'il vous a plu de me faire touchant le sentiment de l'illustre Thomasius sur la différence et les fondements du juste, du décent et de l'honnête. J'avoue qu'il y a dans ce sentiment quelques points qui paraissent demander une plus ample explication : et peut-être l'auteur lui-même la donnera-t-il, s'il lui arrive de retoucher et de remettre en ordre tout ce qu'il a publié en différentes circonstances sur cet objet : car il a déjà changé et corrigé bien des points. Il n'admet point, à ce que je crois, que tous ceux qui ont fait quelque progrès dans la sagesse, n'aient plus aucun besoin de commandement, mais peuvent être gouvernés par le seul conseil. Vous observez qu'il faudrait qu'une sagesse fût bien grande pour qu'on pût lui confier tout avec sûreté, qu'il y a peu d'hommes pourvus d'une telle sagesse, et que s'il en existe, on ne les connaît point. Cela est vrai ; cependant je croirais volontiers avec Thomasius que ce très petit nombre de sages n'a pas besoin de commandement, tandis qu'ils persévèrent dans

ce degré de sagesse, et qu'ils ne se pervertissent pas,
ainsi que cela peut arriver. Les sages observent les lois,
non par contrainte, mais volontairement et par l'im-
pulsion de la raison et de la conscience : c'est dans ce
sens que saint Paul lui-même a dit que *la loi n'avait
point été donnée pour le juste,* cela s'entend quant à la
partie coactive.

2° Thomasius n'admet point que l'immortalité de l'ame
humaine puisse être connue par les seules lumières de la
raison naturelle : il croit que ce point de doctrine doit
être tiré de la Sainte Écriture, comme un article de foi,
et par conséquent il n'appartient point à la philosophie;
qu'il ne faut point confondre la lumière de la raison qui
nous montre le chemin vers la félicité de cette vie, avec
la lumière de la révélation : au reste, il entend par l'immortalité de l'ame, l'existence de sa substance séparée
du corps, existentiam substantialem separatam.

3° Quant à ce que vous observez sur la fin de votre
lettre, que Dieu peut être conçu comme un législateur,
mais non comme un législateur despotique ; qu'un père,
qu'un docteur, etc., sont aussi des législateurs, quoiqu'ils ne soient pas législateurs despotiques ; que les péchés sont à eux-mêmes leur punition, puisque tout homme
méchant est ennemi de lui-même, *seauton timorumenos;*
que les bonnes actions portent avec elles leur récompense ;
toute cette doctrine est sans doute excellente, mais je
crois qu'elle peut se concilier avec celle de Thomasius.
Pour moi, je pense que rien n'est plus propre à exciter
les hommes à la vertu, et à les détourner du vice, que
de leur montrer la connexion ou l'harmonie qui existe
entre les actions et les événements qui les suivent : d'où
il faut conclure qu'on doit nécessairement abandonner le
sentiment de Puffendorf, qui prétend que toutes les actions en elles-mêmes et de leur nature sont indifférentes.

11 janvier 1713.

LEIBNITZ.

On peut souhaiter plutôt qu'espérer qu'il y ait des hommes assez sages pour se conduire toujours par le seul conseil de la droite raison. Cela appartient à l'idée d'une république parfaite, que nous imaginons pour en approcher autant qu'il est possible. Ce que je trouve de plus répréhensible dans Puffendorf et Thomasius, c'est qu'ils enseignent que l'immortalité de l'ame, les peines et les récompenses au delà de cette vie, ne nous sont connues que par la révélation. Pythagore et les platoniciens ont eu sur ce point des sentiments plus sages. J'ai remarqué dans ma lettre à Bohemer sur le traité des devoirs du citoyen, que ce fondement de la théologie naturelle était manifeste aux yeux de tout individu, même du peuple, qui croit au dogme de la providence et aux premières conséquences de ce dogme, sans même qu'il soit nécessaire d'employer avec lui les arguments métaphysiques par lesquels nous prouvons invinciblement qu'il existe une providence. La doctrine des mœurs, de la justice et des devoirs, qui ne serait appuyée que sur les seuls biens de cette vie, serait nécessairement une doctrine très imparfaite, ainsi que je l'ai montré dans la même lettre.

La doctrine qui enseigne une providence est inutile, si vous ôtez l'immortalité de l'ame; elle n'a pas alors plus de force pour obliger les hommes que les dieux d'Epicure, qui sont sans providence. Ainsi donc, si Dieu n'a pas gravé en nous des principes d'où nous pouvons conclure évidemment l'immortalité de l'ame, la théologie naturelle est inutile, et ne sert de rien contre l'athéisme pratique. Il aurait donc été permis aux hommes d'être athées avant la révélation, car la Divinité ne punit pas toujours dans cette vie les injures qui lui sont faites.

Il n'est pas nécessaire, pour défendre l'immortalité de

l'ame, de dire qu'elle est une substance séparée: car elle
pourrait toujours être unie à un corps subtil, tel que
celui que j'admets dans les anges.

1713.

BIERLINGIUS.

Sans doute, la doctrine de l'immortalité de l'ame ainsi
que des peines et des récompenses à attendre après cette
vie, contribue beaucoup à contenir les hommes dans le
devoir, quoiqu'on ne puisse nier qu'Épicure et ses sectateurs, quant à ce qui concerne l'honnêteté extérieure et
civile, ne sont pas indignes de toute louange, ainsi que
le prouve l'exemple de Pomponius Atticus. Je crois, au
reste, que Puffendorf et Thomasius n'ont circonscrit la
philosophie morale dans la félicité de cette vie que pour
ne point confondre la raison et la révélation, deux principes qui, sans être contraires, sont cependant distincts.
Mais en soutenant qu'on ne peut démontrer par la raison
l'immortalité de l'ame, on ne doit pas être censé pour
cela nier cette immortalité: ainsi qu'aucun chrétien ne
nie le mystère de la Trinité, quoique tous s'accordent à
dire que la lumière de la raison ne suffirait pas pour nous
le faire connaître.

2° Vous dites que la Divinité ne punit pas dans cette
vie les outrages qui lui sont faits; je pense que vous voulez
dire qu'elle ne les punit pas toujours: de là vient la question tant agitée parmi les païens, pourquoi les bons sont
malheureux, et les méchants heureux dans cette vie,
puisqu'il y a une providence? La réponse de Claudien,
qu'ils sont élevés en haut pour que leur chute soit plus
grave, *tolluntur in altum ut lapsu graviore ruant*, cette
réponse, dis-je, ne lève pas assez complètement la difficulté. Boèce, dans son traité *de la consolation philosophique*, laisse encore bien des choses à désirer sur ce

point. Nous avons l'exemple de David et d'autres exemples encore, qui prouvent que les crimes sont punis même dans cette vie, quoique nous ne le remarquions pas toujours, à cause de la faiblesse de notre raison qui ne lui permet pas de saisir et de comprendre suffisamment l'ordre et le mode de la providence.

20 avril 1713.

Nous ne trouvons pas la réponse de Leibnitz à cette lettre, et dans le vrai, aucune réponse n'était nécessaire. M. Leibnitz n'imputait pas à Puffendorf de ne pas croire l'immortalité de l'ame ; il lui imputait seulement de prétendre qu'on ne pouvait pas la prouver par la seule raison : et Bierlingius n'ignorait pas et ne pouvait ignorer que telle était effectivement la prétention de ce philosophe. Et lorsque Leibnitz a dit que Dieu ne punissait pas le crime dans cette vie, il est bien manifeste qu'il voulait dire qu'il ne le punissait pas toujours. Et quand on admettrait avec Bierlingius qu'il y a toujours quelque peine, quoique non toujours évidente, qui accompagne le crime dans cette vie, il est au moins bien certain que cette peine secrète n'est pas toujours proportionnée à la gravité des crimes.

LEIBNITZ LOUE LE TRAITÉ DE L'EXISTENCE DE DIEU PAR FÉNELON.

[*Tome 3, op. p. 71, 1712.*]

J'ai lu avec plaisir le beau livre de M. l'archevêque de Cambray sur l'existence de Dieu : il est fort propre à

toucher les esprits ; et je voudrais qu'il fît un ouvrage
semblable sur l'immortalité de l'ame. S'il avait vu ma
Théodicée , il aurait peut-être trouvé quelque chose à
ajouter à son bel ouvrage.

PENSÉES DE LEIBNITZ SUR LA RÉUNION DES CATHOLIQUES ET DES LUTHÉRIENS.

*[T. 5, collect. epist. ad Fabricium 33, p. 249, et t. 6, epist.
ad Ludolfum 46, p. 157.]*

1° Il est bien vrai qu'on ne peut rien statuer de la part
des catholiques sur l'union, sans l'approbation du souverain pontife : cependant on peut toujours établir des
conférences préliminaires sur ce sujet , et savoir ce qu'en
pensent des catholiques doctes et pieux. Mais , de notre
côté même, on ne pourrait espérer aucuns succès des démarches qui seraient faites pour la réunion , si un grand
nombre de nos souverains ne concouraient à ce pieux
dessein.

2° Il est juste ensuite que des deux côtés on prenne
les moyens les plus propres à faciliter la réunion.

3° Il serait nécessaire encore d'établir des principes ,
d'après lesquels on pût reconnaître ce qui est de foi et
ce qui ne l'est pas ; car je crains que les catholiques ne
regardent comme appartenant à la foi ou comme étant de
droit divin , certains points à l'égard desquels nous ne
penserions pas de même.

4° Je ne sais si de ce que l'Écriture sainte n'est point

opposée à certains articles qu'ordonnent les catholiques,
on est en droit de conclure que nous ne devons pas les
contester. Car c'est à celui qui affirme, de fournir la
preuve de ce qu'il avance : et on peut nier qu'un article
appartienne à la foi jusqu'à ce qu'on prouve qu'il a été
révélé par Dieu.

5° Je crois me souvenir que le concile de Trente ou la
profession de foi du pape Pie IV, en appelle au consentement unanime des pères. Ce point, s'il était vrai, serait
pour nous d'un grand avantage, car dans la plupart des
controverses que nous avons avec les catholiques, il leur
serait bien difficile de prouver qu'ils ont pour eux le consentement unanime des Pères *.

6° Quant à sa manière de procéder dans les causes et
les jugements ecclésiastiques, si une fois l'union était
faite, il serait facile de s'accorder : parce que la plupart
des points de jurisprudence canonique dans l'Église romaine ne sont que de droit humain, et par conséquent
sont susceptibles de changement.

7° J'avoue que les espérances d'une réunion des catholiques et des protestants sont éloignées : et cependant
tout consiste dans le concours de la volonté de quatre,
cinq ou six personnes. Car supposé que le pape, l'empereur, et le roi de France d'un côté, et quelques grands
princes de l'autre, veuillent sincèrement la réunion,
nous devons la regarder déjà comme faite ; et ne savons-

* Effectivement, dans la profession de foi de Pie IV, on
s'engage à n'entendre et à n'interpréter la Sainte Ecriture
que conformément au sentiment unanime des Pères. Mais
cette unanimité se prend moralement : et M. Leibnitz se
trompe quand il met en fait que dans les controverses des
catholiques avec son parti, les catholiques ne peuvent pas
toujours prouver qu'ils ont pour eux le consentement
unanime.

28.

nous pas, ainsi que nous l'apprend la Sainte Écriture, que les cœurs des rois sont dans la main de Dieu ; mais notre siècle qui tend vers sa fin (Leibnitz écrivait en 1698) ne sera pas assez heureux pour voir ce grand événement ; et je ne sais si le siècle suivant sera plus heureux que le nôtre.

— ◦◦◦ —

ORIGINE DE L'OUVRAGE DE LEIBNITZ, QUI A POUR TITRE : THÉODICÉE *.

[*T. 6, de la collect. p.* 184 *et* 284, *lett. à Th. Burnet*, 1710.]

On aura bientôt achevé d'imprimer à Amsterdam mon livre intitulé : *Essais de Théodicée sur la bonté de Dieu,*

* Nous avons cru devoir faire connaître cette anecdote,

1° Pour montrer avec quelle application et quelle constance Leibnitz avait étudié ce qui appartient à la religion, parce que son autorité en aquiert plus de force ;

2° Pour avoir occasion de conseiller la lecture de la Théodicée et de répéter ce qu'avait coutume de dire l'illustre Charles Bonnet de Genève, que la Théodicée devait être le manuel du philosophe chrétien : et c'est pour ne point détourner de lire en entier cet admirable ouvrage que nous en avons extrait si peu de chose ;

3° Pour montrer de plus en plus ce que nous avons déjà fait dans le discours préliminaire, combien M. Psaft avait été mal fondé à soutenir que M. Leibnitz n'avait prétendu dans sa Théodicée que faire un jeu d'esprit, et que M. Leibnitz m'en avait assuré lui-même.

Nous croyons convenable de placer une apostille qui se

la liberté de l'homme et l'origine du mal. La plus grande
partie de cet ouvrage avait été faite par lambeaux, quand
je me trouvais chez la feue reine de Prusse, où ces matières étaient souvent agitées, à l'occasion du dictionnaire et des autres ouvrages de M. Bayle qu'on y lisait
beaucoup. J'avais coutume, dans les discours, de répondre aux objections de M. Bayle, et de faire voir à la reine
qu'elles n'étaient pas aussi fortes que certaines gens, peu
favorables à la religion, voulaient le faire croire. Sa Majesté m'ordonnait assez souvent de mettre mes réponses
par écrit, afin qu'on pût les considérer avec attention.
Après la mort de cette grande princesse, mes amis m'ont
exhorté à réunir et à fortifier ces réponses : et il est résulté de mon travail l'ouvrage dont je viens de parler.
Comme j'ai médité sur cette matière depuis ma jeunesse,
je crois l'avoir discutée à fond.

trouve dans la lettre de Leibnitz à Toland, et que nous
avions cru devoir négliger, parce qu'elle était étrangère au
but de la lettre. Elle confirme notre observation sur
M. Psaft.

« Mes amis m'ont pressé de mettre au net mes *Considé-*
» *rations sur la liberté de l'homme et la justice de Dieu par*
» *rapport à l'origine du mal,* dont une bonne partie avait
» été autrefois couchée sur le papier pour le faire lire à la
» reine de Prusse qui le désirait. J'y examine toutes les diffi-
» cultés de M. Bayle, et tâche de les résoudre en même temps
» que je rends justice à son mérite. »

OUVRAGE DE JULIEN CONTRE LA RELIGION CHRÉTIENNE, CON-
SERVÉ PAR SAINT CYRILLE : VÉRITÉ DE LA RELIGION, OBJET
DE SERMON.

[*T. 6, lett. à Th. Burnet, p. 242.*]

Le second tome des ouvrages de Julien, que M. Spanheim se prépare à nous donner, contiendra ses remarques
sur le livre de cet empereur apostat contre les chrétiens,
et sur la réponse de saint Cyrille, archevêque d'Alexandrie. C'est la réponse de saint Cyrille, qui nous a conservé
l'ouvrage de Julien : ces ouvrages des païens contre les
chrétiens sont presque tous perdus. Cet ouvrage viendra
bien à propos dans un temps où il est besoin d'écrire sur
la vérité de la religion chrétienne, pour fermer la bouche
à ses ennemis.

On a envoyé à madame l'électrice le livre de M. Jaque-
lot sur la religion : mais comme le prédicateur de la cour
a annoncé qu'il prêcherait sur la vérité de la religion,
elle lui a envoyé ce livre : ainsi au lieu de le lire pendant
quelques heures, elle l'entendra toute l'année.

<hr>

LANGAGE DU P. MALLEBRANCHE SUR LES IDÉES ET LA VISION
EN DIEU, FAVORABLE A LA PIÉTÉ.

[*Recueil de pièces, lett. à M. Remond, t. 2, p. 545.*]

Il n'y a aucune nécessité de prendre avec le père Mallebranche les idées pour quelque chose qui soit hors de nous. Il suffit de les considérer comme des notions, c'est-à-dire comme des modifications de notre ame. C'est ainsi que l'école et M. Descartes les prennent. Mais, comme Dieu est la source des possibilités, et par conséquent des idées, on peut excuser et même louer ce père d'avoir changé de termes et d'avoir donné aux idées une signification plus relevée, en les distinguant des notions et en les prenant pour des perfections qui sont en Dieu, auxquelles nous participons par nos connaissances. Ce langage mystique du père n'était donc point nécessaire; mais je trouve qu'il est utile, car il nous fait mieux envisager notre dépendance de Dieu. Il semble même que Platon parlant des idées, et saint Augustin parlant de la vérité, ont eu des pensées approchantes, que je trouve fort raisonnables, et c'est la partie du système du père Mallebranche que je serais bien aise qu'on conservât avec les phrases et formules qui en dépendent ; comme je suis bien aise qu'on conserve la partie la plus solide de la théologie des mystiques. Et bien loin de dire, avec l'auteur de la réfutation du père Mallebranche, que *le système de saint Augustin est un peu infecté du langage et des opinions platoniciennes*, je dirais qu'il en est enrichi, et qu'elles lui donnent du relief.

J'en dis presqu'autant du sentiment du père Mallebranche, quand il assure que *nous voyons tout en Dieu* : que c'est une expression qu'on peut excuser, et même louer. Car il est bon de considérer que, non seulement dans le système du père Mallebranche, mais encore dans le mien, Dieu seul est l'objet immédiat externe des ames, exerçant sur elles une influence réelle. Et quoique l'école vulgaire semble admettre d'autres influences, par le moyen de certaines espèces, qu'elle croit que les objets envoient dans l'ame, elle ne laisse pas de reconnaître que toutes nos perfections sont un don continuel de Dieu et une participation bornée de sa perfection infinie. Ce qui suffit pour juger que ce qu'il y a de vrai et de bon dans nos connaissances est encore une émanation de la lumière de Dieu, et que c'est dans ce sens qu'on peut dire que *nous voyons les choses en Dieu.*

***

BONHEUR DES SAINTS DANS LA VUE DE DIEU ET DE L'UNIVERS [*].

[*Otium Hanoveranum, p.* 10.]

Les saints dans la vie éternelle jouiront de la vue de Dieu : mais il y a divers degrés et diverses perfections dans cette vue. C'est ainsi que lorsque plusieurs personnes contemplent un seul et même objet, les unes le voient avec des yeux plus clairvoyants, les autres avec des yeux un peu troubles ; les unes le voient de plus près, et les autres de plus loin. Toutes aperçoivent la même image, mais la vue de l'une est, quant à la lumière et les rayons qui pénètrent dans les yeux, distincte de la vue d'une autre.

Tandis que nous sommes sur la terre, nous ne sommes point dans notre véritable centre, et par conséquent dans notre véritable point de vue : nous voyons, il est vrai, les créatures et les œuvres admirables de Dieu ; mais nous

[*] Quoique M. Dutens ait eu sous les yeux l'ouvrage qui a pour titre *Otium Hanoveranum,* et qu'il en ait fait grand usage, cette lettre ne se trouve point dans sa collection.

les voyons comme un homme placé entre les scènes d'un théâtre peintes suivant les règles de l'optique. Cet homme voit des figures, mais des figures grossières, informes et incohérentes : ce qui ne l'empêche pas cependant de reconnaître l'art du peintre ou de l'architecte. Ainsi dans notre position actuelle, quoique nous ayons toujours lieu d'admirer les œuvres de Dieu, nous ne pouvons pourtant pas jouir du beau spectacle de leur ensemble. Il en serait autrement, si nous étions transportés dans le soleil, ou plutôt dans le lieu qu'habitent les bienheureux : c'est là que, placés comme dans le véritable centre de tout l'univers, la vue de sa beauté nous remplira d'un plaisir ineffable.

BUT PRINCIPAL DE LEIBNITZ DANS SON TRAVAIL SUR LES CONNAISSANCES NATURELLES.

[*T. 6, lett. 6 à Th. Burnet, p.* 251.]

J'ai lu les discours de Ch. Bentley. Je vois en lui une combinaison bien rare de deux avantages très grands, l'érudition et la solidité. MM. Saumaise, Isaac Vossius, Gudius et quelques autres de cette sorte, étaient d'une grande érudition. Mais ou ils ne méditaient guère, ou ils méditaient superficiellement et avec peu d'exactitude. Mais Grotius, Gassendi, et quelque peu d'autres, ont montré qu'ils excellaient dans l'un et l'autre genre; et j'approuve surtout le dessein de Ch. Bentley de se servir des connaissances naturelles, pour faire adimrer la sagesse et la puissance du Créateur : c'est aussi mon but principal.

EXTRAITS

DES

LETTRES DE LA COLLECTION DE FEDER.

INVITATION INUTILEMENT FAITE AUX JANSÉNISTES.

[*Collection de M. Feder, lettre de M. Amillou, p.* 2, 1708.]

M. de Joncourt * a bien fait de rétracter ce qu'il avait dit un peu légèrement, et d'imiter M. l'archevêque de Cambray, qui prêche en vain aux jansénistes de faire comme lui.

IMMORTALITÉ DE L'AME, FONDEMENT DU DROIT NATUREL.

[*Collect. de Feder, lett. à M. de Beauval, p.* 95, *sans date.*]

Je suis de ce sentiment, que la justice est imparfaite sans la religion, et qu'on ne pourrait jamais prouver

* Prédicateur à La Haye, déchaîné contre les coccéiens.

qu'il faut toujours garder la promesse donnée, s'il n'y
avait cette souveraine puissance qui la maintient, et qui
fait enfin passer tout le droit en fait par un redressement
immanquable. J'en ai touché quelque chose dans la préface de mon *codex juris gentium*. Il y aura des gens si
bien nés ou si bien élevés que l'injustice leur paraîtra
hideuse et qu'ils s'en abstiendront, comme on s'abstient
d'une viande qu'on abhorre : et il serait à souhaiter que
tous les hommes fussent de cette trempe ; mais cela n'é-
tant point, il faut quelqu'autre raison que le goût pour
convaincre tout le monde de son obligation. C'est pourquoi j'ai toujours désapprouvé les principes de M. de Puffendorf, qui pensait que la considération de l'immortalité
de l'ame ne devait point entrer dans les fondements du
droit naturel.

FABLE DE LA PAPESSE JEANNE.

[*Collect. de Feder, lett. à M. de Beauval, p.* 97.]

Je suis entièrement du sentiment de ceux qui tiennent
l'histoire de la papesse Jeanne pour une fable ridicule,
et qui n'a pour elle aucun auteur ancien. Les meilleurs
manuscrits des auteurs tant soit peu anciens, qu'on cite
ordinairement, n'en disent mot. D'ailleurs, après avoir
approfondi la chose autrefois, je l'ai trouvée détruite par
des raisons qui peuvent passer pour incontestables *.

* Leibnitz l'a détruite dans une dissertation à laquelle il
avait donné pour titre : *Flores sparsi Joannæ popissæ*

SUR LES MYSTÈRES, ET LA MANIÈRE D'ENGAGER M. BAYLE À
ÉCRIRE EN FAVEUR DE LA RELIGION.

[Collect. de Feder, lett. à M. de Beauval, p. 109, 1706.]

Dans les mystères, je distingue trois points : 1º les expliquer pour en lever l'obscurité ; 2º les prouver par des raisons naturelles ; 3º les soutenir contre les objections. Nous ne pouvons pas toujours satisfaire au premier point, et encore moins au second, au lieu que nous pouvons toujours satisfaire au troisième, et il n'y a point d'objection insoluble contre la vérité, autrement le contraire serait démontré.

Mais entreprendre de satisfaire tout exprès aux difficultés de M. Bayle, comme il semble que vous me le conseillez, monsieur, c'est ce que j'appréhenderais de ne pouvoir faire, sans faire du tort à la religion. Car je ne ferais qu'exciter un si habile homme à mettre ses difficultés dans un jour plus beau, s'il est possible, sans me pouvoir flatter de remédier au mal que j'aurais causé.

Cette dissertation, que Leibnitz avait laissée manuscrite, a été imprimée dans *Biblioteca Hist. Gotlingensis*, t. 1. C'est un des ouvrages les plus considérables de Leibnitz, et qui fait le plus d'honneur à la sagesse de sa critique et à l'étendue de son érudition. Elle est comme ensevelie dans cette Bibliothèque historique de Gotlingue, ouvrage très peu connu. M. Dutens n'en a point eu de connaissance : voilà pourquoi on ne la trouve pas dans la collection des œuvres de Leibnitz. Cette dissertation n'était pas encore tombée sous nos yeux, lorsque nous publiâmes la seconde édition des Pensées.

Pour réfuter M. Bayle utilément, je proposerais l'invention que voici : Je voudrais que quelqu'un entreprît de combattre les raisonnements qu'il fait de temps en temps en faveur de la religion : par ce moyen en l'obligeant à les soutenir, on l'engagerait à dire mille belles choses, qui seraient avantageuses à la religion et à lui-même : par exemple, lorsqu'il dispute contre M. Bernard touchant la simplicité de Dieu, il montre très bien qu'un composé n'est pas un être doué d'une véritable unité. Il montre aussi excellemment, dans plus d'un endroit, qu'un être qui pense doit être une substance simple et sans parties, et qui par conséquent n'est point sujette à la destruction.

LA MATIÈRE NE PEUT PAS PENSER.

[*Collect. de Feder, lettre à M. Bayle, du 5 décembre* 1702, *p.* 123.]

Je suis de votre sentiment (il parle à Bayle). Je crois que la matière ne peut pas devenir pensante, comme elle peut devenir ronde : j'ai montré, comme vous savez, monsieur, que la matière peut devenir propre à donner des pensées bien distinctes, quand elle est bien organisée ; mais non pas à en faire naître où il n'y en a point du tout. C'est comme un essayeur ne fait point naître de l'or, mais il le développe. Il est vrai que si le dérangement de la matière était capable de faire cesser les pensées, son arrangement serait aussi capable d'en faire naître. Mais tout cela ne doit s'entendre que des pensées

distinctes, qui attireraient assez notre attention pour
qu'on puisse s'en souvenir.

CONSTITUTION DE L'AME.

[*Collect. de Feder, lett. à Bayle, p.* 124, 1702.]

Je ne sais s'il est possible d'expliquer mieux la constitution de l'ame qu'en disant :

1° Qu'elle est une substance simple, ou bien ce que
j'appelle une vraie unité;

2° Que cette unité pourtant est expressive de la multitude, c'est-à-dire des corps, et qu'elle l'est mieux qu'il
est possible, selon son point de vue ou rapport;

3° Qu'ainsi elle est expressive des phénomènes selon
les lois *métaphysico-mathématiques* de la nature, c'est-
à-dire selon l'ordre le plus conforme à l'intelligence et à
la raison, d'où il s'ensuit enfin,

4° Que l'ame est une imitation de Dieu, le plus qu'il
est possible aux créatures; qu'elle est comme lui simple
et pourtant infinie aussi, et enveloppe tout par des perceptions confuses; mais qu'à l'égard des perceptions
distinctes, elle est bornée; au lieu que tout est distinct
à la souveraine substance, de qui tout émane et qui est
cause de l'existence et de l'ordre, et en un mot la dernière
raison des choses.

Dieu contient l'univers éminemment, et l'ame ou l'unité
le contient virtuellement, étant un miroir central, mais
actif et vital pour ainsi dire.

29.

On peut même dire que chaque ame est un monde à part, mais que tous ces mondes s'accordent et sont représentatifs des mêmes phénomènes différemment rapportés, et que c'est la plus parfaite manière de multiplier les êtres autant qu'il est possible, et le mieux qu'il est possible.

<hr>

SUR L'ACTIVITÉ DE L'AME ET LE FRANC ARBITRE.

[Collect. de Feder, lettre à Bayle, sans date , p. 126.]

Vous remarquez que les esprits forts s'attachent aux difficultés du franc arbitre de l'homme, et qu'ils disent ne pouvoir comprendre que, si l'ame est une substance créée, elle puisse avoir une véritable force, propre et intérieure d'agir. Je souhaiterais qu'ils fissent entendre plus distinctement pourquoi ils prétendent que la substance créée ne saurait avoir une telle force : car je croirais plutôt que sans cette force, ce ne serait plus une substance ; la nature d'une substance consistant, suivant mon système, dans cette tendance réglée, de laquelle les phénomènes naissent par ordre, tendance qu'elle a reçue d'abord, et qui lui est conservée par l'auteur des choses, de qui toutes les réalités ou perfections émanent toujours par une manière de création continuelle.

Quant au franc arbitre, je suis du sentiment des thomistes et des autres philosophes qui croient que tout est prédéterminé ; et je ne vois pas lieu d'en douter. Cela n'empêche pourtant pas que nous n'ayons une liberté,

exempte non seulement de la contrainte, mais encore
de la nécessité : et en cela il en est de nous comme de
Dieu lui-même , qui est aussi toujours déterminé dans ses
actions ; car il ne peut manquer de choisir le meilleur.
Mais s'il n'avait pas de quoi choisir, et si ce qu'il fait était
seul possible, il serait soumis à la nécessité. Plus on est
parfait, plus on est déterminé au bien, et aussi plus
libre en même temps ; car on a une faculté et une connaissance d'autant plus étendue, et une volonté d'autant
plus resserrée dans les bornes de la parfaite raison.

SUR LA NATURE DE L'ESPRIT HUMAIN QUE FONTENELLE CROIT INCOMPRÉHENSIBLE.

[*Collect. de Feder, p.* 289 , 1702.]

LETTRE A M. DE FONTENELLE.

Puisque vous pensez à ce qui regarde l'infini, que
vous enrichirez par de belles réflexions à votre ordinaire,
je souhaiterais apprendre votre jugement sur mes essais
philosophiques et particulièrement sur ce qui regarde
l'union et le commerce de l'âme et du corps. Car la considération de l'infini entre extrêmement dans mon système ; mais un peu autrement pourtant que de la manière
dont on le prend dans les infiniment petits, que je considère comme quelque chose de plus idéal. M. Bayle
ayant marqué qu'il serait bien aise de voir ce que je ré-
pondrais aux objections qu'il a insérées dans la seconde

édition de son dictionnaire, article *Rorarius*, j'ai dressé une réponse que je lui veux envoyer, mais non encore pour être imprimée, afin que je puisse profiter auparavant des sentiments des personnes qui me peuvent donner des lumières.

RÉPONSE DE M. DE FONTENELLE.

Si je n'ai pas eu l'honneur de répondre plus tôt à votre dernière lettre, prenez-vous-en à la promesse dont vous m'aviez flatté, de m'envoyer votre réponse à M. Bayle sur votre système de l'ame. J'ai toujours cru la voir arriver de jour en jour, et j'attendais que je l'eusse reçue pour répondre à tout en même temps. Je l'attendrais plus longtemps inutilement ; vous aurez, sans doute, fait réflexion qu'il n'était pas raisonnable de me l'envoyer comme pour m'en demander mon sentiment ; certainement cela n'était nullement dans l'ordre, et je le sentis d'abord malgré l'amour-propre ; cependant ma vanité n'eût pas laissé de profiter d'une méprise où vous seriez tombé par pure bonté. Je connais déjà votre système de l'ame ; il est très ingénieux ; et le moyen qu'un système qui vient de vous , ne le fût pas ?

Mais je vous avouerai que je crois la nature de l'esprit humain incompréhensible à l'esprit humain. Il ne connaît que ce qui est d'un ordre inférieur, que l'étendue et ses propriétés ; encore qui le pousserait bien sur cela, il ne s'en tirerait peut-être pas à son honneur. Je croirais plutôt que l'on pourrait démontrer l'impossibilité d'acquérir jamais ces sortes de connaissances métaphysiques, ce qui serait une solution du problème à contre-sens, comme la démonstration de l'impossibilité de la quadrature du cercle qu'on dit que M. le marquis de l'Hôpital a trouvée. Il me semble, monsieur, que je vous parle avec une étrange liberté; il est vrai qu'elle doit être per-

misc entre philosophes ; mais il ne faut pas que ce soient
des philosophes d'un ordre aussi différent que vous et
moi.

———•◦◦◦•———

TOUT EST ÉMINEMMENT RENFERMÉ EN DIEU, ET LES CHOSES
INFÉRIEURES LE SONT DANS LES SUPÉRIEURES.

[*Collect. de Feder, lettre à M. de Boinebourg*, p. 391, 1693.]

J'ai eu quelque commerce de lettres autrefois avec le
feu père Kircher. Son passage que vous m'avez communiqué, monsieur, est d'un style des cabalistes. Il y a là-
dedans quelque chose de solide *. Car il est très vrai que
tout est *éminemment* en Dieu comme *dans sa cause*, dé-
pouillé de l'imperfection qu'il a dans les créatures**. Mais

* Voici le passage : In mundo angelico, seu intellectuali,
eadem sunt certia quæ in ista visibili machina , sed spiri-
tualiter et invisibiliter. In supremo mundo ideali increato,
infinito, incomprehensibili, archetypo, tam angeli quam
mundus unum sunt, et simul modo divino perfectissimo.
Omnia igitur sunt in omnibus. Cœlum supra , cœlum infra ,
astra supra, astra infra, et ut bene Mercurius (Sc. Helmon-
tius), semen est arbor complicata, arbor est semen evolu-
tum et explicatum, unitas est numerus juxta Platonem com-
plicatus, numerus est unitas evoluta, angelus est astra
complicata, astra sunt angelus evolutus. Deus est, in quo
seu archetypo mundus est, Deus, si ita dixerim, evolutus.
Sic in microcosmo quinque sensus sunt in imaginatione,
imaginatio in ratione, ratio in mente, mens in Deo, Deus in
nullo nisi se ipso. »
** Il serait difficile de faire plus brièvement et plus con-

quant à ce qu'il dit du monde angélique, il y a un peu plus à dire. Cependant on peut dire en général que les corps sont représentés dans les esprits, l'étendu dans l'indivisible, témoin ce qui se passe dans nos ames, ce qui doit avoir lieu encore à plus forte raison dans les esprits plus élevés que les nôtres. Il est donc vrai, dans le fond, que les choses inférieures se trouvent dans les supérieures d'une manière plus noble que dans elles-mêmes. Les rayons de lumière d'une infinité d'objets passant par un petit trou sans se confondre, comme on peut le voir dans l'expérience de la chambre obscure, nous donnent un avant-goût de la subtilité des choses spirituelles ; ces rayons dans le fond n'étant que corporels, puisqu'ils peuvent être réfléchis.

———◦●◦———

PROPHÉTIE IMPOSSIBLE AU DÉMON.

[M. de Feder, lettre à un ami, p. 463.]

Le diable peut contrefaire des miracles ; mais il y a une espèce de miracle que le diable ne saurait imiter, tout puissant et tout éclairé qu'il est ; c'est la prophétie. Car si une personne me peut dire beaucoup de particularités véritables sur les affaires générales qui doivent arriver, par exemple, dans un an d'ici, je tiendrai pour assuré que c'est Dieu qui l'éclaire : car il est impossible à tout autre qu'à Dieu de voir l'enchaînement général des choses qui doivent concourir à la production des choses contingentes.

venablement justice de l'exagération du P. Kircher que ne le fait Leibnitz dans ce peu de mots.

LEIBNITZ APPROUVE DANS MADEMOISELLE BOURIGNON LES EXHOR-
TATIONS VÉHÉMENTES A LA VERTU : IL LOUE CEUX QUI, DANS LE
SERVICE DE DIEU, SE METTENT AU-DESSUS DES CONSIDÉRATIONS
HUMAINES.

[Collect. de Feder, lettre à un ami, p. 460, 463.]

Si mademoiselle Bourignon * ne faisait que prêcher la
foi et la piété, comme elle est enseignée clairement dans
l'Écriture et dans l'Église, on aurait tort de lui demander
des signes de sa mission : mais elle avance des particularités qu'on ne saurait savoir que par révélation ; par
exemple, que l'Antechrist est déjà né, qu'il détruira
l'Église romaine ; que Jésus-Christ viendra bientôt commencer son règne visible. Le reste de sa doctrine me paraît bon et digne d'être lu avec application : car tout ne
va qu'à tirer les hommes de leur léthargie. Il faut presque un coup de foudre pour les éveiller : et cela fait que
j'excuse d'autant plus aisément le style trop aigre de
cette demoiselle ; car je vois que les hommes n'ont pas
assez d'attention quand on ne leur parle pas d'un ton de
voix un peu fort. Nous reconnaissons tous nos faiblesses,
mais nous ne prenons pas des résolutions vigoureuses
pour les corriger, et nous traitons les affaires du salut
trop cavalièrement. Cela fait que j'estime beaucoup ceux
qui font des efforts pour rompre les liens du monde et
qui se mettent au-dessus des considérations du siècle. Je

* Antoinette Bourignon.

reconnais en eux une grande force d'esprit, et je leur souhaite de la prudence à proportion. J'entends cette prudence que Jésus-Christ même nous recommande, qui a pour but la gloire de Dieu et la perfection des ames, et qui choisit de bonnes voies pour y réussir.

EXTRAITS

DES LETTRES INÉDITES DE LEIBNITZ

A M. ARNAUD.

[*Ex epistola inedita ad Arnaldum.*]

J'ai vu, il y a quelques jours, M. le baron de Boinebourg, cet excellent personnage, qui réunit à une capacité extraordinaire, le plus grand zèle pour l'unité de l'Église et la réforme des mœurs. Nous parlâmes de vous : et la conversation tomba bientôt sur l'ouvrage où vous établissez si bien contre les partisans du sens figuré la vérité, et pour m'exprimer ainsi, la réalité du mystère, par la perpétuelle tradition des Saints Pères. Nous avons l'un et l'autre félicité l'Église d'avoir enfin trouvé un défenseur, qui, après avoir battu complètement ses adversaires, les a poussés sans relâche et ne leur a pas laissé le loisir de respirer. Jusqu'alors on avait combattu rarement de pied ferme : tout semblait s'être réduit à de légères escarmouches, qui ne pouvaient donner aucun ré-

30

sultat décisif. Aujourd'hui que les adversaires ne peuvent plus s'appuyer sur ce consentement des Saints Pères, dont ils s'étaient glorifiés jusqu'alors, je ne doute pas qu'ils ne se réfugient auprès de leurs vieilles troupes qui n'ont pas encore été jusqu'à ce moment assez battues ; je veux dire, qu'ils ne se retranchent sous les arguments de l'*impossibilité*; car ce n'est plus qu'à la faveur de ces impossibilités prétendues que l'armée ébranlée des *figuristes* espère pouvoir se soutenir contre le consentement de tous les siècles et de toutes les nations chrétiennes : et c'est d'après cela qu'ils soutiennent hautement qu'il vaut mieux admettre partout dans les Écritures des tropes ou des figures, que des *absurdités*, telle que la présence d'un même corps en plusieurs lieux à la fois *.

---

* Quand le traité de la *Perpétuité de la Foi* parut, on l'attribua à M. Arnaud. On convient assez généralement aujourd'hui que M. Nicole est le véritable auteur. Ce morceau renfermant un témoignage important contre les calvinistes, nous avons cru devoir mettre sous les yeux du lecteur le texte latin de Leibnitz.

« Ad Eucharisticos tuos labores delapsi sumus, quibus mysterii veritas, atque ut sic dicam, realitas perpetuâ Sanctorum Patrum traditione contra significatores asseritur. Et gratulati sumus Ecclesiæ nactæ tandem qui repetitis replicationibus insistens, nihil respirationis concederet adversariis semel deprensis. Hactenus enim raro stataria pugna inita est, sed desultoris tantum velitationibus exitu carituris, certatum esse videbatur. Tum egò, non dubitare me, quin depulsa a te adversaria pars gloriatione illâ de consensu veterum receptum cecinit ad triarios suos, hactenus non satis victos, id est, argumenta *impossibilitatis* quibus solis labantem aciem *significatorum* etiam contra omnium sæculorum gentium que christianarum consensum se putant sustinere posse, et tropos ubique potius quam absurditates ferendas clamant. »

LEIBNITZ CROIT QUE L'ATHÉISME, OU DU MOINS LE NATURALISME (C'EST-A-DIRE UNE RELIGION PUREMENT NATURELLE), SERA LA DERNIÈRE DES HÉRÉSIES : IL EXHORTE M. ARNAUD A COMBATTRE L'UN ET L'AUTRE, ET IL FAIT CONNAÎTRE LE MOTIF PRINCIPAL DE SON APPLICATION A LA PHILOSOPHIE, AINSI QUE LE FRUIT QU'IL EN A TIRÉ.

[*Ex epistola inedita ad Arnaldum.*]

Nous voyons naître un siècle qu'on peut appeler *philosophique;* siècle où un désir plus empressé de connaître la vérité s'est répandu hors des écoles, et a gagné jusqu'aux personnages destinés au gouvernement ou à l'administration des États : et c'est aux difficultés qui touchent de tels personnages qu'il importe. surtout de satisfaire, si on ne veut pas que la religion trouve à sa propagation un osbtacle invincible, et qu'un grand nombre de conversions qui auraient lieu soient seulement des conversions palliées. Rien n'est plus propre à confirmer l'athéisme, ou du moins le *naturalisme,* qui fait de si grands progrès depuis quelque temps, et à renverser par les fondements la foi de la religion chrétienne; déjà bien ébranlée dans le cœur de plusieurs personnages, méchants, il est vrai, et à ce titre méprisables, mais considérables par le rang qu'ils tiennent dans le monde; rien n'est, dis-je, plus propre à autoriser ce désordre, s'il est prouvé d'un côté que les mystères de la foi ont été crus de tout temps par tous les chrétiens, s'il est en même temps prouvé de l'autre, par des arguments fondés sur la raison, que les mystères sont absurdes.

L'Église renferme aujourd'hui dans son sein beaucoup

d'ennemis plus redoutables que les hérétiques mêmes ; et il est vraiment à craindre que la dernière des hérésies ne soit l'athéisme, ou du moins le naturalisme [*], et le mahométisme qui ne proposant à croire que très peu de dogmes et à ne pratiquer que quelques rits, a prévalu en conséquence dans presque tout l'Orient. Rien ne se rapprocha davantage de ce naturalisme et du mahométisme que la doctrine des sociniens qui se sentent aujourd'hui assez forts pour lever la tête dans la Grande-Bretagne et dans le cœur même de la Germanie, où ils ont déjà séduit par leurs subtilités la plupart des bons esprits. C'est

[*] Cette prédiction de Leibnitz est très remarquable. Il ne serait pas difficile, en réfléchissant, d'en apercevoir les fondements. Ira-t-on effectivement contester opiniâtrément sur le sens des saintes Ecritures, lorsqu'on est ou qu'on doit être tout occupé d'en maintenir contre les incrédules, et d'en prouver la véracité et l'authenticité.

Il y a dans la copie dont nous faisons usage un mot qui nous a embarrassés, ce mot est *publicatus*. Nous avons cru d'abord que c'était une faute et qu'il fallait lire *palliatus*. Voici le texte de Leibnitz : *Metuendum est ne hæresium ultima sit non atheismus, saltem naturalismus publicatus, et mahumetanismus, etc.* On comprendrait bien ce que c'est qu'*un naturalisme pallié*, mais on ne sait pas d'abord ce que c'est qu'un naturalisme *publié*. Nous avons cru devoir consulter M. Feder. Voici ce qu'il a bien voulu prendre la peine de nous écrire le 19 avril 1809 :

« Les passages, dans la lettre de Leibnitz à M. Arnaud, » qui vous paraissent incorrects, le sont vraisemblablement. » Nous n'avons plus de ces lettres que des copies anciennes, » qui, quoique revues et corrigées (mais non par la main de » Leibnitz), semblent n'être pas d'un homme intelligent. Les » originaux, etc. Dans l'ancienne copie qui nous est restée, » il y a très distinctement, *saltem naturalismus publicatus*. » Si le mot *publicatus* est *geminc*, il faut peut-être entendre » *le naturalisme déclaré publiquement*, comme l'unique » vraie religion, comme on a déjà essayé de faire, etc. »

contre les sectateurs et les amis de ce *naturalisme*, qui se font un jeu, à la faveur de leur philosophie, de tourner en ridicule la simplicité des anciens, que nous devons aujourd'hui diriger nos attaques. Mais je ne connais guère que vous, monsieur, depuis que nous avons perdu M. Pascal, qui, possédant le très rare avantage de joindre en un haut degré aux lumières de l'érudition celles de la philosophie, puissiez combattre avec succès dans le champ de l'une et de l'autre de ces sciences. J'ai la preuve de ce que vous pouvez en ce genre, dans le traité de l'*art de penser*, ouvrage d'une grande profondeur, et qui, quel qu'en soit l'auteur, est certainement sorti de votre école. J'ai eu l'honneur de vous dire que j'ai fait sur la matière dont il s'agit beaucoup de recherches que je crois pouvoir être d'un grand avantage dans une affaire d'une si haute importance.

L'illustre baron de Boinebourg auquel j'avais communiqué, il y a déjà quelques années, tout ce qui m'était venu en pensée pour démontrer la possibilité des mystères de la Foi et surtout du mystère de l'Eucharistie, et qui en avait jugé très favorablement, m'a exhorté fortement de saisir l'occasion qui se présente de vous écrire, et de soumettre à votre jugement tous mes principes et toutes mes découvertes philosophiques. Je le fais sur son autorité, et dans la confiance que m'inspirent votre religion et votre vertu. La nature des matières que je traite vous fera excuser, à ce que j'espère, la longueur de ma lettre. Mais avant de commencer, trouvez bon, je vous prie, que je reprenne de plus haut l'ordre et le plan de mes études.

Au milieu de tant d'affaires qui m'occupent, je crois qu'il n'est rien qui m'ait occupé plus fortement dans le court espace de mes jours qui se sont déjà écoulés, que ce qui pourrait m'assurer de la vie future : et j'avoue que ç'a été incomparablement le plus fort des motifs qui

ont excité et soutenu mon application à la philosophie :
mais aussi je reconnais que j'ai tiré de cette application
un bien grand avantage, je veux dire, la tranquillité de
l'ame, et la faculté de pouvoir dire avec vérité que j'ai
démontré quelques points dont les uns jusqu'ici étaient
crus seulement, et les autres, quoique d'une grande importance, étaient pleinement ignorés. Je voyais que la
géométrie ou la philosophie du lieu (*de loco*) conduisait
à la philosophie du mouvement ; et la philosophie du
mouvement à la science de l'esprit. J'ai donc d'abord
démontré sur le mouvement quelques propositions d'une
grande importance.

LA PRÉSENCE RÉELLE ET LA TRANSSUBSTANTIATION N'ONT RIEN
QUI RÉPUGNE, D'APRÈS LA PHILOSOPHIE DE LEIBNITZ : CONCI-
LIATION DES CATHOLIQUES ET DES LUTHÉRIENS SUR LE POINT
PRINCIPAL DE LEUR CONTROVERSE.

[*Ex epist. ined. ad Arnaldum.*]

M. le baron de Boinebourg sait que depuis quatre ans
je me suis fortement occupé de montrer la possibilité
des mystères de l'Eucharistie, ou ce qui revient au
même, de les expliquer de manière que par une continue
et exacte analyse, nous parvenions enfin à des principes,
ou des *postulata* sur la puissance divine, ou évidents ou
accordés. C'est ainsi qu'un géomètre est censé avoir enfin
résolu un problème, ou avoir établi qu'un certain mode
ne répugne pas, et en avoir démontré la possibilité, lors-

qu'il l'a réduit ou rappelé à d'autres problèmes déjà résolus ; ou à des problèmes qui n'ont besoin d'aucune solution, c'est-à-dire à des demandes ou à des *postulata,* comme parlent les géomètres, qui sont aux problèmes ce que les axiomes sont aux théorèmes : et je crois en être venu heureusement à bout lorsque j'ai reconnu que ce n'est pas dans l'étendue que consiste l'essence du corps,.... et même que la substance du corps est sans étendue. Il a paru enfin très nettement en quoi la substance différait des *espèces ;* et l'on a vu la raison qui fait clairement comprendre que Dieu peut faire en sorte que la substance du même corps soit à la fois en plusieurs lieux distants les uns des autres , ou ce qui revient au même , existe sous plusieurs espèces. Car nous prouverons aussi, ce qui n'était venu en pensée à personne, que la transsubstantiation et la présence réelle du même corps en plusieurs lieux ne diffèrent pas en dernière analyse, et qu'on ne peut pas dire qu'un corps soit en plusieurs lieux distants les uns des autres, autrement qu'en concevant que sa substance existe sous diverses espèces ou apparences. Car la substance seule du corps n'est pas sujette à l'étendue et par conséquent aux conditions du lieu , comme nous le prouverons nettement quand nous expliquerons ce que c'est que cette substance, ce qui est le point capital, et par conséquent que la transsubstantiation , pour me servir d'une expression très sagement employée par le concile de Trente, et que j'ai éclaircie d'après saint Thomas, n'est point contraire à la confession d'Ausbourg, et même en est une conséquence ; qu'ainsi il ne reste plus entre les deux partis (les catholiques et les luthériens) d'autre question que de savoir si la présence réelle ou la transsubstantiation, que je montrerai être renfermées l'une dans l'autre, sont instantanées , ou ne subsistent qu'au moment de l'*usage* ou de la réception de l'Eucharistie , comme le veut la confession d'Ausbourg, ou bien si étant commencées au temps de la consécration, elles subsistent jusqu'au temps de la corruption des espèces, comme l'enseigne l'Église romaine.

Ce point de controverse, au resté, n'appartient point à la question présente : car l'un et l'autre sentiment est également possible ; et la durée ne fait rien à la nature de la chose. C'est à l'Écriture sainte et à la tradition de l'Église seules, qu'il appartient de nous faire connaître lequel des deux le Seigneur a voulu*.

Cette question terminée; il reste encore à décider si l'on doit un culte à l'hostie consacrée : et c'est dans cette matière, le seul différend tenant à la pratique, qui subsiste entre le concile de Trente et la confession d'Ausbourg. (Je ne parle pas de la communion sous une ou deux espèces qui n'a aucun trait au mode du mystère.) Car si le corps de Notre-Seigneur dans l'Eucharistie n'est présent qu'au moment où on le reçoit, ou comme on dit, au moment de l'*usage*, l'hostie ne doit pas être adorée avant qu'on la prenne, et on ne peut plus l'adorer, après qu'elle est prise.

La conséquence ultérieure, c'est que sur le fond et la manière du mystère, si vous exceptez la durée, les partis opposés sont d'accord, sans le savoir ; et on ne peut rien imaginer de plus propre à confondre ceux qui prétendent que dans les preuves et les défenses soit de la présence réelle, soit de la transsubstantiation, nous n'usons que de sophismes.

Mais qu'est-ce que la substance du corps, et quelle est la différence d'avec les espèces? J'espère que je donnerai

* Conformément à l'Ecriture sainte et à la tradition de l'Eglise, le concile de Trente a décidé contre le sentiment des luthériens ce point de controverse de la manière la plus claire. (*Sess.* XIII.)

à ces deux points le même jour que j'ai donné à la pensée et au mouvement.

Au reste ; je soumettrai tout mon travail à votre jugement. J'ose espérer que votre suffrage lui vaudra des approbateurs, et un succès qui sera de quelque avantage pour procurer la réunion des esprits et défendre notre foi contre des insultes dont elle ne s'est garantie jusqu'à présent que par le refus d'accepter cette espèce de combat.

Cet obstacle qui épouvantait tant de gens d'esprit étant levé, une très grande porte s'ouvrira pour le retour à l'unité.

LEIBNITZ LIT AVEC LA PLUS GRANDE APPLICATION TOUS LES AUTEURS QUI ONT ÉCRIT CONTRE LA RELIGION : ET IL SORT DE CETTE LECTURE PLUS AFFERMI QUE JAMAIS DANS SA CROYANCE.

[*Ex epist. ined. ad Arnaldum.*]

Pour vous inspirer, monsieur, plus de confiance dans les promesses que je viens de vous faire, je dirai un mot du zèle et de la constance que j'ai mis dans mes recherches sur la religion : d'abord, de mon naturel, je suis assez éloigné de la crédulité ; mais je me suis mis au-dessus de moi-même, j'oserai presque dire au-dessus de ma foi ; car j'ai cru que dans une affaire de si grande importance, ne pas examiner en toute rigueur était une prévarication. J'ai donc recherché avec soin et lu avec grande attention tous les auteurs qui ont attaqué notre foi avec plus d'acharnement, et ceux qui l'ont défendue avec plus de force. Je n'ai pas voulu avoir à me reprocher, à cet égard, la moindre négligence. J'ai fait en sorte, dans mon travail sur la religion, qu'aucune objection, qu'aucune considération de quelque poids ne pût m'échapper. Tout ce que Celse autrefois, Vanini du temps de nos pères, et du temps de nos aïeux et de nos bisaïeux, Ochin, Servet, Puccius, ont publié de dangereux, je l'ai lu, je l'avoue, et sans avoir eu lieu de me repentir de ma curiosité. J'ai lu même encore avec beaucoup d'attention les dialogues de Bodin, qui ne sont point encore imprimés, et qui ne devraient jamais l'être si on prend en quelque considération la piété : dialogues auxquels il a donné pour titre, *de arcanis sublimium*, et dans lesquels, à la faveur de la liberté que donne ce genre d'écrire, il a répandu le venin de presque toutes les sectes. Mon attention s'est encore portée sur ce qu'ont objecté contre la religion chrétienne Proclus et Simplicius, Pomponatius, Averroès et d'autres semblables demi-chrétiens ; enfin j'ai lu avec curiosité tous les auteurs chrétiens connus pour avoir écrit avec plus de liberté que les autres ; tels que Lulle, Valla, l'un et l'autre Pic, Savonarole, Weselus de Groningue, Trithème, Vivés, Stenchus, Patritius, Mostellus, Naclantius, de Dominis, Paul Servite, Campanella, Jansenius avec ses disciples, Honoré Fabry, Valerianus, Thomas Bonartès, Thomas Anglus, et d'un autre côté, Bibliander, Jordanus Brunus, Acontius, Taurellus, Arminius, Herbertus, Episcopius, Grotius, Calixte, Forelli, Andree, Jo. Valent., Hobbes, Claubergius, l'auteur de *la Philosophie interprète de l'Ecriture Sainte*, l'auteur de *la Liberté de philosopher*, deux auteurs qui ont depuis peu causé des troubles dans les Pays-Bas ; en un mot, j'ai lu tous les auteurs qui sont censés n'avoir pas toujours suivi les routes communes ;

enfin je n'ai pas dédaigné d'étudier encore les subtilités des sociniens, gens dont on peut dire que quand ils pensent bien rien n'est meilleur, et quand ils pensent mal rien n'est pire, *cum bene, nihil melius, cum male, nihil pejus.* Il est résulté pour moi de toutes ces lectures, un effet entièrement opposé à celui qu'appréhendaient les personnes qui blâmaient ma conduite; car rien ne m'a rassuré et confirmé davantage dans mes premiers sentiments que de voir que ces hommes en réputation d'être si redoutables, non seulement n'avaient pu m'ébranler, mais n'avaient servi qu'à me faire voir plus à fond la vérité, et à m'inspirer la confiance que je l'avais trouvée. Le poëte l'a dit : Quelquefois deux poisons mêlés ensemble deviennent un remède :

Et cum fata volunt, bina venena juvant;

Car en voyant d'un côté les hautes pensées de tant de grands génies, et de l'autre les erreurs pitoyables dans lesquelles ils sont tombés, j'ai souvent admiré en moi-même la providence de Dieu qui les oppose tellement l'un à l'autre, qu'un lecteur judicieux peut tirer de leurs écrits, et se former un corps vraiment admirable des plus excellents documents, si son attention se porte principalement sur les endroits de leurs ouvrages où ces auteurs sont d'accord avec la tradition de l'Église catholique.

PLAN D'ÉLÉMENTS DE DROIT NATUREL ; ET CONSÉQUENCES.

[*Ex epistola ad Arnaldum inedita.*]

Je me propose de donner et de renfermer dans un très petit livre, des Éléments du droit naturel où tout serait démontré par les seules définitions. D'après mes définitions :

L'homme de bien ou *l'homme juste* est celui qui aime tous les hommes.

L'amour est le plaisir qu'on tire du bonheur des autres.

Et *la douleur* est la peine que cause leur malheur.

Le bonheur est le plaisir sans mélange de douleur.

Le plaisir est le sentiment de l'harmonie.

La douleur est le sentiment de la discordance.

Le sentiment est la pensée jointe à la volonté d'agir ou à la tendance à agir.

La variété nous plaît, il est vrai, mais quand elle se réduit ou tend à l'unité.

Je déduis de là tous les théorèmes du droit et de l'équité.

Car le licite ou ce qui est permis, c'est ce qui est possible à l'homme de bien.

Le devoir ou l'obligation, *debitum*, est ce qui est nécessaire à l'homme de bien. Il suit de là que l'homme juste, c'est-à-dire celui qui aime tous les hommes, tend aussi nécessairement à faire du bien à tous, même lorsqu'il ne le peut pas, que la pierre tend à descendre, lorsqu'elle est suspendue.

Je montre que toutes les obligations sont remplies, quand on a fait tous ses efforts pour les remplir ; qu'aimer tous les hommes ou aimer Dieu, siége de l'harmonie universelle, est une même chose.

Il y a plus, que c'est une même chose d'aimer véritablement ou d'être sage ; et qu'aimer Dieu par-dessus tout, c'est aimer tous les hommes, ou être juste.

Si plusieurs ont besoin d'être aidés ou assistés, et qu'on ne puisse les assister tous, on doit préférer celui de l'assistance duquel résultera, en somme, un plus grand bien.

Il suit de là que dans le cas de la concurrence, et toutes choses d'ailleurs égales, il faut préférer le *meilleur,* c'est-à-dire, celui qui notoirement aime davantage. Car le bien qu'on fait à celui-là, se multiplie en se refléchissant sur plusieurs ; et par conséquent en assistant celui-là, on assiste plusieurs autres : et même en général, toutes choses d'ailleurs égales, il faut préférer celui qui est déjà en meilleur état ; car nous montrerons que l'assistance suit la raison de la multiplication et non de l'addition.

Effectivement si deux nombres dont l'un est plus grand que l'autre, sont multipliés par un même nombre, la multiplication ajoutera davantage au nombre le plus grand, que n'aurait fait l'addition. Ainsi 5 multiplié par 2 donne 10, et 10 multiplié aussi par 2, donne 20 : 6 multiplié par 2 donne 12, et 12 multiplié par le même nombre 2 ; donne 24. Il est clair que 5 s'est accru de 15 et 6 de 18. Donc en somme, nous gagnons davantage en multipliant le nombre le plus grand par le même multiplicateur.

Cette différence entre l'addition et la multiplication est aussi d'un grand usage, quand il s'agit de justice : car assister est multiplier, comme nuire c'est diviser. La raison en est, que celui qu'on assiste ou qu'on aide, est un être intelligent, et qu'un être intelligent en se servant de ce qui lui est donné, peut appliquer tout à tous, ce qui est multiplier, ou , comme on dit en latin, *in se vicem ducere*.

Supposer que quelqu'un soit sage, comme 3 et puissant comme 4; toute sa valeur sera 12 et non pas 7, parce que la sagesse peut mettre en action chaque degré de la puissance.

Et même dans les homogènes, celui qui possède cent mille écus d'or, est plus riche que cent personnes qui possèdent chacune mille écus : car l'union de tous ces écus favorise leur emploi. Il gagnera en se reposant, tandis que les autres perdront même en travaillant. Il faut donc toujours, quand il s'agit d'assister, et que la pauvreté est égale, préférer le plus sage ; et si la sagesse est égale, préférer celui qui est dans une plus grande aisance, comme celui que Dieu favorise davantage : car naître avec l'aptitude ou la disposition à la sagesse est un don de la fortune, c'est-à-dire de Dieu. Il suit de là que le domaine des choses vient ou du bonheur de ceux qui trouvent, ou de l'industrie de ceux qui travaillent.

Celui qui possède (nous supposons toujours) toutes choses d'ailleurs égales, doit encore être préféré, comme ayant été plutôt favorisé par la fortune.

Au contraire, dans le cas de concours de deux personnes pour souffrir le même dommage, ou toutes les fois qu'il est question de perte ou de préjudice, il faut préférer celui qui a simplement commis une faute à celui qui a joint le dol à la fraude, et celui qui est dans le malheur ou l'infortune, aux deux premiers.

Il n'est presque rien dans la doctrine de la justice, qu'on ne puisse déduire de ce qui précède ; l'on peut même en déduire que ce prince est véritablement un héros, qui cherche sa gloire dans la félicité du genre humain.

J'ai même déduit de ces principes dans un petit *schediasme* toute la doctrine de la prédestination, et j'ai fait passer cet écrit, pour l'examiner, à quelques théologiens

les plus distingués de toutes les communions qui sont en
Allemagne, en laissant ignorer à chacun d'eux le véritable
auteur de cet écrit, et laissant ignorer à chacun, que
cet écrit eût été envoyé à d'autres qu'à lui. On a gagé,
ce qui vous étonnera, que ces théologiens seront tous
d'accord dans leur réponse : ce qui prouve qu'à la faveur
de certaines définitions de mots, reçues de tous les partis, on ferait évanouir les contestations les plus échauffées
et les plus importantes.

GRANDS PRINCIPES DE MORALE.

[*Lettre française de M. Leibnitz à M. Arnauld, t. 2 de la collect. des OEuvres de M. Arnauld, p. 47.*]

Pendant mon séjour à Rome et dans l'Italie, j'ai eu la
satisfaction de converser avec plusieurs habiles gens, et
j'ai communiqué à quelques-uns mes pensées particulières.... Je voudrais que vous pussiez les examiner, et
c'est pour cela que j'en ai fait l'abrégé que voici. Je pense
donc que les intelligences ou ames* capables de réflexion
et de la connaissance des vérités éternelles forment ensemble la république de l'univers dont Dieu est le monarque : qu'une justice et police parfaite s'observe dans
cette cité de Dieu, et qu'il n'y a point de mauvaise action

* On n'a point rapporté les principes de pure métaphysique.

sans châtiment, ni de bonne sans une récompense proportionnée : que plus on connaîtra les choses, plus on les
trouvera belles et conformes aux souhaits qu'un sage
pourrait former : qu'il faut toujours être content de l'ordre du passé, parce qu'il est conforme à la volonté de Dieu
absolue, qu'on connaît par l'événement ; mais qu'il faut
tâcher *de rendre l'avenir, autant qu'il dépend de nous,
conforme à la volonté de Dieu présomptive ou à ses commandements.* Travailler à faire du bien, sans se chagriner
lorsque le succès manque, dans la ferme créance que Dieu
saura trouver le temps le plus propre aux changements
en mieux : que ceux qui ne sont pas contents de l'ordre
des choses, ne sauraient se flatter d'aimer Dieu comme
il faut : que la justice n'est autre chose que la charité du
sage : que la charité est une bienveillance universelle,
dont le sage dispense l'exécution, conformément aux
mesures de la raison, afin d'obtenir le plus grand bien :
et que la sagesse est la science de la félicité, ou des moyens
de parvenir au contentement durable, qui consiste dans
un acheminement continuel à une plus grande perfection, ou au moins dans la variation d'un même degré de
perfection.....

DOCTRINE DES SOCINIENS INDIGNE DE DIEU.

[Lettre au landgrave de Hesse-Rhinfels, 1691.]

Quant aux sociniens dont votre altesse sérénissime me
parle, je n'approuve pas leurs sentiments ; et je trouve

étrange qu'ils accordent des honneurs divins à Jésus-
Christ, qu'ils ne reconnaissent que pour un simple homme:
au lieu que l'Église catholique n'adore que la Divinité
suprême et toute-puissante. Ils ont aussi des opinions
très mal fondées de Dieu et de l'ame, suivant le livre de
leur *Vorstius de Deo*, assez approuvé des sociniens et suivant la métaphysique d'un certain Stegmah que j'ai vu
manuscrite chez feu M. le baron de Boinebourg. Ils ont
une idée très basse de Dieu : il semble qu'ils l'attachent
à un certain lieu, qu'ils lui refusent la prescience comme
contraire à la liberté humaine ; et quant à l'ame, ils
croient qu'elle devrait mourir naturellement avec le corps,
mais qu'elle se conserve par grâce ; au lieu que selon la
vraie philosophie, Dieu est une substance infiniment parfaite, dont la science, la présence et l'opération n'ont
point de bornes ; et l'ame est une substance incorporelle,
qui, par conséquent, ne saurait être détruite, que par
miracle si Dieu la voulait anéantir exprès.

LEIBNITZ ESTIME LES OEUVRES DE SAINTE THÉRÈSE, ET A TIRÉ
D'ELLES QUELQUE AVANTAGE POUR SA PHILOSOPHIE.

[*Lettre à André Morel*, 1696.]

J'ai lu avec plaisir et avec respect les précieux lambeaux des actes des martyrs de la primitive Église. Quant
à sainte Thérèse, vous avez raison d'en estimer les ouvrages. J'y trouvai un jour cette belle pensée, que l'ame
doit concevoir les choses, comme s'il n'y avait que Dieu

31.

et elle dans le monde : ce qui donne même une réflexion considérable en philosophie, que j'ai employée utilement dans une de mes hypothèses. J'ai encore trouvé des pensées solides dans sainte Catherine de Gênes.

LEIBNITZ CONSEILLE A M. TOLAND DE DISTINGUER LA VRAIE RELIGION D'AVEC LA SUPERSTITION, ET DE FAIRE REMARQUER COMBIEN IL SERAIT ABSURDE D'ADMETTRE UN DIEU DE L'UNIVERS NON INTELLIGENT : LES ANCIENS PHILOSOPHES N'EN ONT POINT EU CETTE IDÉE[*].

[*Lettre à M. Jean Toland, 30 avril 1709.*]

J'ai reçu, à mon retour, le présent de votre livre avec l'honneur de votre lettre, et je vous en remercie. Mon absence a été longue ; autrement je vous aurais répondu plus tôt.

Il y a plusieurs bonnes remarques dans tous vos ouvrages, où je vous avoue facilement que Tite-Live n'était rien moins que superstitieux. M. Huet, en appliquant les

---

[*] Toland avait publié en 1709 un ouvrage dont le titre est : *Adeisidæmon sive Titus Livius a superstitione liberatus.* Il en fit présent à Leibnitz ; ce qui donna lieu à ce savant d'écrire la lettre dont nous faisons usage ; la minute de cette lettre a été sous nos yeux ; nous sommes étonnés qu'écrivant à l'Anglais Toland, Leibnitz l'ait écrite en français. Nous avons découvert qu'elle est imprimée dans le deuxième volume des OEuvres de Toland : M. Dutens paraît n'en avoir eu aucune connaissance.

fables des païens à Moïse, a voulu plutôt faire paraître
son érudition que son exactitude, dont il a pourtant
donné de bonnes preuves ailleurs ; et son livre des Démonstrations évangéliques ne laisse pas d'être très in-
structif, nonobstant qu'il s'y donne carrière, en se jouant
des mythologies *.

    * M. Huet, très maltraité dans l'ouvrage de Toland, lui
a repondu sans se faire connaître, ainsi que nous l'apprend
M. l'abbé de Tilladet. M. Morin, de l'Académie des belles-
lettres, voulait bien lui prêter son nom : la réponse est
sous la forme d'une lettre que M. Morin est censé écrire à
M. Huet. Cette lettre ou réponse est la cinquième des Dis-
sertations recueillies par M. L. de Tilladet, et imprimées
en 1712 en deux volumes. M. Toland n'y est pas autant
épargné que dans la lettre de Leibnitz, qui semble avoir
poussé, à l'égard de cet auteur, les ménagements trop loin.
Nous en citerons quelques traits.
    « Il est temps, dit M. Morin, p. 449, de mettre en évidence
l'horrible impiété de cet athée... Ce n'est pas à vous qu'il en
veut, monsieur, c'est Dieu même qu'il attaque : c'est Dieu
qu'il veut détruire, c'est sa religion qu'il veut abolir. Le
seul Dieu qu'il reconnaît, c'est la nature et la machine du
monde mue mécaniquement et aveuglément par elle-même,
et sans le secours d'aucune intelligence agissante. C'est là
le Créateur de toutes choses, c'est leur premier principe et
leur dernière fin : et la seule religion qu'il faut suivre, ce
sont les lois de la nature. Cette folle opinion n'est pas
nouvelle, et elle a eu des sectateurs parmi les philosophes
païens : et comme on ne peut raisonnablement donner le
nom de Dieu à une puissance aveugle, sans connaissance et
sans sentiment, c'est un véritable athéisme. Mais pour éviter
le nom odieux, et garder quelque couleur de religion,
M. Tolandus tâche de nous persuader que le monde est véritablement Dieu, et que qui le croit ainsi croit un Dieu et
n'est point athée. Cette doctrine est répandue dans tout
l'ouvrage de Tolandus... Tout ce qui tend à produire dans
l'esprit des hommes la foi, l'amour et la crainte d'une Su-

Pour ce qui est de votre but, j'avoue qu'on ne saurait assez foudroyer la superstition, pourvu qu'on donne en

prême Intelligence, à qui ils doivent leur formation, et de qui ils attendent leur bonheur éternel, tout cela devient l'objet de la contradiction et de l'aversion de M. Tolandus : et comme vous avez travaillé dans votre ouvrage à soutenir la doctrine chrétienne et la vérité de l'Evangile, il ne faut pas s'étonner si M. Tolandus attaque ce rempart et tâche de le détruire.... On ne peut lire sans horreur ce que cet homme a osé écrire, que toutes ces expressions que les auteurs sacrés ont employées pour marquer Dieu, *Jehova, Alpha et Oméga, le Tout en toutes choses, Celui qui est, qui a été et qui sera,* que ces expressions, dis-je, sont des termes équivoques qui peuvent également s'appliquer à la Suprême Intelligence que nous appelons Dieu, et à la nature, c'est-à-dire à la matière du monde mécaniquement disposée, et agissant sans le secours d'aucun agent intelligent : il insinue même que tel a été le sentiment de Moïse.... On aurait eu de la peine à croire que la tolérance des religions pût aller jusqu'à souffrir une révolte si ouverte et si scandaleuse contre Dieu : et que des Etats où le bras séculier s'est armé tant de fois pour réprimer de moindres impiétés, n'en punissent pas une qui renferme toutes les autres...

« Ç'a donc été, comme je l'ai dit, pour se mettre à couvert du reproche honteux d'athéisme et d'irréligion, que M. Tolandus a donné le nom de Dieu à cette machine composée de parties inanimées que nous appelons le monde; et il lui plaît d'appeler religion l'opinion criminelle qu'il a de Dieu, qui ne mérite pas mieux le nom de Dieu que les idoles des païens.

« Suivant ce système d'impiété, M. Tolandus appelle superstition de croire une Intelligence souveraine et un Esprit infini, auteur et gouverneur du monde, et de lui rendre un culte religieux. Il appelle athéisme un aveu ingénu de ne reconnaître aucun Dieu, ni le monde, ni aucune de ses parties, ni aucun Esprit supérieur. Il place la religion entre ces deux extrémités, et la fait toute consister à donner sans

même temps les moyens de la distinguer de la véritable religion ; autrement on court risque d'envelopper l'une dans la ruine de l'autre auprès des hommes, qui vont aisément aux extrémités ; comme il est arrivé en France, où la bigoterie a rendu la dévotion même suspecte : car une distinction verbale ne suffit pas. Ainsi j'espère que vous serez porté à éclaircir, comme vous avez travaillé à rejeter le mensonge.

Vous faites souvent mention, monsieur, de l'opinion de ceux qui croient qu'il n'y a point d'autre Dieu, ou d'autre Être éternel que le monde, c'est-à-dire la matière et sa connexion, sans que cet Être éternel soit intelli-

aucune raison le nom de Dieu à une matière aveugle et destituée de raison, sans lui rendre aucun culte. Mais sentant néanmoins que cette religion n'est qu'un nom, qu'il usurpe vainement et par ostentation, et que sa véritable religion est l'athéisme, il ne perd aucune occasion de vanter avec exagération le mérite et les avantages de l'athéisme ; et il blâme vivement Gérard Vossius, homme fort sage dans ses sentiments, d'avoir dit, en notant cet esprit superstitieux de Tite-Live, que cela n'est pas toutefois condamnable dans un païen ; *le culte de la Divinité, quoique mêlé d'erreurs, étant préférable à l'athéisme.* Les athées, dit M. Tolandus, sont les meilleurs gens du monde, doux, paisibles, complaisants, honnêtes ; les superstitieux, au contraire, ce qui signifie dans son langage ceux qui sont attachés à quelque religion, sont gens séditieux, cruels, sanguinaires... »

M. Toland, dans la réponse qu'il fit à M. Leibnitz, se permit encore de parler injurieusement de M. Huet. M. Leibnitz lui en fit des reproches. « M. Huet étant sans doute » un des plus savants hommes de notre temps, lui écrivit- » il, mérite qu'on parle de lui avec modération. » T. 2 des OEuvres de Toland, p. 402.

Voyez, t. 1er des Pensées de Leibnitz, l'estime extraordinaire que Leibnitz faisait de M. Huet et de sa démonstration évangélique.

gent, sentiment que Strabon attribue à Moïse selon vous,
et que vous-même attribuez aux philosophes de l'Orient,
et particulièrement à ceux de la Chine. Et vous dites
même qu'on y peut appliquer (mais par équivoque) l'*Etre
parfait*, l'*Alpha et l'Oméga, ce qui a été, qui est, et qui
sera ; ce qui est tout en tous, dans lequel nous sommes,
nous nous-remuons, et nous vivons*, formules de la sainte
Écriture. Mais comme cette opinion (que vous marquez
rejeter vous-même) est aussi pernicieuse qu'elle est mal
fondée, il eût été à souhaiter, monsieur, que vous ne
l'eussiez rapportée qu'avec une réfutation convenable,
que vous donnerez peut-être ailleurs. Mais il serait toujours mieux de ne pas différer l'antidote après le venin.
Et pour dire la vérité, il ne paraît pas que la plupart de
ceux des anciens et des modernes, qui ont parlé du monde
comme d'un Dieu, aient cru ce Dieu destitué de connaissance. Vous savez qu'Anaxagore joignait l'intelligence
avec la matière. Les platoniciens ont conçu une ame du
monde, et il paraît que la doctrine des stoïciens y reve-
nait aussi : de sorte que le monde, selon eux, était une
manière d'animal ou d'être vivant le plus parfait qui se
puisse, et dont les corps particuliers n'étaient que les
membres. Il semble que Strabon aussi l'entend ainsi dans
le passage que vous citez. Les Chinois mêmes, et autres
Orientaux conçoivent certains esprits du ciel et de la
terre, et peut-être même qu'il y en a parmi eux qui conçoivent un Esprit suprême de l'univers. De sorte que la
différence entre tous ces philosophes (surtout les anciens) et entre le véritable théologien, consisterait en ce
que, selon nous et selon la vérité, Dieu est au-dessus de
l'univers corporel, et en est l'auteur et le maître (*intel-
ligentia supramundana*) ; au lieu que le Dieu de ces philosophes n'est que l'ame du monde, ou même l'animal
qui en résulte. Cependant leur tout ($\pi\alpha\nu$) n'était pas sans
intelligence, non plus que notre Être suprême. Madame

l'électrice a coutume de citer et de louer particulièrement
ce passage de l'Écriture, qui demande s'il est raisonnable, *que l'auteur de l'œil ne voie pas, et que l'auteur de
l'oreille n'entende pas;* c'est-à-dire, qu'il n'y ait point
de connaissance dans le premier Être, dont vient la connaissance dans les autres.

Et à proprement parler, s'il n'y a point d'intelligence
universelle dans le monde, on ne pourra point le concevoir comme une substance véritablement une : ce ne sera
qu'un *aggregatum,* un assemblage, comme serait un
troupeau de moutons, ou bien un étang plein de poissons. Ainsi en faire une substance éternelle, qui méritât
le nom de Dieu, ce serait se jouer des mots, et ne rien
dire sous de belles paroles. Les erreurs disparaissent,
lorsqu'on considère assez les suites, un peu négligées,
de ce grand principe, qui porte qu'il n'y a rien, dont il
n'y ait une raison qui détermine pourquoi cela est ainsi
plutôt qu'autrement : ce qui nous oblige d'aller au delà
de tout ce qui est matériel, parce que la raison des déter-
minations ne s'y saurait trouver.

DIFFÉRENCE ENTRE LES MIRACLES NATURELS RAISONNABLES, ET
LES MIRACLES PROPREMENT DITS OU SURNATURELS.

[*Lettre à M. Hartsoeker sur les mouvements conspirants et sur
la parfaite liquidité d'un des éléments, dans le système de
M. Hartsoeker, et l'indivisibilité de l'autre.* OEuvres de Leibnitz, t. 2, 2ᵉ part. p. 61. (*Écrite vers le commencement de
1711 ou à la fin de 1710. La réponse est du 13 mars.*]

Quand on allègue uniquement la volonté de Dieu pour

rendre raison d'un effet physique, c'est recourir à un
miracle, et même à un miracle perpétuel : car la volonté
de Dieu opère par miracles, toutes les fois qu'on ne saurait rendre raison de cette volonté et de son effet, par la
nature des objets. Par exemple, si quelqu'un disait que
c'est une volonté de Dieu qu'une planète aille circulaire-
ment dans son orbe, sans que rien cause et conserve son
mouvement, je dis que ce sera un miracle perpétuel ;
car, par la nature des choses, la planète, en circulant,
tend à s'éloigner de son orbe par la tangente, si rien ne
l'empêche ; et il faut que Dieu l'empêche perpétuellement,
si quelque cause naturelle ne le fait.

On peut dire dans un très bon sens que tout est un
miracle perpétuel, c'est-à-dire digne d'admiration ; mais
il me semble que l'exemple de la planète, qui, en circulant, se conserve dans son orbe sans autre aide que celle
de Dieu, comparée avec la planète retenue dans son orbe
par la matière qui la pousse toujours vers le soleil, fait
bien sentir la différence qu'il y a entre les miracles naturels raisonnables, et entre les miracles proprement dits
ou surnaturels ; ou plutôt (quand ils n'ont point de lieu)
entre une explication raisonnable, et entre les fictions
où l'on a recours pour soutenir des opinions mal fondées.
C'est ainsi que font ceux qui disent, après l'*Aristarque*
de feu M. de Roberval, que c'est une loi de la nature que
Dieu a donnée en créant les choses, que tous les corps
doivent s'attirer les uns les autres ; car, n'alléguant rien
que cela pour obtenir un tel effet, et n'admettant rien
que Dieu ait fait qui puisse montrer comment il obtient ce
but, ils recourent au miracle, c'est-à-dire au surnaturel,
et à un surnaturel toujours continué, quand il s'agit de
trouver une cause naturelle. *

* On voit que Leibnitz ne goûtait pas le système de l'at-
traction, et qu'il croyait que Newton avait été prévenu sur

Vous avez raison, monsieur, de dire qu'on doit souvent reconnaître notre ignorance, et que cela vaut mieux que de se jeter dans le galimatias, pour vouloir rendre raison des choses qu'on n'entend point. Mais autre chose est avouer qu'on n'entend point la raison de quelque effet, et autre chose est assurer qu'il y a quelque chose dont on ne peut rendre aucune raison ; et c'est justement en cela qu'on pèche contre les premiers principes du raisonnement ; et c'est comme si quelqu'un avait nié à Archimède l'axiome qu'il a employé dans son livre des Équipondérants, qu'une balance, où tout est égal de part et d'autre, demeure en équilibre, sous prétexte qu'on n'entend pas assez les choses, et que peut-être la balance se change d'elle-même sans en avoir aucun sujet.

Ainsi les anciens et les modernes, qui avouent que la pesanteur est une *qualité occulte*, ont raison, s'ils entendent par-là qu'il y a un certain mécanisme qui leur est inconnu, par lequel les corps sont poussés vers le centre de la terre. Mais si leur sentiment est que la chose se fait sans aucun mécanisme, par une simple *qualité primitive,* ou par une loi de Dieu, qui fait cet effet sans employer aucuns moyens intelligibles, c'est une qualité occulte déraisonnable, qui est tellement occulte, qu'il est impossible qu'elle puisse jamais devenir claire, quand même un ange, pour ne pas dire Dieu même, la voudrait expliquer.

ce point par M. Roberval dans l'ouvrage qui a pour titre l'*Aristarque.* « M. Roberval, écrivait M. Leibnitz à M. Bourgnet, avait déjà dit, dans son *Aristarque*, que les planètes s'attiraient (ce qu'il a peut-être entendu comme il faut); mais Descartes, le prenant dans le sens de nos nouveaux philosophes, le raille fort bien dans une lettre au P. Mersenne, » (Lettres 94 et 95, OEuvres de Leibnitz, t. 2, 1ᵉʳ part., p. 331.)

FIN.

TABLE

DU TOME SECOND.

Analyse de la controverse entre M. Leibnitz et M. Bossuet, sur un projet de réunion des luthériens à l'Eglise romaine, et particuliérement sur la suspension des anathèmes du concile de Trente, et la réception de ce concile en France, quant aux articles de la foi.   1

Réponse de M. Leibnitz à la dissertation de M. Pirot touchant l'autorité du concile de Trente.   29

Mémoire de M. Bossuet, en réponse au mémoire précédent, sur la réception du concile de Trente en France.   48

Avances faites par M. Bossuet, dans cette controverse, sur plusieurs points de discipline.   112

Principe de la société.   118

Plan d'une théologie naturelle : nécessité de punir le pécheur.   135

Dieu législateur.   137

Effets de l'amour de Dieu, et moyen de l'accroître.   138

Moyens d'émouvoir l'imagination et avantages qu'on en peut tirer pour le salut   140

Avantages de bien régler ses pensées.   143

Suite du même sujet.   144

Utilité, pour le bonheur et la vertu, de connaître le véritable système de l'univers.   145

Le présent, plus fort que l'avenir.   146

Conflit des passions et des démonstrations.   147

376   TABLE.

Véritable piété.   147
Suite du même sujet.   148
Vertu désintéressée.   149
Fondements et nature de la solide dévotion.   151
Principe et nature de l'amour de Dieu.   157
Controverse entre M. de Fénelon et M. Bossuet, sur l'amour de Dieu, terminée par une seule définition.   158
Développement du même point.   159
Sophisme de la raison paresseuse.   160
Doctrine de l'impénitence.   163
Suite du libertinage.   165
La volonté agit-elle toujours suivant le plus grand bien? moyen de vaincre ses passions.   166
Inquiétude essentielle à notre bonheur : règle de conduite.   172
Cause de la négligence des biens de l'autre vie, et force de la vertu.   174
Méthode pour résister aux passions.   176
L'homme maître chez lui.   178
Conduite de l'homme, s'il n'attend point d'autre vie.   180
Tolérance.   181
Morale des athées.   182
On ne peut pas vivre saintement sans la connaissance de Dieu.   ib.
Modestie à observer dans de langage.   184
Loi de la réputation.   ib.
Simplicité des mœurs, au siècle de Grégoire VII.   185
Spectacles et fêtes.   186
Morale des sauvages du Canada.   187
Comparaison des sauvages et des hommes policés.   188
Les infidèles pèchent-ils dans toutes leurs actions ?   ib.
Cruauté de l'homme envers les bêtes.   190
Autorité des ecclésiastiques.   191
Origine de l'autorité du clergé.   ib.
Abus et avantages de l'autorité ecclésiastique.   192
La primauté du pape.   194
Infaillibilité du pape.   195
Réunion de l'Église romaine et des protestants.   196
Constitution de la république chrétienne.   ib.

Autorité du pape dans la république chrétienne. 199
Utilité de rétablir l'ancienne autorité du pape. 204
Autorité de l'empereur dans la république chrétienne. 206
Alexandre VI, et César Borgia. 210
Papesse Jeanne. 211
Cérémonies et fêtes de l'Église romaine. 212
Cardinaux. 113
Méthode d'écrire l'histoire, centuries et Magdebourg. 214
Etude de l'histoire naturelle, convenable dans les
    monastères. 216
Etudes monastiques. 217
Suite du même sujet. 218
Jésuites. ib.
Ordre des Templiers. 220
Sentiment de Leibnitz sur la fameuse procédure suivie
    dans l'affaire de la conspiration contre le roi d'Angle-
    terre, en 1678, dont on accusait les catholiques,
    et principalement les jésuites. — Sur la régale et
    les procédés des parlements de France dans cette
    affaire. 222
Sécularisation de l'évéché d'Utrecht, et concession de
    la puissance spirituelle au duc de Clèves. 225
Les saints Pères ne doivent pas être si facilement blâmés. 227
Scolastiques. ib.
Eloge des scolastiques. 328
Supériorité des théologiens anciens sur les modernes :
    Eloge des Nominaux. 229
Utilité de l'étude des anciens philosophes et des scolas-
    tiques. 231
Comparaison en un point, de la théologie et de la mé-
    decine. 233
Mystiques. ib.
Théologie mystique. 234
Canon des Samaritans. ib.
Faux évangile de l'enfance de Jésus. 235
Etude des anciens livres, et utilité de la critique, pour
    l'intelligence de l'Écriture sainte. ib.
Hérésie des Antipodes. 236
Superstition des Sclaves. 237

378 TABLE.

Baguette divinatoire. 238
Croyance aux miracles. 241
Sorciers. 242
L'hérésie est-elle un crime ? ib.
Hobbes, Locke, Puffendorff. 243
Vanini. 344
Principes métaphysiques et religieux de la philosophie de Leibnitz. 245
Exposition faite par M. Leibnitz à M. Bossuet, des principes de sa philosophie. 248
Principes de la philosophie de Leibnitz, rédigés pour le prince Eugène. 251

NOUVEAU CHOIX DE PENSÉES.

Préface de M. Emery. 285
Extraits de la collection de Dutens. 293
Les trois grands principes et les sources du droit naturel. ib.
La notion la plus générale de la justice. 299
Les vertus des païens n'ont pas toujours été fausses. 300
Amour des ennemis prescrit par le droit naturel. 301
Sentiment des anciens sur le suicide et la fatalité. 302
Anecdotes sur Bayle, et souhaits de Leibnitz sur l'emploi qu'il eût dû faire de ses talents. 303
Les sages législateurs prennent en grande considération la vertu, et y conduisent l'homme dès son enfance. 304
Jugement de Locke. 305
Leibnitz accuse Newton de n'avoir pas une assez haute idée de la sagesse de Dieu. 306
La prédestination de la part de Dieu toujours fondée en raison. 308
Sentiment de Leibnitz sur l'amour désintéressé. 309
Continuation du même sujet. 310
L'ame n'est pas une partie de Dieu, mais une image de Dieu, représentative de l'univers, et un citoyen de la divine monarchie. 313
Conseils sur la mission de la Chine et du Malabar. 315

Evêques, cardinaux et papes poètes. 316
Correspondance de Leibnitz et de Bierlingius sur le droit naturel et l'immortalité de l'ame. ib.
Leibnitz loué le Traité de l'existence de Dieu par Fénelon. 327
Pensées de Leibnitz sur la réunion des catholiques et des luthériens. 328
Origine de l'ouvrage de Leibnitz, qui a pour titre : Théodicée. 330
Ouvrage de Julien contre la religion chrétienne, conservé par saint Cyrille : vérité de la religion, objet de sermon. 332
Langage du P. Mallebranche sur les idées et la vision en Dieu, favorable à la piété. ib.
Bonheur des saints dans la vue de Dieu et de l'univers. 334
But principal de Leibnitz dans son travail sur les connaissances naturelles. 335
Extraits de lettres de la collection de Feder. 337
Invitation inutilement faite aux jansénistes. ib.
Immortalité de l'ame. Fondement du droit naturel. ib.
Fable de la papesse Jeanne. 338
Sur les mystères, et la manière d'engager M. Bayle à écrire en faveur de la religion. 339
La matière ne peut pas penser. 340
Constitution de l'ame. 341
Sur l'activité de l'ame et le franc arbitre. 342
Sur la nature de l'esprit humain que Fontenelle croit incompréhensible. 343
Tout est éminemment renfermé en Dieu, et les choses inférieures le sont dans les supérieures. 345
Prophétie impossible au démon. 346
Leibnitz approuve dans mademoiselle Bourignon les exhortations véhémentes à la vertu : il loue ceux qui, dans le service de Dieu, se mettent au-dessus des considérations humaines. 347
Extraits des lettres inédites de Leibnitz à M. Arnaud. 349
M. Leibnitz croit que M. Arnaud, dans le livre de la Perpétuité de la Foi, a complètement battu les calvinistes. ib.

380   ' TABLE.

Leibnitz croit que l'athéisme, ou du moins le naturalisme (c'est-à-dire une religion purement naturelle) ,
sera la dernière des hérésies : il exhorte M. Arnaud à
combattre l'un et l'autre , et il fait connaître le motif
principal de son application à la philosophie , ainsi
que le fruit qu'il en a tiré.   351

La présence réelle et la transsubstantiation n'ont rien
qui répugne, d'après la philosophie de Leibnitz : conciliation des catholiques et des luthériens sur le point
principal de leur controverse.   354

Leibnitz lit avec la plus grande application tous les
auteurs qui ont écrit contre la religion : et il sort de
cette lecture plus affermi que jamais dans sa croyance. 257

Plan d'éléments de droit naturel , et conséquences.   360

Grands principes de morale.   363

Doctrine des sociniens indigne de Dieu.   364

Leibnitz estime les OEuvres de sainte Thérèse, et a tiré
d'elles quelque avantage pour sa philosophie.   365

Leibnitz conseille à M. Toland de distinguer la vraie
religion d'avec la superstition , et de faire remarquer
combien il serait absurde d'admettre un Dieu de
l'univers non intelligent : les anciens philosophes
n'en ont point eu cette idée.   366

Différence entre les miracles naturels raisonnables , et
les miracles proprement dits ou surnaturels.   371

FIN DE LA TABLE.

9 782016 120590